決定版 江戸散歩

東京大学史料編纂所教授
山本博文

角川書店

切絵図／著者所蔵
ブックデザイン／浦郷和美
DTP／株式会社 森の印刷屋

はじめに　～江戸の面影を今に残す東京

私は、東京の街を歩くときには、事前に江戸の切絵図を開き、現在の地図と重ね合わせてから行くことにしている。また、担当するゼミでは、街歩きも実施している。これは、発展した現在の東京でさえ、江戸時代の様子を知る痕跡が残っているからである。

皇居は周知のようにもとは江戸城であり、霞が関の官庁街にはかつて大名屋敷が建ち並んでいた。現在の東京は、江戸時代の遺産の上に作られているのである。そして、後楽園や六義園《りくぎえん》など、かつての大名屋敷庭園も残り、雑居ビルや住宅地になっている場所でさえ、もとの町割りから大きくは変わっていないところがある。

最近では、街歩きの楽しみが一般的なものになった。本書で取り上げた場所で、そうした集団に出くわすこともあるし、タモリさんが地形や過去の遺構を紹介するＮＨＫの「ブラタモリ」は人気番組である。私も、ＢＳ11の「尾上松也の古地図で謎解き！にっぽん探究」に何度か出演して、東京の歩き方を解説している。

こうした楽しみを、多くの人に知ってもらいたいと思い、平成二十三年に中経の文庫で『東京今昔江戸散歩』という本を書いた。東京のさまざまな場所を、文章と私が撮影した写真で紹介するものである。幸い、この本は、多くの読者に恵まれた。

本書は、その本を全面的に改訂するとともに、絵図を二点加え、文章と写真を大幅に増補したものである。前回は、穴八幡宮《あなはちまんぐう》所蔵の切絵図を使わせていただいたが、今回の切絵図は、すべて古書肆《こしょし》やオークションで入手した私所蔵のものである。

ゼミで学生を引率するとき、楽しいのはどこをどのように回るか、と計画することである。一、二カ所ではつまらないので、できるだけ多くの史跡や注目スポットがあるコースを考える。

参考のため、最近行った史跡見学のコースと見所を紹介しておこう。

集合場所は、地下鉄日比谷線小伝馬町《こでんまちよう》駅の近くの十思《じつし》公園にした。ここは、幕府の牢屋《ろう》敷の跡地で、石垣などの遺構もあり、安政の大獄で処刑された長州藩士吉田松陰の辞世の句の句碑もあるからである。

次に、小伝馬町駅から日比谷線に乗り、南千住駅まで行く。南千住駅のあたりはかつての小塚原《こづかはら》刑場で、当時は荒涼たる風景だったと思われる。回向院《えこういん》には、ここに埋葬された吉田松陰や橋本左内《さない》の墓がある。杉田玄白《げんぱく》らが腑《ふ》分けを見て、『解体新書』の翻訳を決意した場所でもある。

そこから泪橋《なみだばし》の交差点に行く。明治通りはかつては川で、橋がかかっていた。「泪橋」というのは、処刑される囚人と家族や知り合いが涙で別れたからだとされるが、ちばてつや氏のまんが『あしたのジョー』（作・高森朝雄、講談社）では、丹下段平《たんげだんぺい》に「この橋《はし》はな――人呼《ひとよ》んでなみだ橋《ばし》という　いわく……人生《じんせい》にやぶれ　生活《せいかつ》につかれはてて　このドヤ街《がい》に流《なが》れてきた人間《にんげん》たちが　なみだでわたるかなしい橋《はし》だからよ」と言わせている。

泪橋から浄閑寺《じょうかんじ》に向かう。不幸にして亡くなった吉原《よしわら》の遊女たちが葬られている寺である。近くの都電三ノ輪橋駅から千住大橋に至る道は、かつての日光街道で、往時の広さをほぼそのまま残している。また、千住下宿の岡場所（遊廓《ゆうかく》）のあったところでもある。

現在の日光街道沿いの円通寺には、上野寛永寺の黒門が移築されている。新政府軍と旧幕府の彰義隊が激戦を繰り広げた場所に立っていたので、無数の銃痕が残っている。

▲上野寛永寺にあった黒門の銃痕。

次に松尾芭蕉《まつおばしょう》の句碑のある素盞雄《すさのお》神社に寄り、隅田川にかかった千住大橋を渡って北千住駅に行く。この道筋はかつての千住宿の中心部分で、現在の商店街の賑わいもなかなかのものである。これで、だいたい半日のコースである。

街歩きは、歴史研究に有益だが、第一に楽しいものである。そして、東京の街に江戸を発見するのは喜びである。本書には、江戸時代の切絵図と切絵図に重ね合わせた現代の地図を載せている。切絵図はデフォルメされた部分もあるので完全には一致しないが、場所はわかるはずである。

本書を手がかりに、読者のみなさんにも、ぜひその楽しみ方を知っていただきたいと思う。

決定版　江戸散歩　目次

目次

港区

文京区

台東区・墨田区・江東区

新宿区・渋谷区・目黒区・中野区

千代田区・中央区

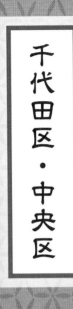

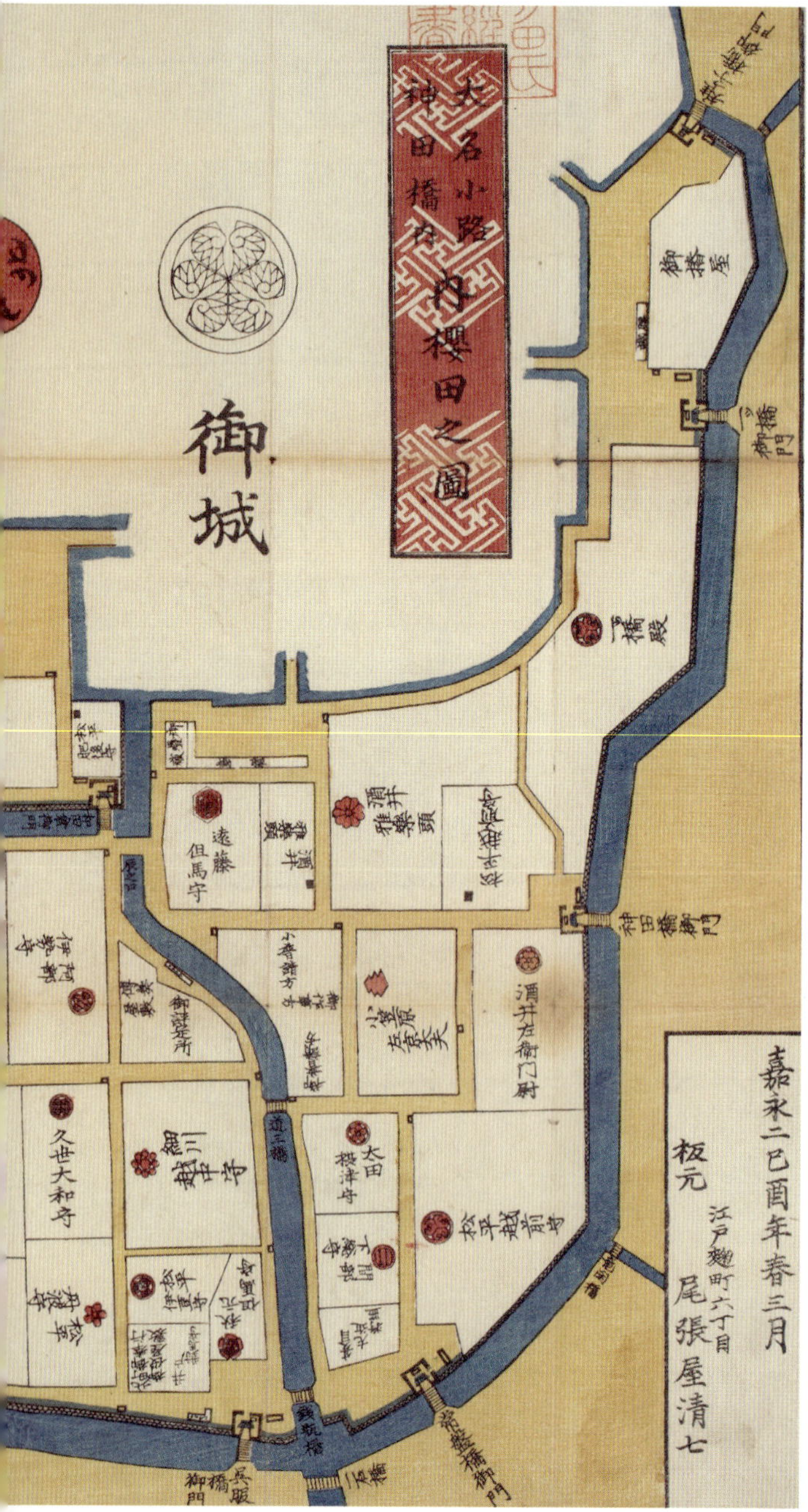

大名小路神田橋内　内桜田之図

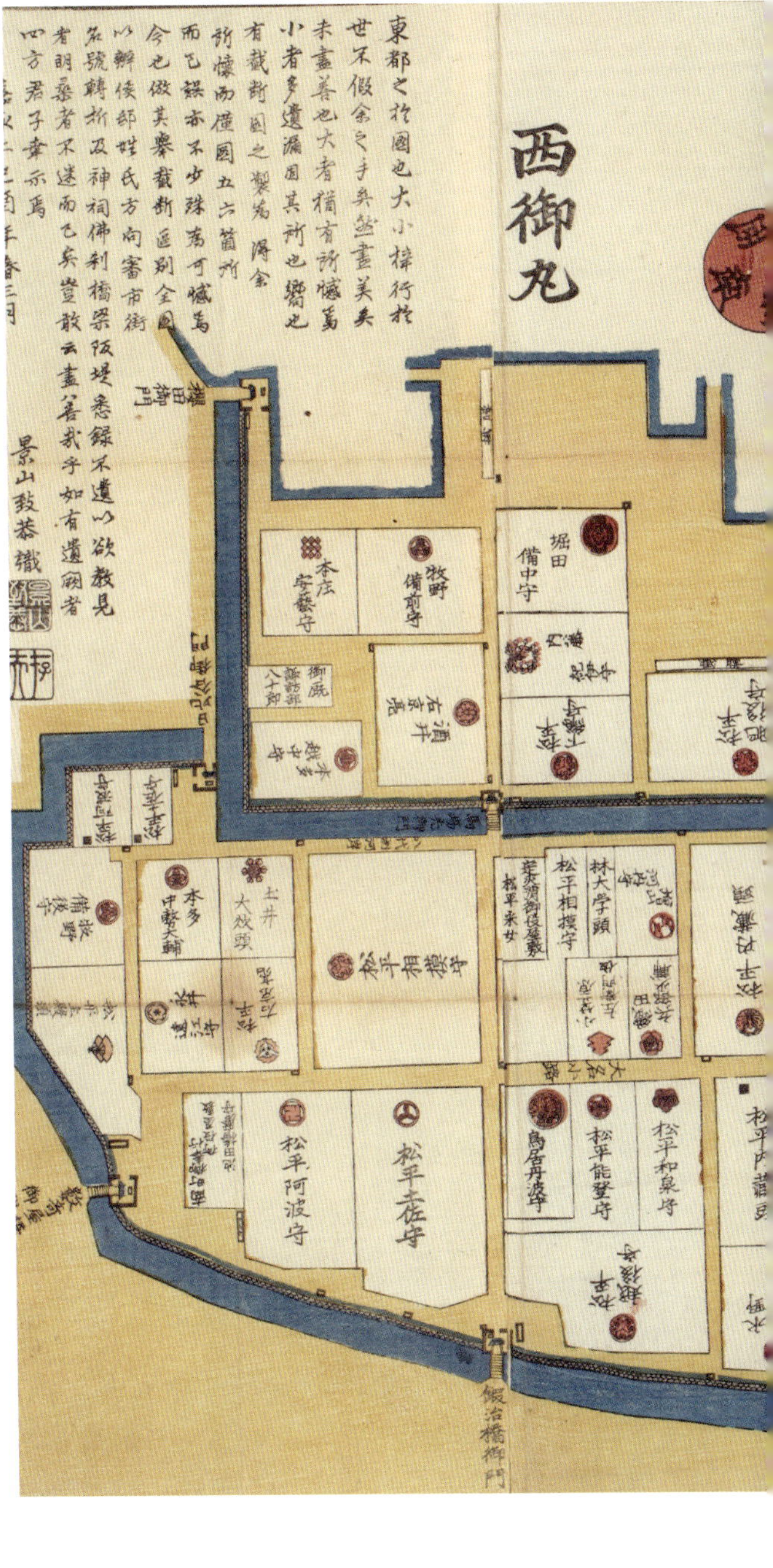
東都之於國也大小樣行於
世不假余之手矣盡美矣
未盡善也大者猶有所憾焉
小者多遺漏因其所也翳也
有截街図之製焉
所憾而僅図五六箇所
而已錯亦不少殊為可憾焉
今也做其纂截街區別全図
以解候部姓氏方向審市街
名號轉折及神祠佛刹橋梁阪堤悉録不遺以欲教見
者明暴者不迷而已矣豈敢云盡善哉乎如有遺闕者
四方君子幸示焉
景山致恭識
西御丸
堀田 備中守
本庄 安藝守
牧野 備前守
本多 中務大輔
土井 大炊頭
牧野 備後守
林大学頭
松平相模守
鳥居丹波守
松平能登守
松平和泉守
松平阿波守
松平土佐守
鍛冶橋御門

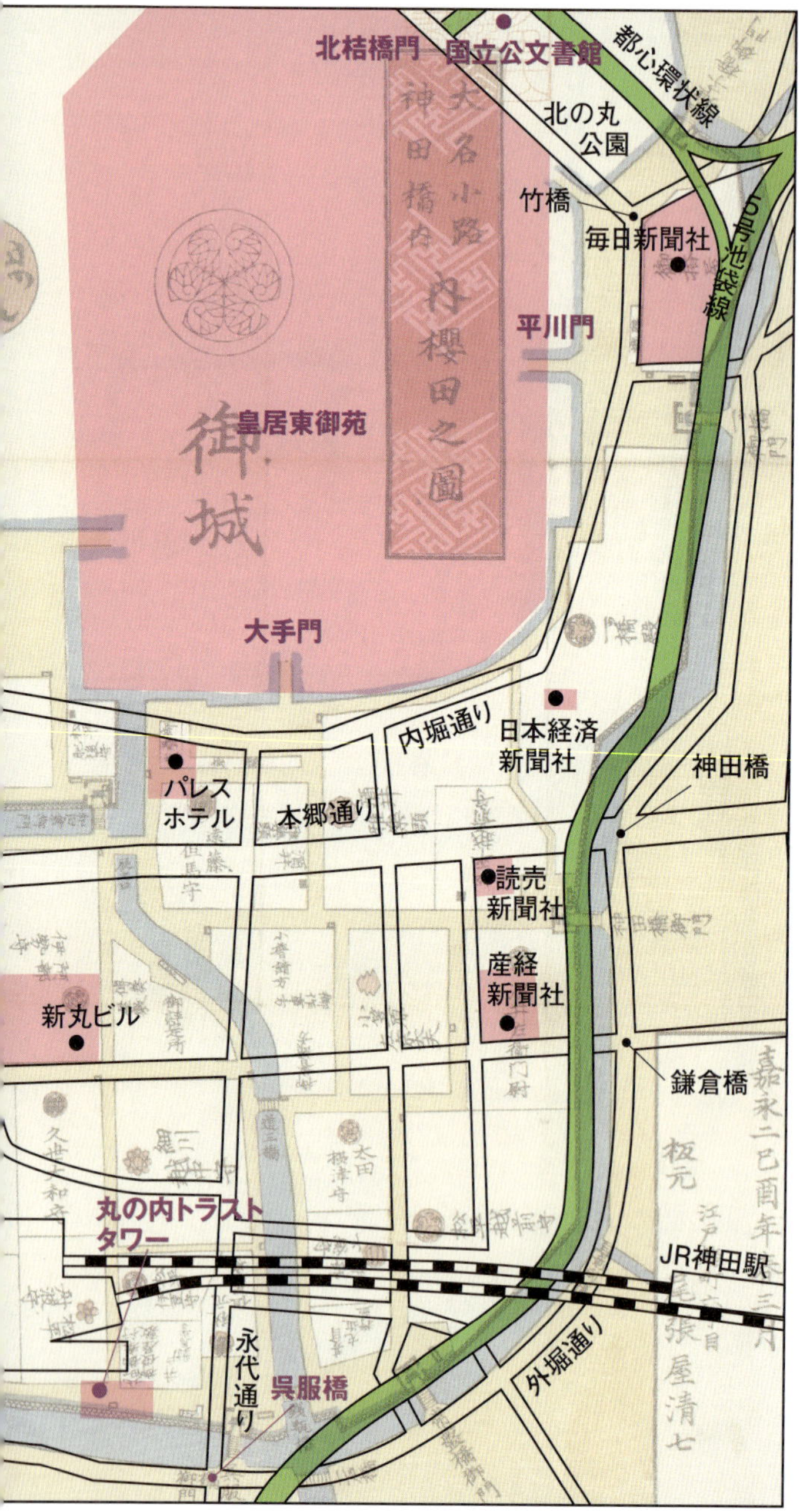
北桔橋門
国立公文書館
都心環状線
北の丸
公園
竹橋
毎日新聞社
5号池袋線
平川門
大名小路神田橋内内櫻田之圖
御城
皇居東御苑
大手門
内堀通り
日本経済
新聞社
神田橋
パレス
ホテル
本郷通り
読売
新聞社
産経
新聞社
新丸ビル
鎌倉橋
丸の内トラスト
タワー
JR神田駅
永代
通り
呉服橋
外堀通り

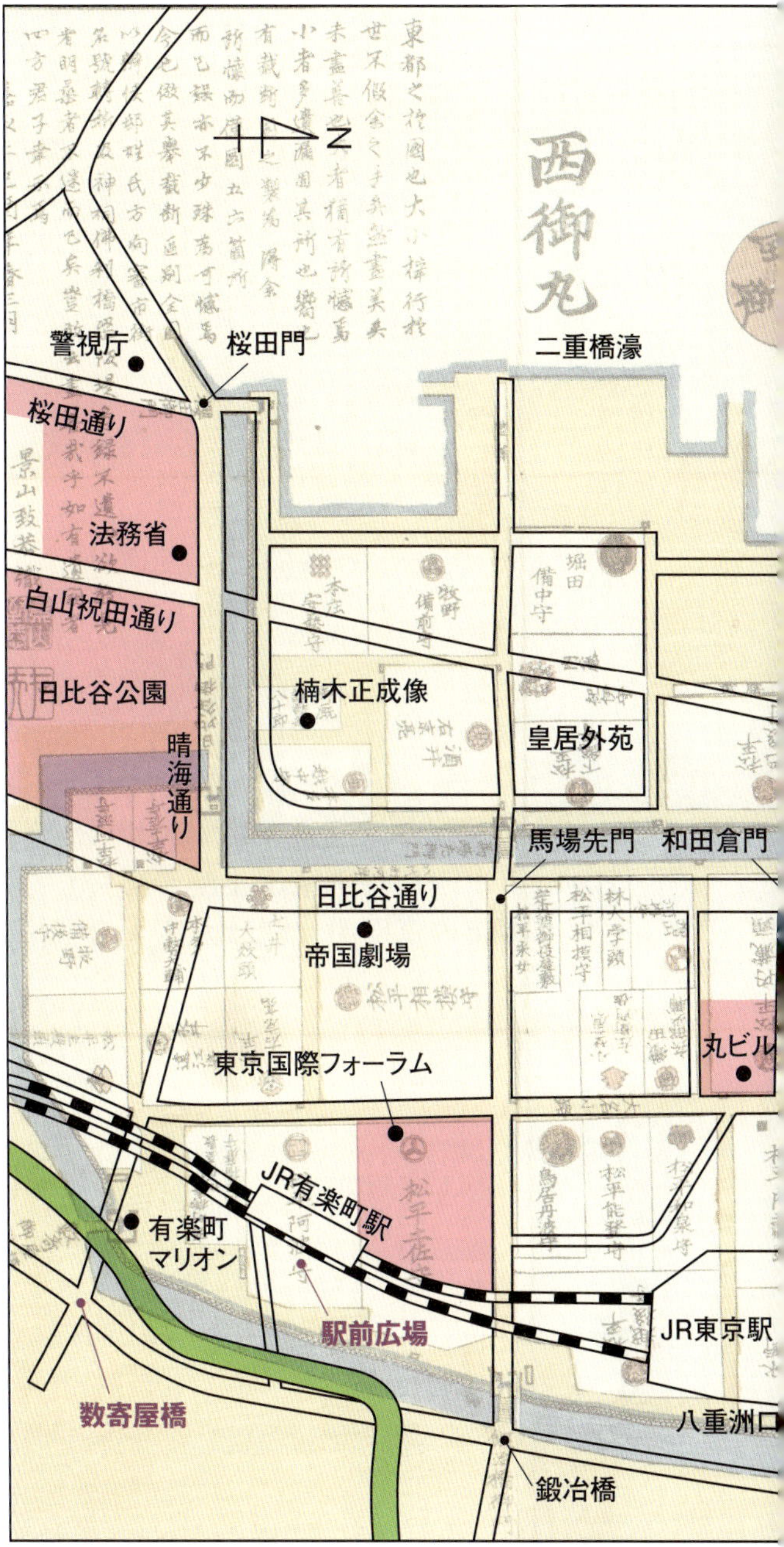
西御丸
警視庁
桜田門
二重橋濠
桜田通り
法務省
白山祝田通り
日比谷公園
楠木正成像
皇居外苑
晴海通り
馬場先門
和田倉門
日比谷通り
帝国劇場
丸ビル
東京国際フォーラム
JR有楽町駅
有楽町
マリオン
駅前広場
JR東京駅
数寄屋橋
八重洲口
鍛冶橋

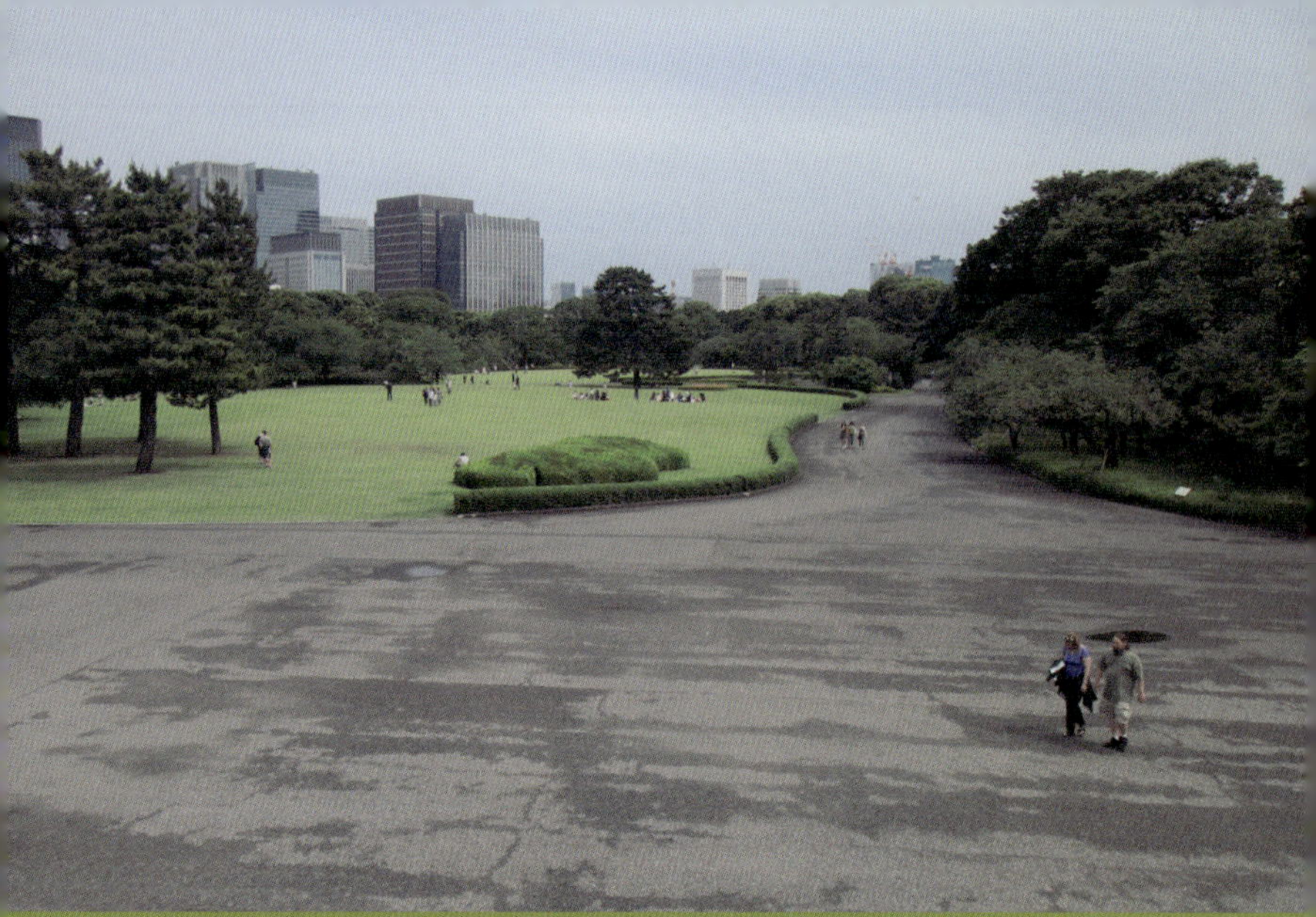

江戸城本丸跡

江戸城本丸・二の丸

十四代将軍家茂までが暮らした江戸城本丸。
都会の真ん中に開けた広大な公園として人気。

DATA
【皇居】
千代田区千代田1-1
TEL：03-3213-1111（代表）
アクセス ［大手門］地下鉄各線の大手町駅より徒歩5分、東京メトロ千代田線二重橋前駅より徒歩10分、JR東京駅より徒歩15分
［平川門］東京メトロ東西線竹橋駅より徒歩5分
［北桔橋門］東京メトロ東西線竹橋駅より徒歩5分

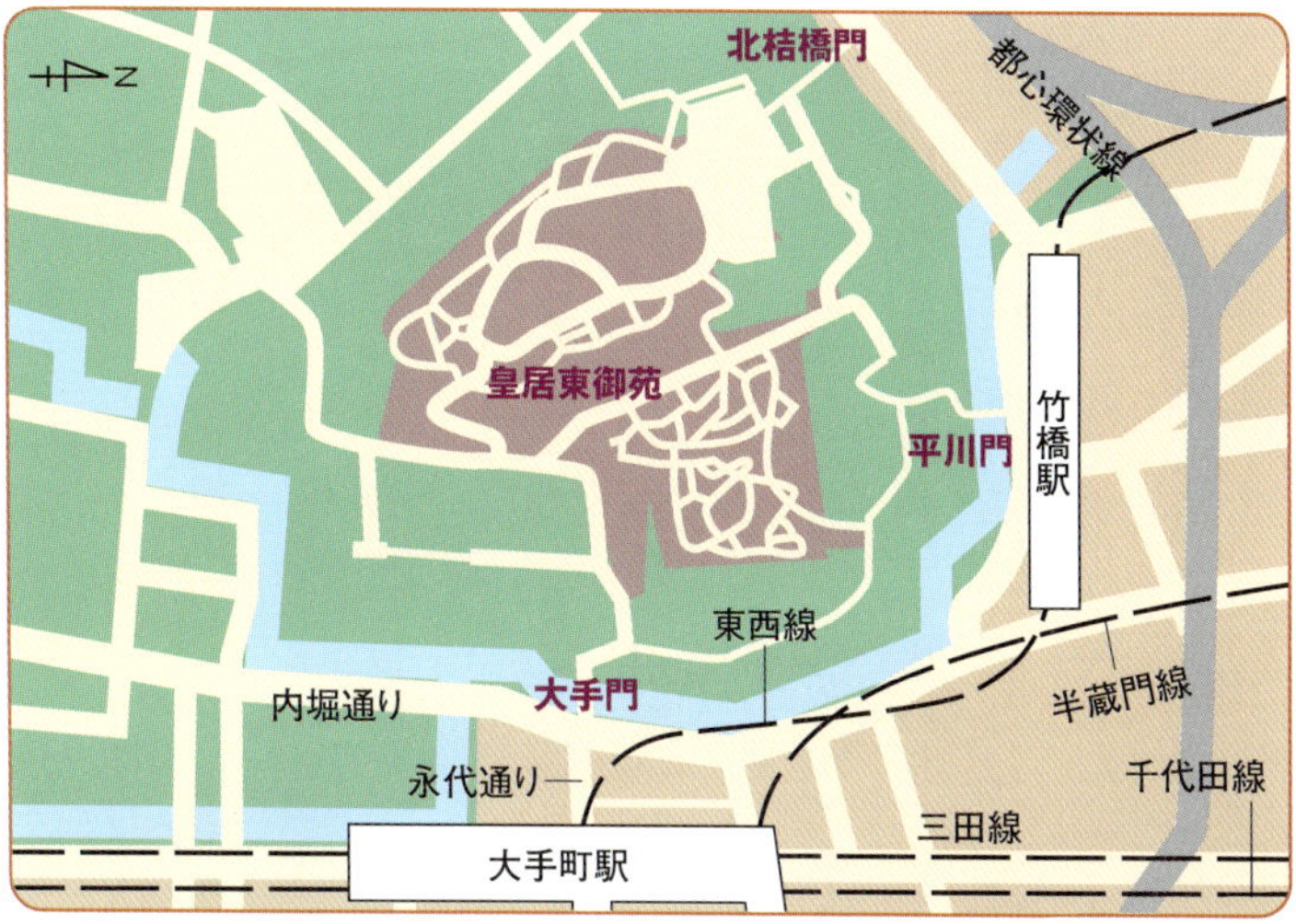

◎今に残る江戸城本丸跡

現在、皇居があるのはかつての江戸城西の丸の場所で、江戸城本丸・二の丸跡は、皇居東御苑となり公開されている。

なぜ西の丸が皇居になったかといえば、江戸城引き渡しのときには本丸が焼失しており、西の丸が幕府の政庁だったからである。

安政六年（一八五九）十月、本丸が火事で焼失した。幕末の混乱期とはいえ、まだ幕府には力があり、すぐに本丸は再建された。しかし文久三年（一八六三）六月には、今度は西の丸が炎上した。

当時、将軍は十四代家茂《いえもち》で、一度目の上洛をしていて留守だった。同月十六日、家茂は、海路江戸に戻る。西の丸は、あるじのいない留守屋敷であったので、すぐには再建されなかった。

ところが、この年十一月、今度は本丸が炎上し、二の丸まで焼失した。家茂は、江戸城を出て御三卿《ごさんきょう》（八代将軍吉宗《よしむね》の二男宗武《むねたけ》の創始した田安家、四男宗尹《むねただ》が創始した一橋家、九代将軍家重《いえしげ》の二男重好《しげよし》の創始した清水家の三家）の清水邸に避難し、その後、田安邸に移った。これらの屋敷は、北の丸に位置していたから、広い意味では江戸城の中だった。

◎天皇が暮らす皇居は、西の丸の仮御殿

そのままでは将軍の居所がないため、翌元治元年（一八六四）、幕府は西の丸に仮御殿を建てた。財政窮乏の折りで、とりあえず仮御殿を西の丸に建て、後日、本丸に本格的な御殿を建てようとしたのだろうが、本丸御殿はついに再建されることがなかった。

そのため、新政府軍に引き渡した江戸城とは、西の丸の仮御殿だったのである。

明治維新後、西の丸は皇居として天皇が使うことになる。幕府が建てた仮御殿は、明治六年（一八七三）に炎上焼失したが、その後も皇居は西の丸に再建された。

現在の皇居が西の丸にあるのは、こうした歴史的事情によるのである。

◆江戸城とその周辺地図

番町
田安門
清水門
北桔橋門
竹橋
一ツ橋
小川町
護持院
神田橋
勘定奉行所
平川門
本丸
二の丸
三の丸
松の大廊下
大手門
常盤橋
龍ノ口
半蔵門
西の丸
坂下門
北町奉行所
呉服橋
日本橋南
鍛冶橋
外桜田門
(現・桜田門)
日比谷門
外桜田
数寄屋橋
南町奉行所
田村右京大夫邸
N

▲江戸城大手門。ここから役人たちが登城した。

◎大手門から江戸城入りを味わう

一方、本丸跡は、建物がなかったため、皇居東御苑として公開されることになる。

現在、皇居東御苑への入り口は、大手門、平川門、北桔橋門《きたはねばしもん》の三カ所ある。

このうち、大手門は、江戸時代、大名や幕府役人たちが登城した表門で、門を入ると三の丸で、大手三の門を通り、二の丸を右に見ながら左に折れ、百人番所の前を通過し、中の門を通ってしばらく上がり、中雀門《ちゅうじゃくもん》を過ぎると本丸で、かつてはそこに玄関があった。

玄関の場所に立つと、正面には、はるか遠くに石垣がある。これが江戸城の天守台で、江戸城天守閣は明暦の大火（一六五七）で焼失して以来、再建されていない。

◆現在の皇居東御苑マップ

（※宮内庁ホームページを参考に作成）

▲大手門枡形の多聞櫓。

つまり、江戸時代に江戸城天守閣があったのは、最初の六十年ほどだけである。

現在、この天守閣跡から、北の丸公園や都心のビル群を眺めることができる。

大奥の入り口でもあった不浄門

平川門は、大奥への入り口で、かつては不浄《ふじょう》門《もん》とも呼ばれた。江戸城で罪を犯したり、不幸にして死去した者が出される門だったからである。

元禄十四年（一七〇一）、赤穂《あこう》藩主《はんしゅ》浅野《あさの》内匠《たくみの》頭《かみ》長矩《ながのり》が、高家《こうけ》（朝廷との連絡や江戸城の儀式を担当する家）筆頭吉良《きら》上野介《こうずけのすけ》義央《よしひさ》に刃傷《にんじょう》事件を起こし、切腹場所の新橋にある田村右京大夫《うきょうのだいぶ》邸に護送されたときに使われたのも、この平川

▼百人番所跡。

▼中雀門。ここを過ぎたところが玄関だった。

▼天守台。明暦の大火で焼失するまでは、この上に、5層（内部は6層）の天守閣が威光を放っていた。

▲天守台からビル群を見る。

門である。

平川門から入って、左に行くと二の丸庭園につながり、右に行って梅林坂を登るとかつての大奥があった場所に出る。

北桔橋門は、毎日新聞社の前の竹橋から上がって行き、国立公文書館のところで左側の橋を渡って入る。

国立公文書館には、「内閣文庫」として江戸幕府関係の史料が収められているが、これはもと江戸幕府の図書館であった紅葉山文庫《もみじやまぶんこ》を引き継いだものである。

多くの人が訪れる憩いの公園

皇居東御苑は、江戸散策ブームのためか、いつ行っても人が多い。しかし、もともと広いの

▲平川門。大奥の入り口であり、不浄門とも呼ばれた。

▼かつて大奥があった場所へ続く梅林坂。

で、かなりの人数が入ってもゆったりしている。

どれほどの広さかといえば、弘化二年（一八四五）に建設された本丸殿舎の建築面積は、表《おもて》（幕府の中央政庁）と中奥《なかおく》（将軍の官邸）を合わせて四千六百八十八坪、大奥（将軍の正室・側室の住居）が六千三百十八坪、計一万一千六坪という巨大なものである。大奥が表・中奥を合わせた面積よりも広いのは、最盛期は三千人を超す大奥女中の宿舎である長《なが》局《つぼね》があったからである。

◎町人も江戸城に入ることができた「町入御能」

江戸城には、武士だけでなく、町人が入ることもあった。年に一度、「町入御能《まちいりおのう》」といって、江戸中の家主らを江戸城に招待したのである。

大広間の庭にある舞台わき正面へ、青竹で囲いを作ってござを敷き、見物させ、弁当や酒の入った竹筒も出た。

家主といっても本当の家主だけではなく、名代《みょうだい》として借家人が出席することもあった。そのため、なかなかにぎやかだった。老中《ろうじゅう》（政務を総括する最高職）が出ると、「何々のことはしっかり頼むぞ」とやじをとばし、若年寄《わかどしより》（老中補佐）が出ると、「色男」だの「若

▲松之大廊下があったところは現在小道になっている。

▲松之大廊下跡に立つ碑。

▼ツツジが咲き始めた頃の二の丸庭園。

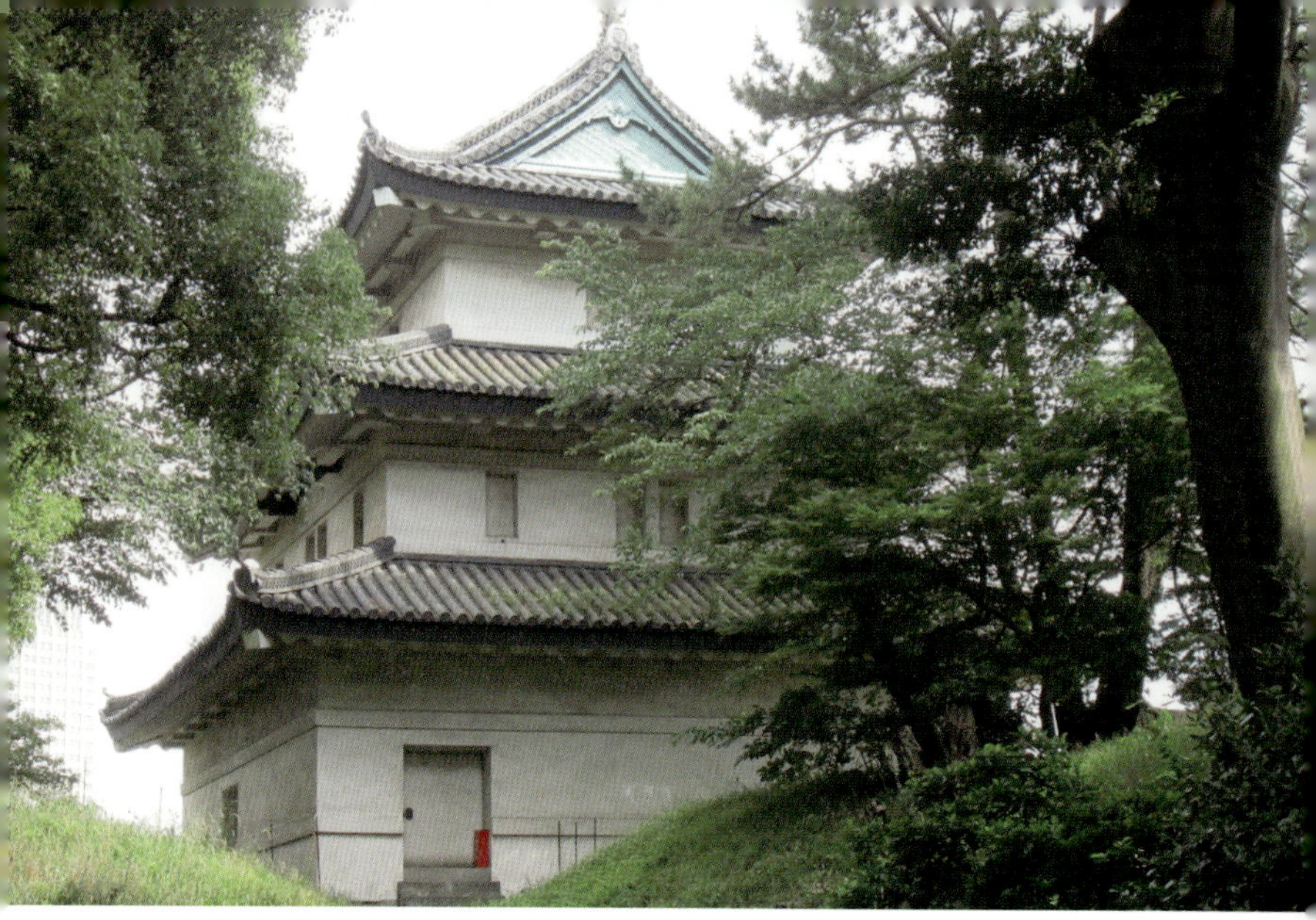

▲富士見櫓。本丸の東南隅にあった。富士山や品川の海、両国の花火を見たという。

いの」だのと声をかけた。ところが、町奉行《まちぶぎょう》が縁側に出て、「しィ」と制すると、どんなに騒いでいてもたちまち静かになったという。

このほか、祭礼の御輿《みこし》が江戸城に入ることもあった。山王日枝神社《さんのうひえじんじゃ》は、もと江戸城内に祠《ほこら》があり、三宅坂をへて現在の永田町の地に移された。このため、将軍も山王日枝神社の氏子だということで、山王祭の行列が江戸城内を通過したのである。

元禄元年（一六八八）には、山王祭だけでなく、神田明神の祭礼行列も江戸城内に入り、将軍や大奥女中が上覧することになった。時は五代将軍綱吉《つなよし》の時代、綱吉の出身である館林家は神田橋に屋敷があり、神田明神の氏子だったからである。

▲往時の雰囲気が残る汐見坂から、白鳥濠を望む。

これは元禄の末に中断したが、九代将軍家重の時代に復活した。十一代将軍家斉《いえなり》は、まだ一橋豊千代という幼名の時代に神田橋の屋敷に住んだことから、神田明神は再び将軍の産土《うぶすな》（生誕地）ということになった。

江戸城では吹上《ふきあげ》にあった上覧所だけでなく、二、三カ所の見物所を設けた。将軍の子女にはお付きの大奥女中が連れそい、男子役人にも見物が許された。大奥からは請負の町人に金子《きんす》（お金）を下賜《かし》（身分の高い人が物を与えること）し、練物《ねりもの》（踊屋台や仮装行列、山車《だし》など）を出させた。このため、江戸の町人は娘に華美な衣装を着せ、踊屋台で踊らせるのが誇りとなり、中には妻や娘を遊廓《ゆうかく》に売ってまで祭りの衣装を誂《あつら》える者があったという。

南町奉行所の石組みを復元した有楽町駅前広場

江戸の町奉行所

かつては、江戸城と町人地を分ける橋だった数寄屋橋。そこを渡ると南町奉行所があった。現在は、有楽町の駅前広場にその遺構が再現されている。

DATA

【有楽町駅前広場】
千代田区有楽町2-9
アクセス JR有楽町駅より徒歩0分、東京メトロ有楽町線有楽町駅より徒歩1分、東京メトロ丸ノ内線・銀座線・日比谷線銀座駅より徒歩3分

【丸の内トラストタワーN館】
千代田区丸の内1-8-1
アクセス JR東京駅より徒歩1分、東京メトロ東西線・丸ノ内線・半蔵門線・千代田線大手町駅より徒歩2分、都営地下鉄三田線大手町駅より徒歩2分、東京メトロ銀座線・東西線日本橋駅より徒歩3分、都営地下鉄浅草線日本橋駅より徒歩3分

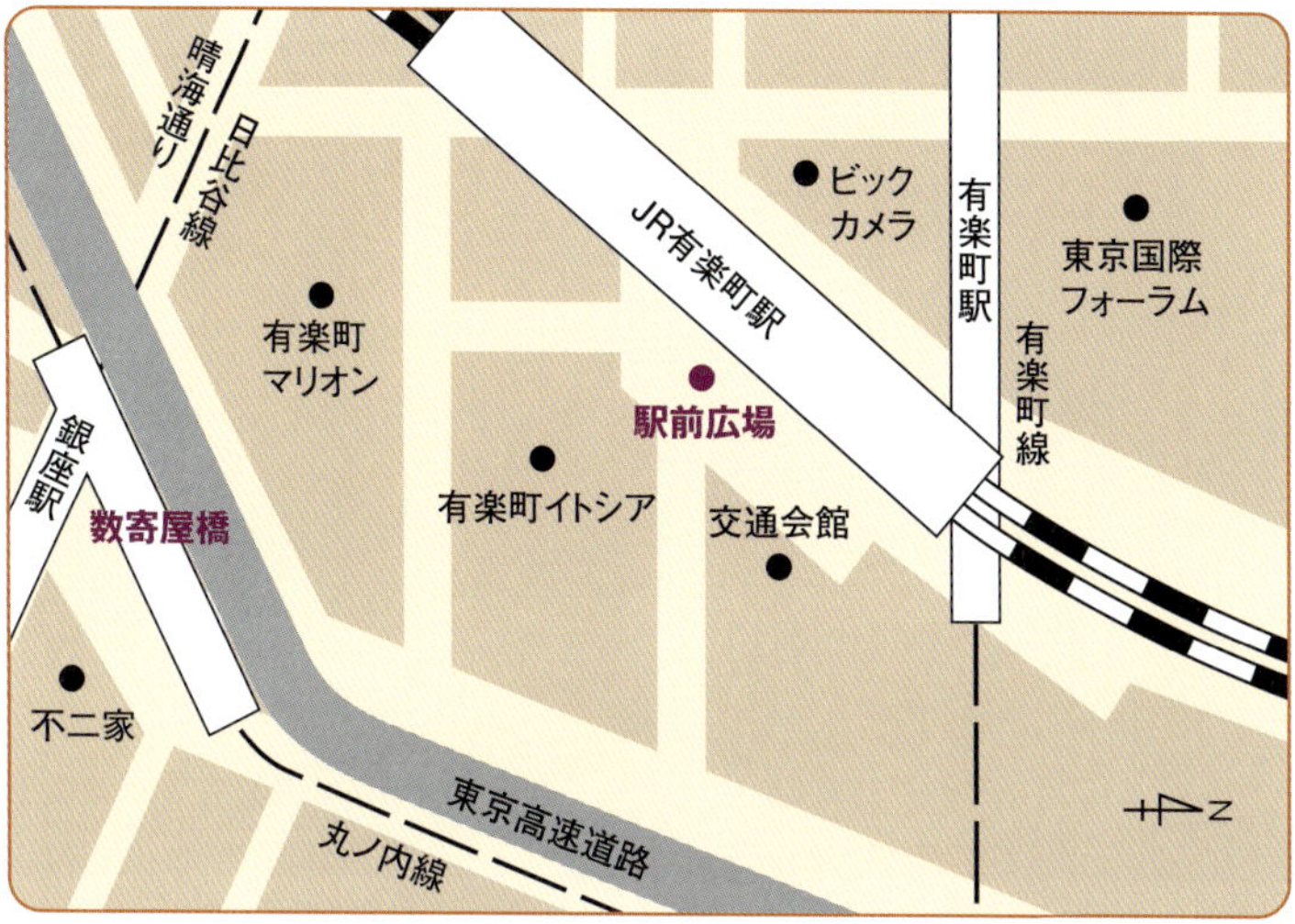

◎江戸城と町人地を分ける橋

戦後、一世を風靡《ふうび》したラジオドラマ「君の名は」で有名になった数寄屋橋《すきやばし》（現在の数寄屋橋交差点あたり）は、江戸城と町人地を分ける堀にかけられた橋である。町人地から橋を渡ると江戸城数寄屋橋門があり、その門内に南町奉行《みなみまちぶぎょう》所《しょ》があった。

南町奉行所は、門前広場に町人地に面して南向きに建てられ、平屋で瓦葺《かわらぶ》き、千人以上もの人が入るほどだった。

訴訟に来た者のために、表門の左隣にある屋敷の境には、腰掛けが設けられていた。

ちなみに、北町奉行所は、呉服橋門内（現在の東京駅八重洲口の丸の内トラストタワーのあたり）にあった。現在、その遺構の一部が復元さ

▲東京駅八重洲口の丸の内トラストタワーN館に復元された北町奉行所の下水溝。

れている。

南北の町奉行所は場所が違うだけで、扱う業務は同じである。町奉行は月番で訴訟の受付窓口となっていたのである。

ただし、商業については窓口が分けられ、呉服・木綿・薬種問屋は町年寄の奈良屋（館《たて》氏）の掛《かか》りで南町奉行所、書物・酒・廻船・材木問屋は同じ町年寄の樽《たる》屋（樽氏）の掛りで北町奉行所というように、受け持ちがあった。

町奉行所の内部

町奉行所の表門は長屋門で、門を入ると正面に破風《はふ》造りの玄関があった。

玄関広間には、正面下が戸棚で上に鉄砲五十挺《ちょう》が並べられ、玉薬、革の覆い、金の葵《あおい》の紋のついた弾丸を入れる袋などが飾り付けられていた。左には鑓《やり》数十本を長押《なげし》の上に飾った鑓の間があり、それに続いて与力《よりき》当番所があった。

表門は足軽が警備にあたり、玄関広間では町奉行の家来が三人、羽織袴姿で来客や使者を応接した。与力当番所では、与力の筆頭である年番《ねんばん》与力三人と当番与力二人が継裃《つぎかみしも》で一列に並んでいた。同心《どうしん》は、羽織袴で事務をとった。

町奉行所の玄関前を左に入ると、裁判施設であるお白洲《しらす》が二個所（奉行と吟味方与力の白洲）あり、町奉行の私邸も付属していた。ただし、町奉行はいつも町奉行所内の私邸にいたわけではなく、下屋敷などで羽をのばすこともあった。

◎町奉行所の構成

町奉行所の出入りは厳重で、平日は公用のほか誰であっても入ることができなかった。家事に急用があるときでも、書面で用を足した。

町奉行所は、現在でいえば、東京都庁に警視庁、さらに東京地方裁判所をあわせた役所である。その長である町奉行は、旗本が就く役職の中で最高クラスの出世の場であった。役高は三千石《ごく》（年収3億円ほど）、のちには役金二千五百両（約5億円）も支給された。

与力の分課

- 内与力（公用人・目安方）
- 年番方（与力筆頭）
- 吟味方（裁判担当）
- 例繰方・赦帳撰要方
- 定橋掛り
- 本所見廻り
- 牢屋見廻り
- 町会所掛り
- 古銅吹所掛り
- 市中取締諸色調掛り
- 高積改め
- 町火消人足改め
- 養生所見廻り
- 風烈廻り・昼夜廻り

※主なものに限った。

南北に分かれた町奉行所には、それぞれ与力二十五騎・同心百二十人が配属されていた。与力は騎馬の格なので、一人を一騎と数える。ほとんどが世襲で、代々与力・同心を務める者たちである。そのため、役務については子どものときから教えられ、経験を積んでいた。

与力の筆頭は年番方で、与力・同心を監督し、金銭の出納、営繕、人事などを掌握した。吟味方は本役四人、助役六人の十人で構成され、裁判を担当する。下役として同心が二十五人配属された。このほか与力の分課はおおむね表の通りである。

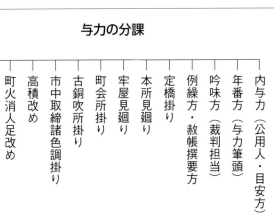

町奉行の日々

町奉行は、日々四つ時（午前十時頃）前に登

▲1990年当時の
日比谷見附跡。

▲日比谷公園内部にある日比谷見附跡。

城し、老中《ろうじゆう》が登城するのを待つ。老中が登城すると、御用を伺い、進達物《しんたつぶつ》（上申書や伺書など）を出し、ほかの役職の者と公用文書の往復をする。そして用事が終われば、いまだ老中が城に残っていても、「御断《おことわり》」と称して役宅（町奉行所）に帰る。午後は町奉行所において事務の決裁や裁判などを行った。江戸城からは、日比谷御門を出て少し行くと南町奉行所で、大手門から少し行くと北町奉行所である。

大江戸八百八町（実際は六百七十四町で、正徳三年〈一七一三〉以降九百三十三町となる）の行政・治安の責任者だっただけに、職務は多忙を極めた。

町奉行が平日外出するときは、長棒駕籠《ながぼうかご》に乗り、先徒士《さきかち》、鐙同心四人、駕籠脇侍四人、陸尺《ろくしやく》四人、蓑箱《みのばこ》持ち一人、挟箱《はさみばこ》持ち二人、乗馬一匹、御附二人、合羽《かっぱ》籠《かご》持ち二人など二十五、六人を引き連れた。

また、火事場など非常時の出馬の際には、供に二本の鑓を立てることを許された。

これは十万石の大名なみの格式で、町奉行の役職の重さというのはそれほどのものだったのである。

◆町奉行所に自由に入れた「中橋天王祭礼」

町奉行所では、一年に一度、中橋天王祭礼《なかはしてんのうさいれい》のときだけ、諸人が奉行所に勝手に入ることを許していた。いわば、町奉行所見学の日である。

もと町奉行所与力、佐久間長敬《おさひろ》は、その日のことを次のように書いている（南和男校注『江戸町奉行事蹟問答』東洋書院、一九六七年）。

この日は、奉行の家族・親類から与力・同心の家族・親類まで多くの者が、表門から奉行所に入り、裁判が行われるお白洲をはじめとして、役々の執務部屋までぐるっと回った。訪れる者は、与力・同心の妻女や子どもたちまで着飾り、夫人は白襟紋付き、娘は振袖、男子は嫡子《ちゃくし》（跡取りの子ども）ならば継裃、二、三男は羽織袴だった。見学は勝手に行ってよく、子弟に「はやくここで裁判を担当する地位に昇ることを心懸けなさい」と教訓する者もあれば、「罪を犯せばこの砂利の上で、あの縄で縛られ、牢にやられる」などと脅し戒める者もいて、四つ半時（午前十一時頃）までにぎわった。町奉行や与力は、赤飯を紙包みに出して饗応した。見学が終わると、町奉行所内ではいつものように業務が行われた。

町奉行所では、大勢の罪人が裁かれ、中には死罪に処せられる者もいた。処刑は刑場で行われたのだが、南町奉行所にはいつしか「七不思議」ということがいわれるようになった。そのうちの一つ「血の井戸」は、南町奉行所北東の隅にあった稲荷の前の井戸の水が真っ赤だったことからきたことである。赤い錆《さび》が生じていて常用に使えないものだったということ。

どれも新参の者をおどすために作られた話で、町奉行の交代のときには、前の公用人（奉行の秘書、内与力が務める）が新公用人に笑いながら引き継いだ。町奉行は、そうしたうわさ話があることを嫌ったが、町奉行の奥向きや家中の婦女子などはたたりを恐れて言い伝えを守ったため、なかなかなくならなかったという。

麹町永田町　外桜田絵図

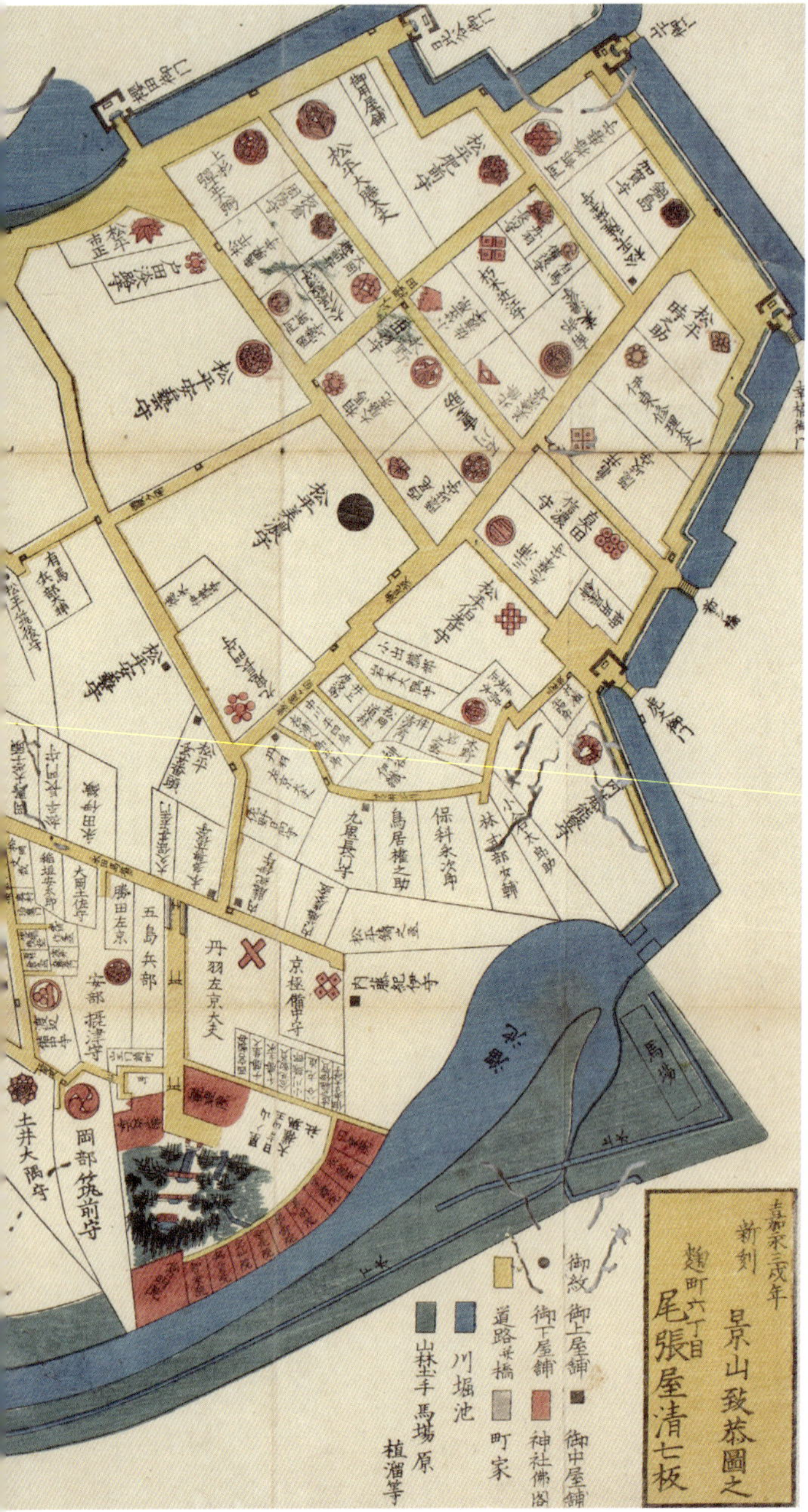
嘉永三戌年
新刻
景山致恭圖之
麹町六丁目
尾張屋清七板
御紋
御上屋鋪
御中屋鋪
御下屋鋪
神社佛閣
道路並橋
町家
川堀池
山林土手馬場原植溜等
丹羽左京大夫
京極備中守
五島兵部
勝田左京
安部摂津守
岡部筑前守
土井大隅守
九鬼長門守
鳥居権之助
林式部少輔
松平美濃守
松平安藝守
松平肥前守
馬場

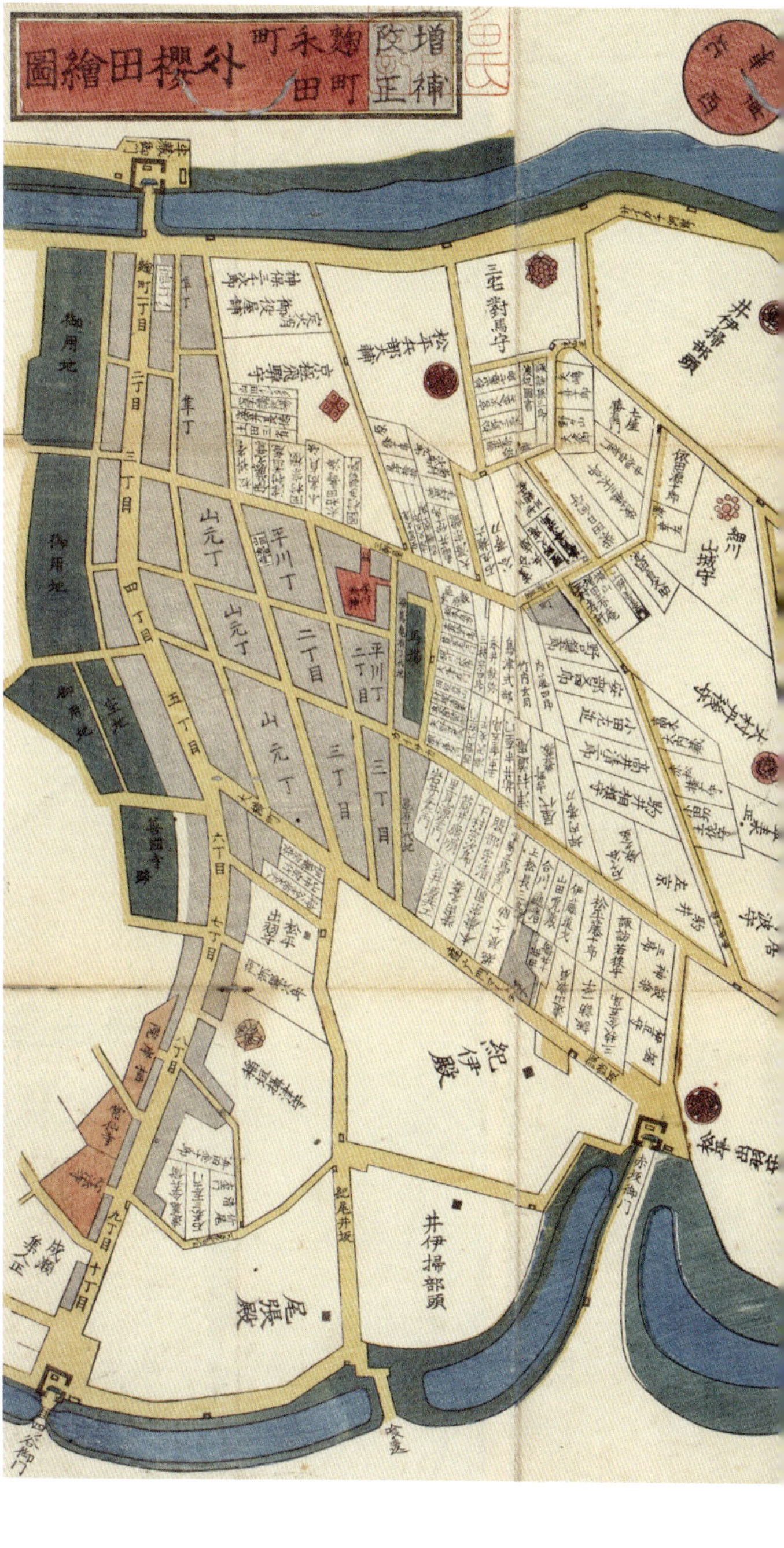

増補改正
麹町永田町外桜田絵図
御用地
御用地
麹町一丁目
二丁目
三丁目
四丁目
五丁目
六丁目
七丁目
八丁目
九丁目
十丁目
隼丁
山元丁
平川丁
松平兵部大輔
宗対馬守
井伊掃部頭
紀伊殿
尾張殿
紀尾井坂
赤坂御門
四谷御門

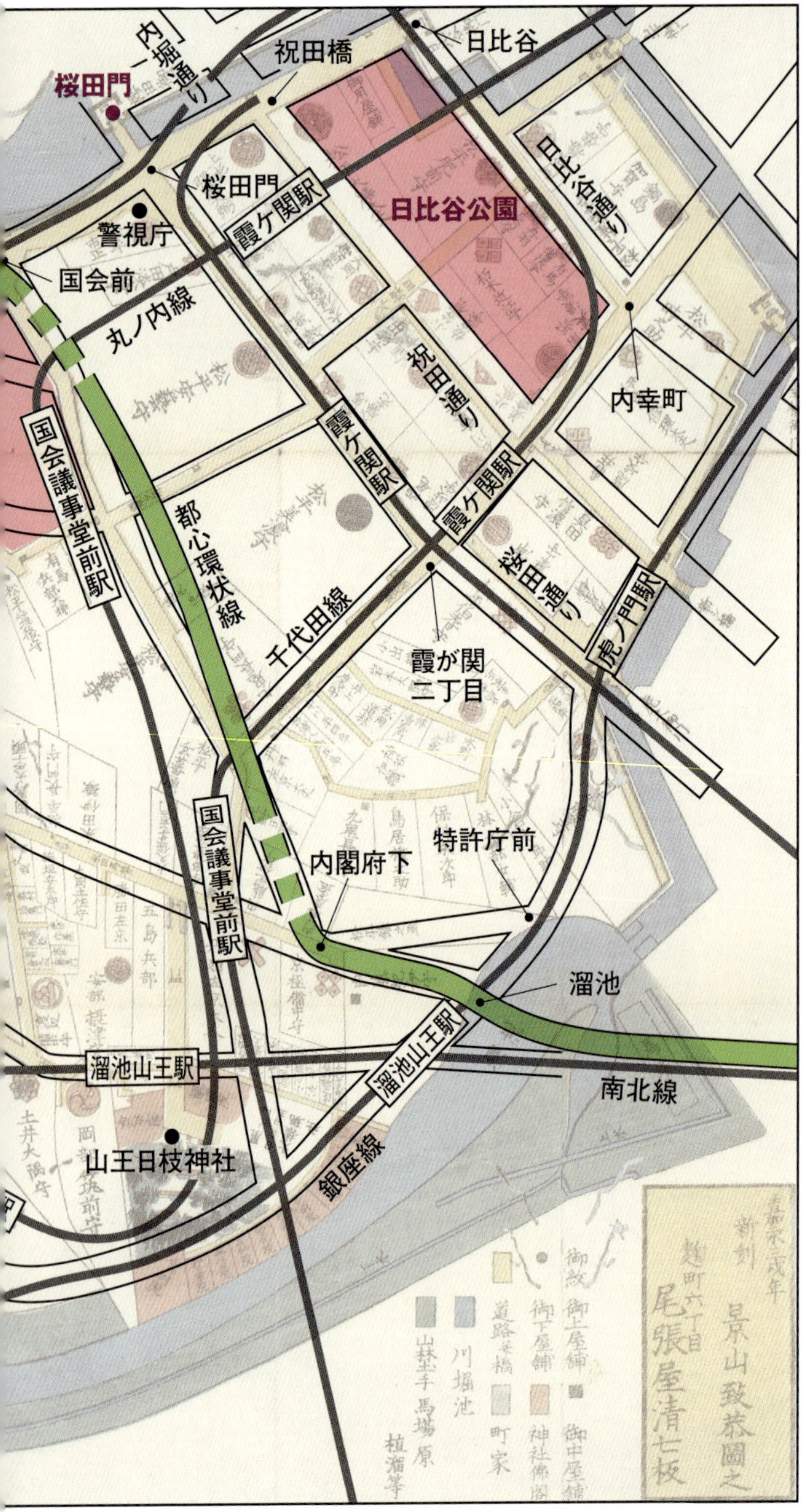

内堀通り
桜田門
祝田橋
日比谷
桜田門
霞ケ関駅
日比谷公園
日比谷通り
警視庁
国会前
丸ノ内線
祝田通り
内幸町
霞ケ関駅
霞ケ関駅
国会議事堂前駅
都心環状線
桜田通り
虎ノ門駅
千代田線
霞が関
二丁目
特許庁前
内閣府下
国会議事堂前駅
溜池
溜池山王駅
溜池山王駅
南北線
山王日枝神社
銀座線
新刻
景山致恭圖之
麹町六丁目
尾張屋清七板
御紋
御上屋鋪
御下屋鋪
御中屋鋪
道路并橋
神社佛閣
川堀池
町家
山林土手馬場原
植溜等

半蔵門
井伊家上屋敷
隼町
国立国会図書館
麹町一丁目
国立劇場
国会議事堂
半蔵門駅
最高裁判所
永田町駅
半蔵門線
平河天満宮
麹町駅
有楽町線
麹町四丁目
永田町駅
新宿通り
赤坂プリンス
紀尾井町通り
赤坂見
ニューオータニ
上智大学
外堀通り
四ッ谷駅

桜田門外の変の舞台

安政の大獄を推進した大老・井伊直弼。
大雪の中、登城する井伊家の行列を
水戸藩脱藩士らが襲撃する。

DATA 【桜田門】
千代田区千代田1-1
アクセス 東京メトロ有楽町線桜田門駅より徒歩1分、東京メトロ丸ノ内線・千代田線・日比谷線霞ケ関駅より徒歩6分

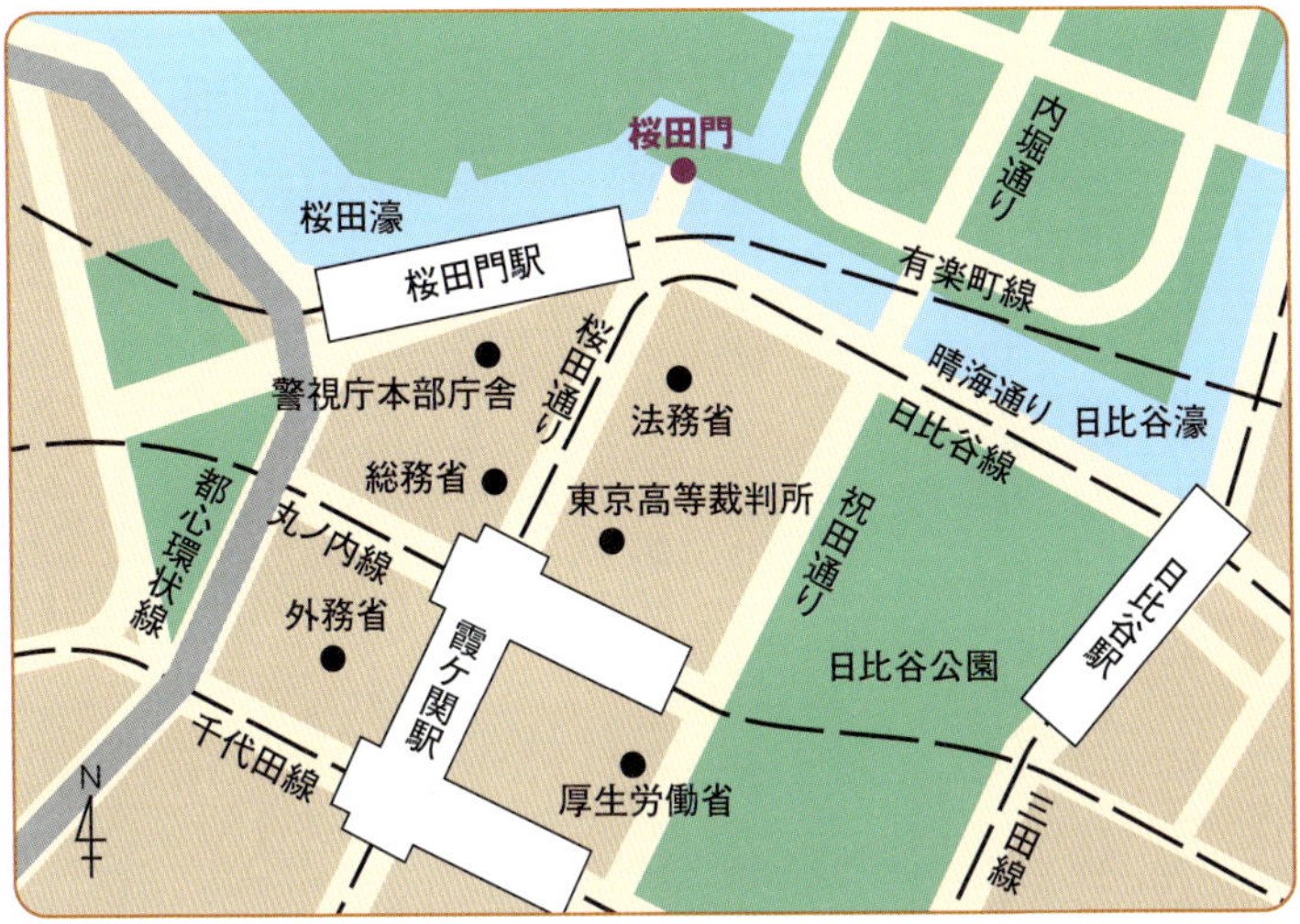

幕末の転換点・桜田門外の変

桜田門は江戸城に入る門の一つで、この門の外で起こった大老《たいろう》・井伊直弼《いいなおすけ》への襲撃事件（桜田門外の変）は、幕末政治の転換点として知られている。

井伊直弼は、彦根藩十一代藩主井伊直中《なおなか》の十四男に生まれた。天保二年（一八三一）、直中が死去すると、自ら「埋木舎《うもれぎのや》」と名づけた彦根城三の丸の尾末町屋敷に移った。本来ならここで部屋住みで一生を終わるか、他家の養子になるところ、兄たちの死によって、嘉永三年（一八五〇）、三十六歳にして家督を継ぎ、十三代藩主となるという運命の転機が訪れる。

その三年後、アメリカ使節マシュー・ペリーが、黒船四艘を率いて浦賀に来航し、開国を要求した。幕府は、翌年再び来航したペリーと日米和親条約を結ぶ。この条約によって、アメリカ総領事タウンゼント・ハリスが開港場である伊豆の下田に来日し、通商条約の締結を強く要求する。

幕府は、ハリスと実に十二回にわたる交渉を行い、日米修好通商条約案を作成した。その上で老中首座《ろうじゆう》堀田正睦《ほつたまさよし》は、勅許（天皇の許可）を得るため、上洛する。ところが、天皇は、「三家以下諸大名と衆議を尽くした上で、再び言上せよ」とする勅諚を下した。つまり、差し戻しである。

堀田正睦は、水戸藩隠居で条約締結反対派の巨頭、徳川斉昭《なりあき》を牽制するため、越前藩主松平慶永《よしなが》を大老にと考え、十三代将軍徳川家定《いえさだ》に上申したが、家定は、「家柄であり、人物でもあるので」と、井伊家の当主直弼に大老を命じた。これが直弼の二度目の運命の転機だった。

直弼も、通商条約を結ぶことに積極的だったわけではない。しかし、ハリスから、イギリス・フランス両国が清国と戦って勝利したアロー号戦争のことを聞き、彼らが日本を標的にする前にアメリカと条約を結ぶべきだという脅しに屈し、日本側全権の岩瀬《いわせ》忠震《ただなり》・井《い》上《の》清直《うえきよなお》に、「万策尽きた場合は調印してよい」と内諾を与えた。岩瀬・井上は、開国派だ

▲桜田門の枡形内の門。

ったので、これは条約を結んでよいというのと同じだった。

◎直弼の失敗

直弼の失敗は、これを幕府の独断で行ったことだった。しかし、アロー号戦争における清国の敗北は、条約調印を引き延ばしたときの日本の運命を予感させるものであり、調印したのもやむを得ないことだった。

徳川斉昭はいきり立ち、尾張藩主徳川慶恕《よしくみ》・水戸藩主徳川慶篤《よしあつ》らとともに不時《ふじ》登城（登城日でないのに登城すること）し、直弼を問い詰めた。これは、実際には家定の継嗣《けいし》（跡継ぎ）問題がからんだもので、斉昭らは直弼を攻撃することによって、一橋家の慶喜《よしのぶ》を将軍継嗣としようとしたのである。

直弼は、斉昭らの議論に正面から対決し、論破した。そして、将軍家定の名で紀州藩主徳川慶福《よしとみ》を将軍継嗣とし、斉昭らには不時登城を咎め、「急度慎《きっとつつしみ》（謹慎）」や「隠居」などの処分を行った。

一方、朝廷は、勅許なく条約を結び、それを老中の文書で通達するだけという幕府の態度に激怒し、水戸藩に密勅を下した。

これを知った直弼は、関係者を探索し、厳罰を与えた。世に言う「安政の大獄」である。これによって、水戸藩家老《かろう》安島帯刀《あじまたてわき》は切腹して果て、越前藩士橋本左内《さない》や長州藩士吉田松陰らが刑場の露と消える（95ページ写真）。

収まらないのは水戸藩士である。脱藩した関鉄之助を始めとする水戸藩士十七名と薩摩藩士一名は、直弼の襲撃を計画した。

◎国会議事堂あたりにあった直弼の上屋敷

安政七年（一八六〇）三月三日五つ半時（午前九時頃）、総勢六十余名の供揃えで屋敷を出た直弼は、桜田門に向かった。井伊家の上屋敷は、現在の国会議事堂のあたりであり、

▲桜田門から井伊家屋敷のあった方角を見る。中央に見える国会議事堂あたりが井伊家の屋敷。

桜田門までは目と鼻の先である。

水戸脱藩士らは、ピストルの合図で井伊家の行列を襲撃した。折悪しく大雪の日で、彦根藩士たちは刀身が湿らないよう柄袋をかけており、即座に抜刀できなかった。両者入り乱れての激戦ののち、薩摩藩士有村次左衛門が直弼の首をとった。直弼は、ピストルで大腿に致命傷を負っていたようである。

強権政治を行っていた直弼が非業の死を遂げたことによって、幕府の威信は極端に低下した。

その後、老中安藤信正らによって孝明天皇の妹・和宮《かずのみや》の降嫁などの公武合体策が行われるが、安藤も坂下門外の変で負傷して老中を辞職、結局幕府は、政治の主導権を回復することはできなかった。

日本橋北内神田両国浜町明細絵図

日本橋ヨリ方角并道法

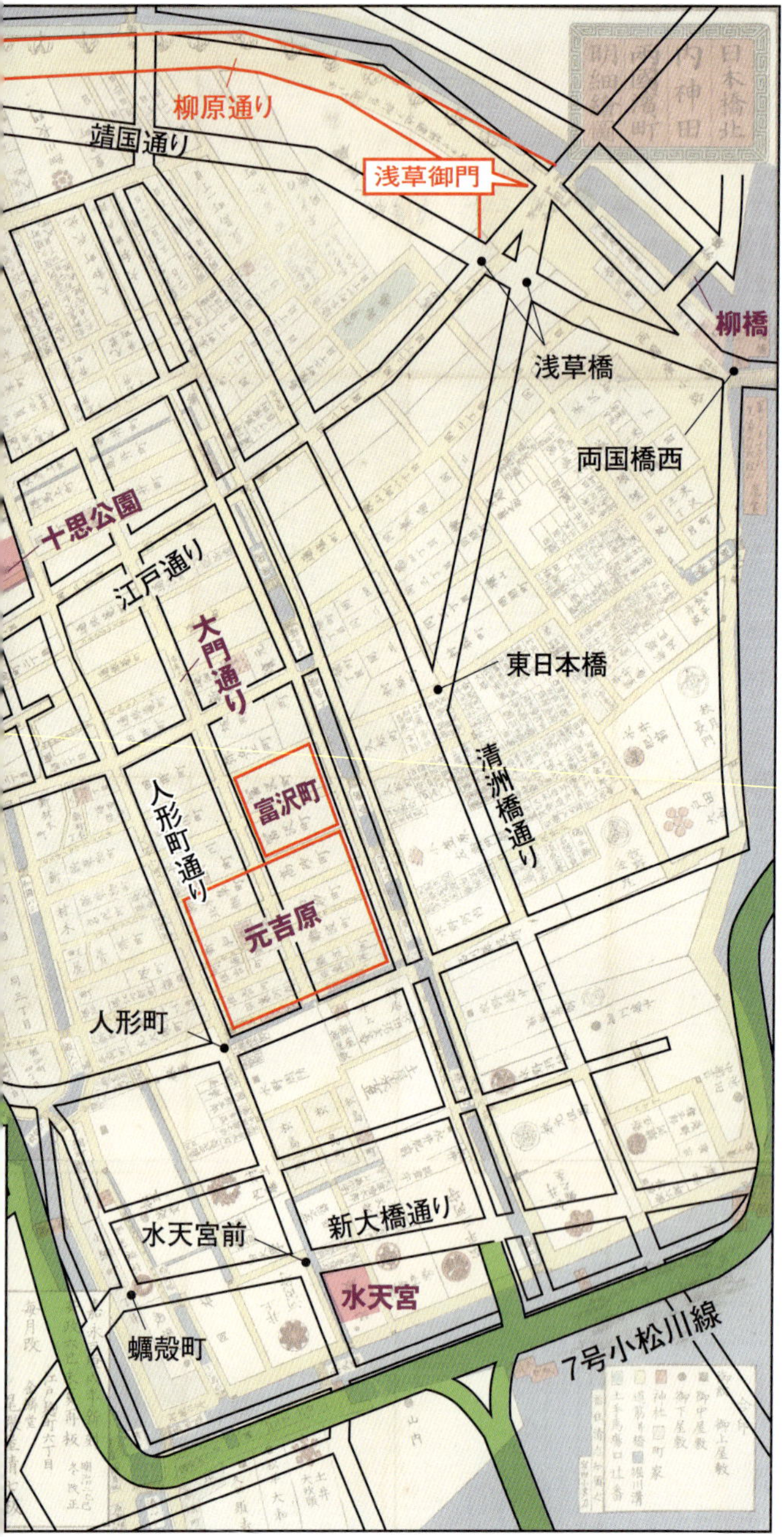
日本橋北
内神田
両国浜町
明細絵図
柳原通り
靖国通り
浅草御門
柳橋
浅草橋
両国橋西
十思公園
江戸通り
大門通り
東日本橋
清洲橋通り
富沢町
人形町通り
元吉原
人形町
水天宮前
新大橋通り
水天宮
蠣殻町
7号小松川線

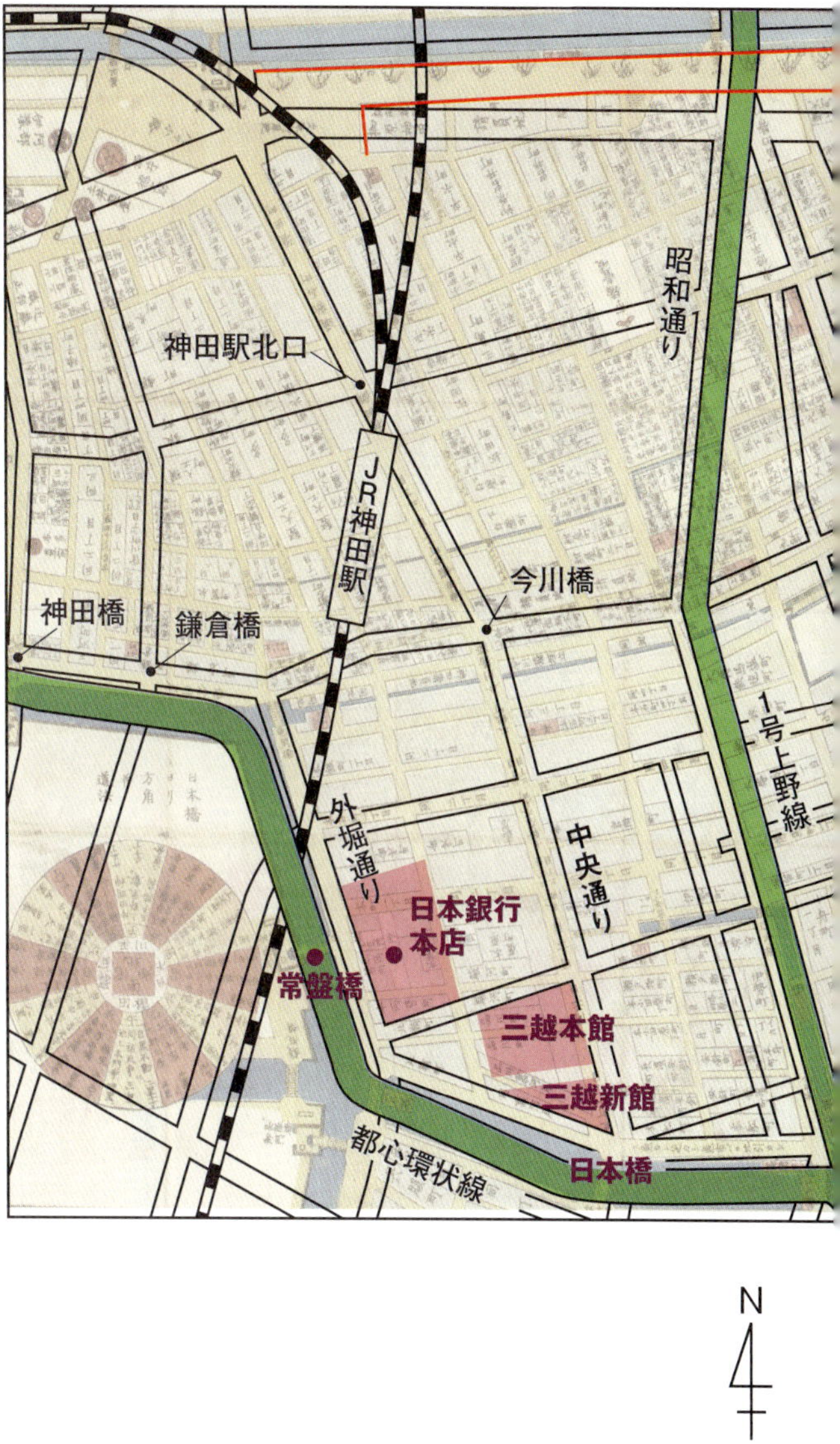

昭和通り
神田駅北口
JR神田駅
今川橋
神田橋
鎌倉橋
1号上野線
外堀通り
中央通り
日本銀行
本店
常盤橋
三越本館
三越新館
都心環状線
日本橋
N

日本橋三越本店

三井越後屋発祥の地

魚屋や八百屋が軒をつらね、
多くの人でにぎわった日本橋周辺。
現在も、その区画を残したまま、
多くの人でにぎわう。

DATA

【日本橋三越本店】
中央区日本橋室町1-4-1
TEL：03-3241-3311
アクセス 東京メトロ銀座線・半蔵門線三越前駅より徒歩1分、東京メトロ銀座線・東西線日本橋駅より徒歩5分、都営地下鉄浅草線日本橋駅より徒歩5分、JR新日本橋駅より徒歩7分、JR東京駅（日本橋口）より徒歩10分

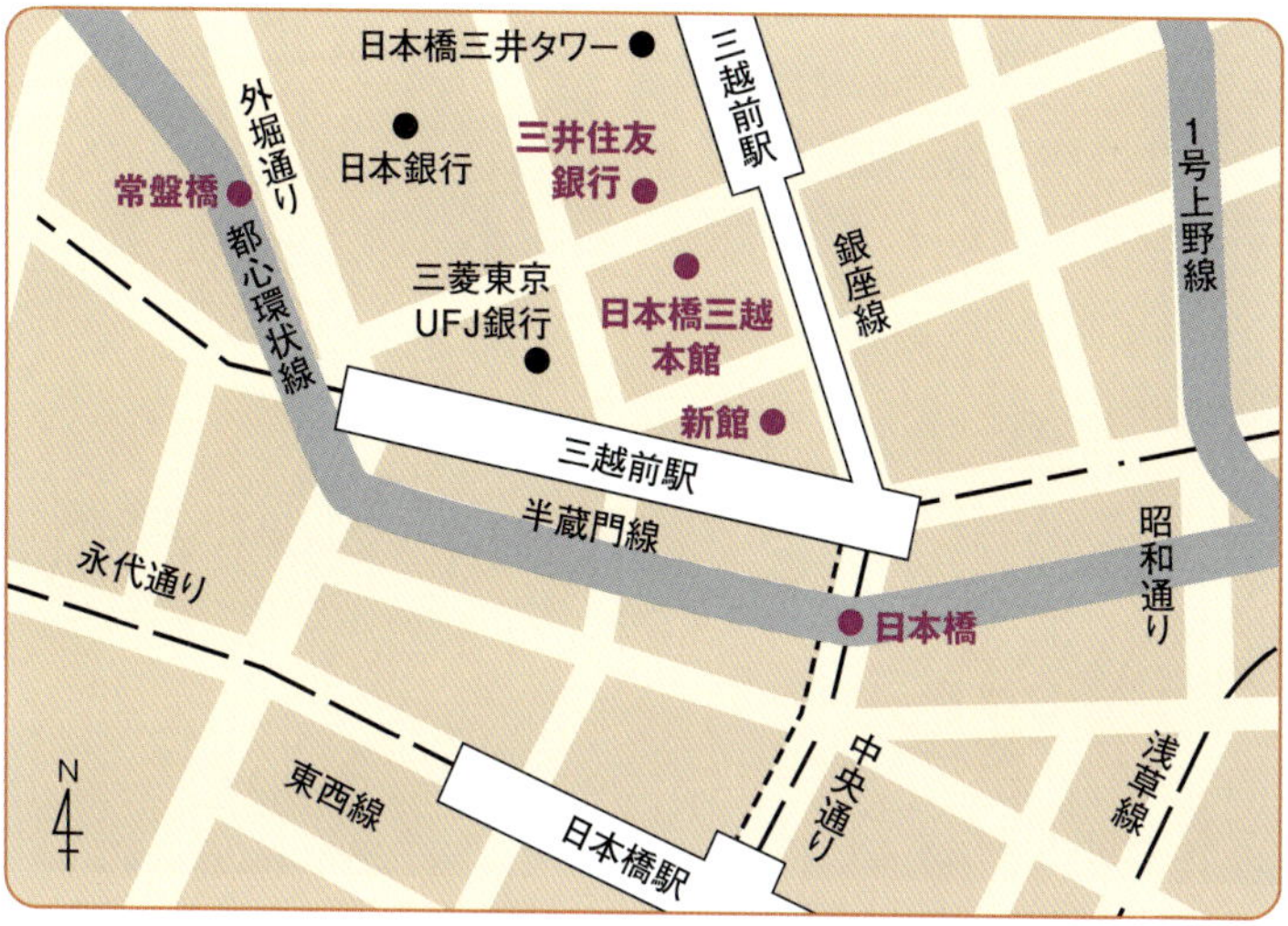

東海道の起点、日本橋

日本橋は、東海道の起点でもある江戸の中心地である。現在では、橋の頭上を首都高速が走り、あまり美しい風景とはいえなくなっている。

その日本橋に隣接する地に、日本橋三越本店新館がある。この場所は、江戸時代は室町一丁目で、三越本店本館も同様に室町一丁目にある。

三越の前身である三井越後屋は、江戸時代は駿河町にあった。駿河町は、室町二丁目と三丁目の境の交差点を常磐橋方面に行く道の両側で、現在は三井住友銀行日本橋支店などが立つ。

常磐橋（現在は常盤橋）は、千代田区大手町と中央区日本橋本石町《ほんごくちょう》との間の日本橋川にかかる橋である。江戸城の大手門を出てこの橋を渡ると、浅草御門に向かう本町通りがあった。

▲当時の面影を今に伝える常盤橋。

三井高利が始めた呉服店

三越の発祥は、三井高利《みついたかとし》が延宝元年（一六七三）に出した越後屋という呉服店である。高利は、十四歳の頃、生地である伊勢（現在の三重県）松坂から江戸に下り、長兄の呉服店に勤めた。その後、二十八歳で伊勢に帰り、江戸で蓄えた資金を元手に金融業を始めた。

そして、延宝元年に長兄が亡くなると、長兄の店で働かせていた長男高平、二男高富らを独立させ、本町一丁目に店を出させた。

高利と高平は、仕入れのため京都に店を出し、値段の安い品物があればどんどん買い入れて江戸に送った。売上が伸びると、本町二丁目にも店を出し、高富の采配《さいはい》のもとで「店前売《たなさきうり》」と呼ばれた現金売りも始めた。

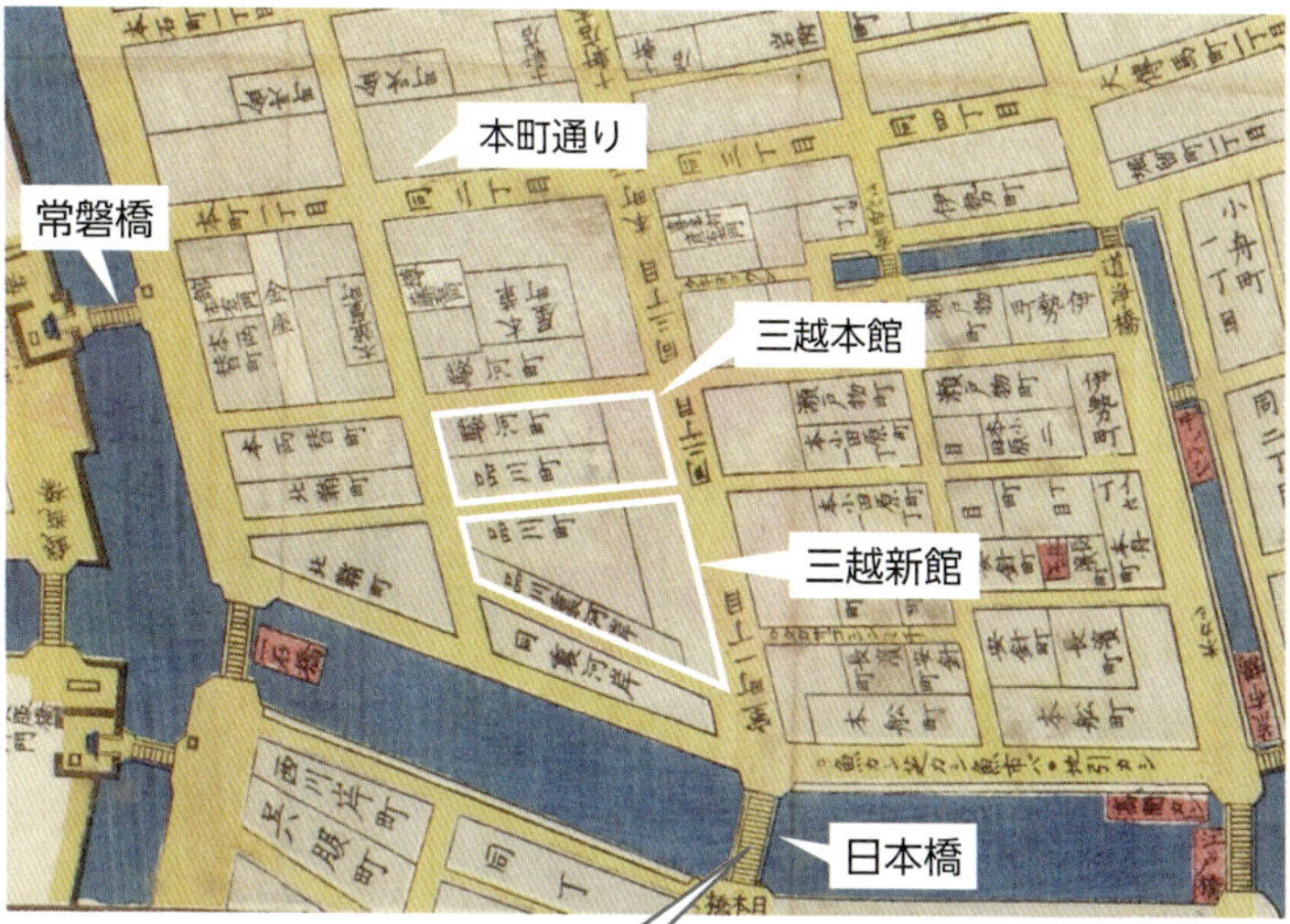

▼現在の日本橋。

現金売りは利益こそ少ないが、掛け売りと違って資金の回転が速く、従来以上のもうけを出すことができた。現金で買う小口の客を大切にせよというのが高利の指示だった。仕入れ・販売とも、旧来のやり方を革新した越後屋は、順調に客を増やしていった。

◎越後屋といえば駿河町に

しかし、本町のほかの呉服店の目の敵《かたき》となり、いろいろと嫌がらせもあったので、天和《てんな》三年（一六八三）五月、越後屋は、駿河町の新店舗に移った。室町二丁目側から見るとわずか総間口七間（約12メートル60センチ）の店舗であるが、角地なので、駿河町のほうに店が延びている。

また、このとき、駿河町に両替店も別に設けており、やがて越後屋といえば駿河町というイメージが定着することになったのである。

こうして創業した越後屋は、江戸を代表する「大店《おおだな》」となった。大店は、店舗の面積が大きいだけでなく、経営規模が巨大だった。

売上高を見ると、越後屋江戸本店では、延享二年（一七四五）に最大の売上を記録するが、その額は銀一万三千八百三十五貫にのぼった。

金一両を銀六十匁《もんめ》として換算すると、金二十三万五百八十三両、一日の売上が平均六百両となる。現在の貨幣価値に換算すると、金一両が20万円として年商461億円以上となる。

そして、大店の場合、店舗はひとつではない。三井家の場合、江戸に三店、京都に四店、大坂に一店の計八店があった。

これらの本支店はたがいに協力し、京都四店で仕入れを行い、江戸と大坂の四店で販売した。また、ほかにも、江戸・京都・大坂に両替店を一店ずつ持ち、京都には糸絹問屋二店、伊勢松坂にも木綿の仕入れ店を一店持っていた。

そして、三井の本家は京都に居住し、これらの店舗を全体として所有し、経営指揮にあたっていた。

◆ほとんどが呉服屋だった江戸の大店

このような大店は、十七世紀末から十八世紀初頭に成立する。

江戸時代の大店は、ほとんどが呉服屋である。呉服屋で販売する絹織物は、江戸時代の初めには武士階級の高級衣料品だった。しかし、十七世紀の後半には、社会の安定とともに上層の町人や農民に経済的余裕が生まれ、彼らにも身分に応じた絹織物の着用が許された。つまり、国内の生産力が発展し、都市の需要が拡大したことが、呉服屋の発展をもたらしたのである。

店舗の大規模化は、呉服業独特の要因もあった。呉服は、庶民にとっては高額商品だったため、客を応接する空間や、接客する大勢の人員が必要で、店舗が広くなっていったのである。

こうしたことから、江戸時代の呉服店が巨大な小売店舗であるデパートに発展する要因も、早くから内在していたといえる。

▲歌川広重「日本橋通一丁目略図」(『名所江戸百景』)。日本橋を渡った日本橋通一丁目に立ち並ぶ呉服店が描かれている。

◎江戸最大の魚河岸

さて、新館の完成によって、江戸時代、越後屋とは関係なかった室町一丁目の片側はすべて三越デパートとなったが、このあたりは江戸時代はどのような場所だったのだろうか。

ドイツのベルリン東洋美術館に所蔵され、平成十五年（二〇〇三）に江戸東京博物館の開館十周年記念「大江戸八百八町展」で初めて日本で公開された「熈代勝覧《きだいしょうらん》」という絵巻は、江戸時代後期の日本橋付近を描いた絵巻である。

日本橋の室町側は、江戸最大の魚河岸があった。「熈代勝覧」を見ると、現在の三越新館の前から日本橋本石町一丁目へ向かう道は、立錐《りっすい》の余地もないほどに人が魚を運んだり、買ったりしている。

日本橋本石町は、京都郊外の山科を出て江戸に入った大石内蔵助《おおいしくらのすけ》が居をかまえた場所でもある。大石は、こうしたにぎわいの裏店《うらだな》に身を隠し、江戸に散在する赤穂《あこう》の旧臣たちに吉良上野介《きらこうずけのすけ》邸討ち入りの指示を出していたのである。

三越新館の前から室町一丁目に向かうと、魚屋や八百屋が軒をつらね、路上ではところ狭しと野菜が並べられ、ダイコンやニンジン、タケノコ、サトイモなどが店舗を持たない小商人によって売られている。ここから北側に八百メートルほども歩けば、江戸時代最大

▲歌川広重「日本橋　朝之景」（『東海道五拾三次』）。魚河岸で魚を仕入れた人や野菜を売る人が行きかう朝の日本橋が描かれている。

の青物市場である神田市場があった。そこで仕入れた小商人が、人通りの多い日本橋近辺に野菜を運んで売ったものであろう。

鳥肉は食べるが獣肉は食べない江戸時代の人々にとって、日本橋室町一丁目は「江戸の胃袋」ともいうべき最大の食品売り場だったのである。

ほかの店に目を移せば、草履屋、膳や椀を売る店、馬具や陣笠を売る店、かまぼこ屋なども軒をつらねている。路上には、金山寺味噌を売り歩く者もいる。

三越本館のある室町二丁目も、当時はさまざまな店舗があった。なかでも注目されるのは、本屋である。「書肆《しょし》」「本屋」と書いた看板を出す本屋ののれんには、「須原屋」と染められている。この店は、大名や幕臣の職員録である『武鑑』を発行していた江戸の代表的な書店である。現在でも須原屋は、埼玉県に本拠を移して営業を続けている。

また、ここで最大の店舗は「木屋《きや》」で、小間物、塗物、火打石、草履、陣笠などさまざまな店を出していた。こうした老舗《しにせ》が現在ではほとんど見られなくなっているのはさびしいが、包丁の木屋は現在も営業している。

〔参考文献〕西坂靖「江戸の大店」『日本の近世』9、中央公論社、一九九二年
小澤弘・小林忠『活気にあふれた江戸の町『熈代勝覧』の日本橋』小学館、二〇〇六年

▼橋柱の「にほんばし」「日本橋」の文字は、15代将軍徳川慶喜の筆。

「情けありまの水天宮」と慕われた庶民の神社・水天宮

水天宮と日本橋富沢町・人形町・蠣殻町

江戸の風情が残る人気のエリア。
アウトレットに芝居、元吉原など、庶民に愛された街。

DATA

【水天宮】
中央区日本橋蠣殻町 2-4-1
TEL：03-3666-7195
アクセス 東京メトロ半蔵門線水天宮前駅より徒歩0分、東京メトロ日比谷線人形町駅より徒歩5分、都営地下鉄浅草線人形町駅より徒歩5分

【富沢町】
中央区日本橋富沢町界隈
アクセス 東京メトロ半蔵門線、日比谷線人形町駅より徒歩4分、都営地下鉄浅草線人形町駅より徒歩4分

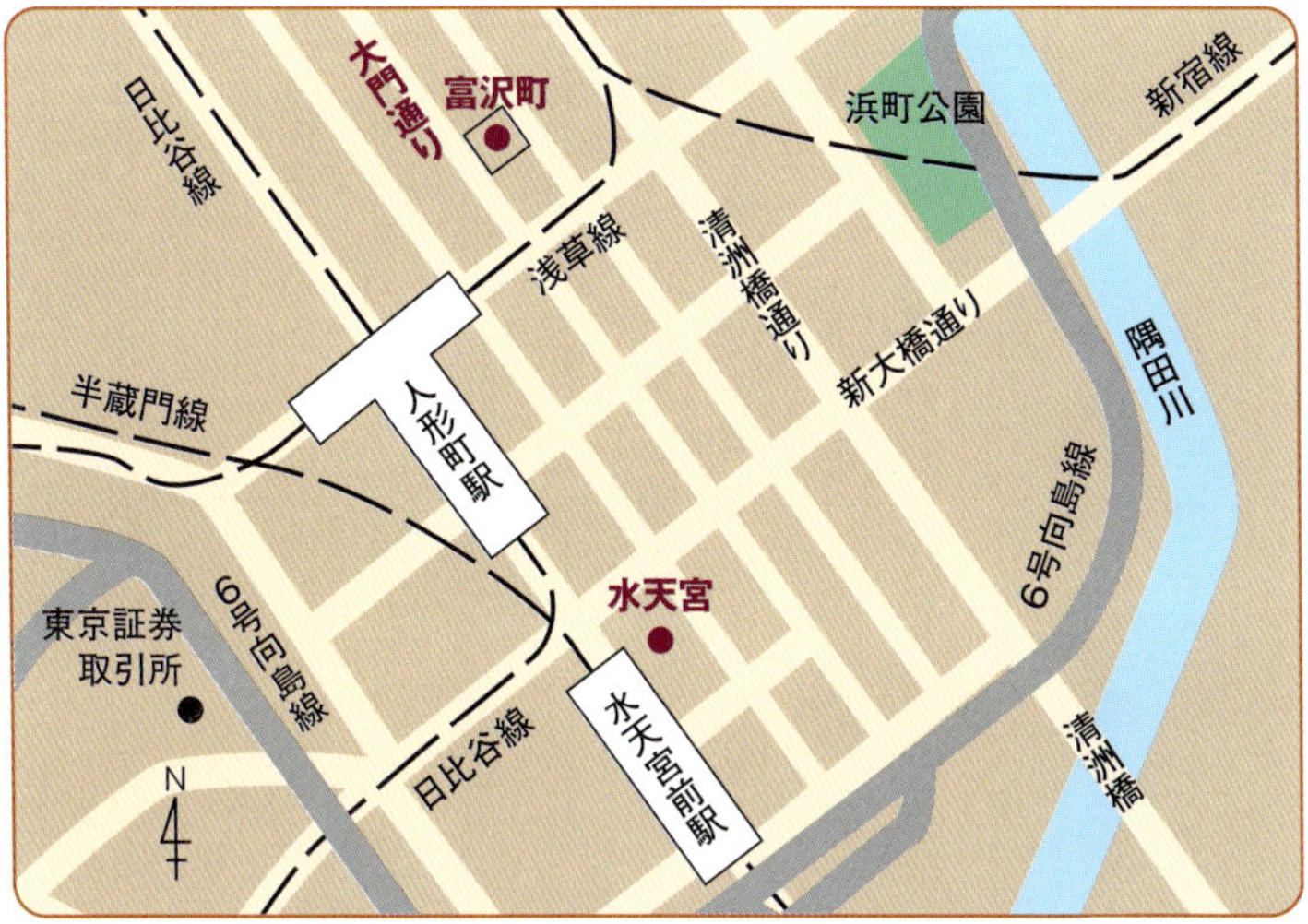

古着問屋が集まっていた富沢町

日本橋の三越前から隅田川のほうに歩くと、富沢町《とみざわちょう》という町がある。ここは、江戸の古着問屋が集まる町だった。現在では、中央区日本橋富沢町になる。

十七世紀半ば頃には、すでにここに古着渡世の者が集まっており、元禄十四年（一七〇一）には、富沢町の名主《なぬし》（町の責任者）彦左衛門が、幕府から古着惣代《そうだい》（古着商人の代表）の認可を受けている。

天保三年（一八三二）刊の寺門静軒《てらかどせいけん》著『江戸繁昌記』に、富沢町の古着市でさまざまな古着が売買され、繁盛している様子が次のように書かれている。

「富沢町もまた一大繁盛の市である。古着屋が縦横に道をはさんで店を並べている。古い着物や帯が、毎朝新たに並べられ、山のように積まれ、あざやかな衣服がウロコのように並べられている」

◎江戸のアウトレット

静軒はその中で、「古着と言っても古いものばかりではない。新品もある」と書いている。実際、大手呉服問屋である三井越後屋は、売れ残り品を富沢町に卸しており、同様に呉服販売の白木屋は、宝暦十年（一七六〇）、富沢町の伊世屋の居宅と株を買い取り、富沢町店を開店している。富沢町の古着市では、売れ残り品が安く売られていたのである。

これは、江戸版アウトレットだったということができる。白木屋は、古着商人に卸すだけでなく、アウトレット直営店を持ったのである。

富沢町では、たとえば老舗の呉服屋「大丸」で四両（約80万円）以上もする帯地が、三両二分（約70万円）で買えるなど割安だった。富沢町には呉服問屋もあり、幕末には周辺の町も含めて呉服問屋や古着屋が集中していた。

現在でも、歩いてみると、静かなたたずまいの中に呉服屋や衣料関係の店が営業しており、往時をしのぶことができる。

▲富沢町に今も残る衣料関係の店。

◀富沢町の街並み。

富沢町は、いわば高級古着屋街で、品質の悪い古着を売る店は、柳原通りに集まっていた。柳原通りは、神田筋違橋から浅草御門に向かう神田川沿いの広い道である。道沿いに柳が植えられていた土手には、葭簀《よしず》囲いの古着屋が床店を並べていた。

夕方になり、店が閉まると、夜鷹《よたか》（道で客をとる私娼）の集まる名所となった。

人形遣いが多く住んだ人形町

富沢町に隣接して人形町がある。現在は、昭和の下町の名残のある街として、古い街並みや個性的な食べ物屋があり、人気の町である。81ページの切絵図にある「橋イナリ」「三光イナリ」「杉ノ森イナリ」は、すべて路地やマンシ

▲柳原通り近くにあった柳橋あたりに復元された柳の並木。

ヨンの片隅に残っている。

「人形町」は、もともとは大坂町、島町、住吉町、和泉町、堺町、芳町などが面した通りの名前だった。このあたりは古い盛り場で、堺町には中村座、葺屋町《ふきやちょう》には市村座という江戸で有名な歌舞伎小屋があった。現在の日本橋人形町三丁目である。

また、薩摩浄瑠璃（薩摩座）や人形芝居（結城座）もあり、人形遣いが多く住んでいたから、人形町と称されたらしい。

これらの町が、人形町に町名変更されたのは昭和八年（一九三三）のことだが、江戸時代当時から、「人形町」という名称はあったのである。

浅草寺の裏手にある遊廓《ゆうかく》・吉原も、もともと

◀椙森（すぎのもり）神社。

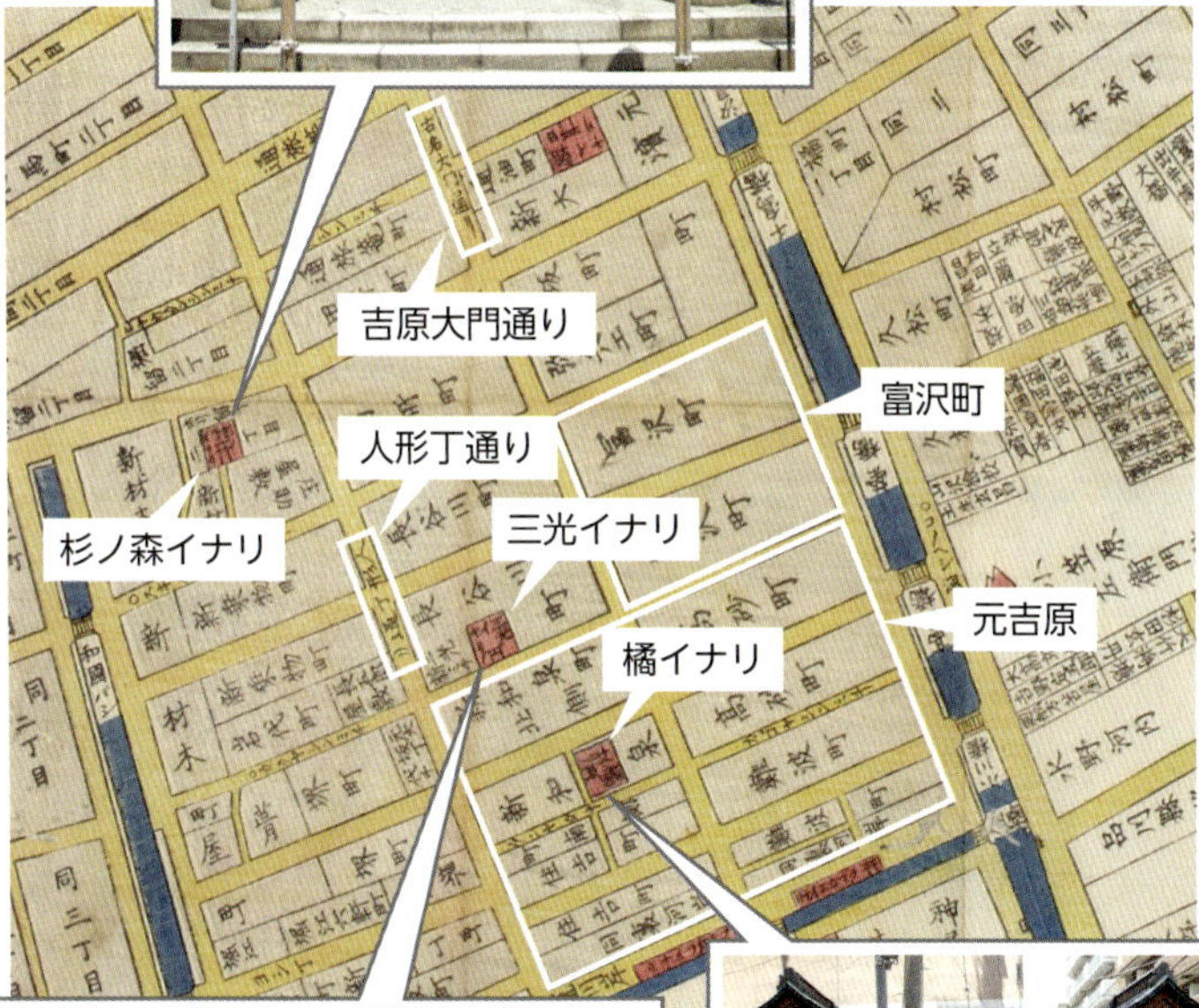

▲橘稲荷神社。

▲三光稲荷。

▲元吉原大門通りの現在の街並み。

▲大門通りのプレートがある。

は人形町通りの東側あたりの一帯にあり、「元《もと》吉原」といった。現在でも「大門《おおもん》通り」という通り名が残っており、その痕跡を残している。

明暦の大火（一六五七）でこのあたり一帯が焼失したあと、吉原は江戸郊外に移転を命じられた。それまで吉原は夜間営業が許されていなかったが、移転を契機に夜間の営業が許されるようになった。

芝居小屋のほうは、長くこの地にあったが、天保十二年（一八四一）十二月に火事で焼失し、ちょうど老中《ろうじゅう》水野《みずの》忠邦《ただくに》による天保の改革が行われていたため、ほかの芝居小屋とともに浅草猿《さる》若町《わかちょう》（現在の台東区浅草六丁目）に移転させられた。

その後、陶器問屋が集まるようになった。現在でも行われている夏の「せともの市」は、その名残である。

江戸の庶民に愛された水天宮

この近くの日本橋蠣殻町《かきがらちょう》には、安産祈願、子授けに御利益があることで有名な水天宮がある。

水天宮は、天御中主大神《あめのみなかぬしのおおかみ》とともに、源平の合戦中、壇ノ浦で入水《じゅすい》して亡くなった安徳《あんとく》天皇とその母建礼門院《けんれいもんいん》、祖母二位の尼を祭神としている。

水の犠牲になったため、逆に漁業や船乗りに信仰されることになり、子どもの守護神、安産の神様としても信仰されるようになった。

この水天宮は、もともと福岡県久留米市にあった神社である。久留米藩二代藩主有馬忠《ただ》頼《より》は、現在の久留米市瀬下町の地に七千坪の敷地を寄進し、社殿を設けた。これが水天宮本宮である。

文政元年（一八一八）、久留米藩九代藩主頼徳《よりのり》は、国元の水天宮を、三田・赤羽根（現在の三田小山町辺の済生会中央病院、都立三田高校のあたり）の久留米藩有馬家上屋敷内に分霊し、祀《まつ》った。

この水天宮が江戸の庶民の間で信仰されるようになり、塀越しにお賽銭を投げ入れる人があとを絶たなかった。

そこで有馬家では、毎月五の日に、参拝を願う江戸庶民のため屋敷を開放して、参拝させた。このため、「情けありまの水天宮」とうたわれ、「恐れ入谷《いりや》の鬼子母神」と並んで江戸の流行語となったという。

水天宮がここ日本橋蠣殻町へ移ったのは、明治五年（一八七二）のことで、その後も全国のみならず海外からも大勢の参拝客でにぎわったという。現在でも安産の神様として有名で、神主は有馬家の嫡流の方が務めている。


〔参考文献〕杉森玲子「古着商人」吉田伸之編『商いの場と社会』吉川弘文館、二〇〇〇年

▲日本橋蠣殼町の水天宮。

▼福岡県久留米市の水天宮。

十思公園

小伝馬町牢屋敷跡と小塚原刑場跡

昼休みには、多くのビジネスマンが集まる憩いの場。
石出帯刀の人情味あふれる逸話が残る。

DATA

【十思公園】
中央区日本橋小伝馬町5-2
アクセス 東京メトロ日比谷線小伝馬町駅より徒歩2分

【小塚原回向院】
荒川区南千住5-33-13
TEL：03-3801-6962
アクセス JR・東京メトロ日比谷線・つくばエクスプレス南千住駅より徒歩3分

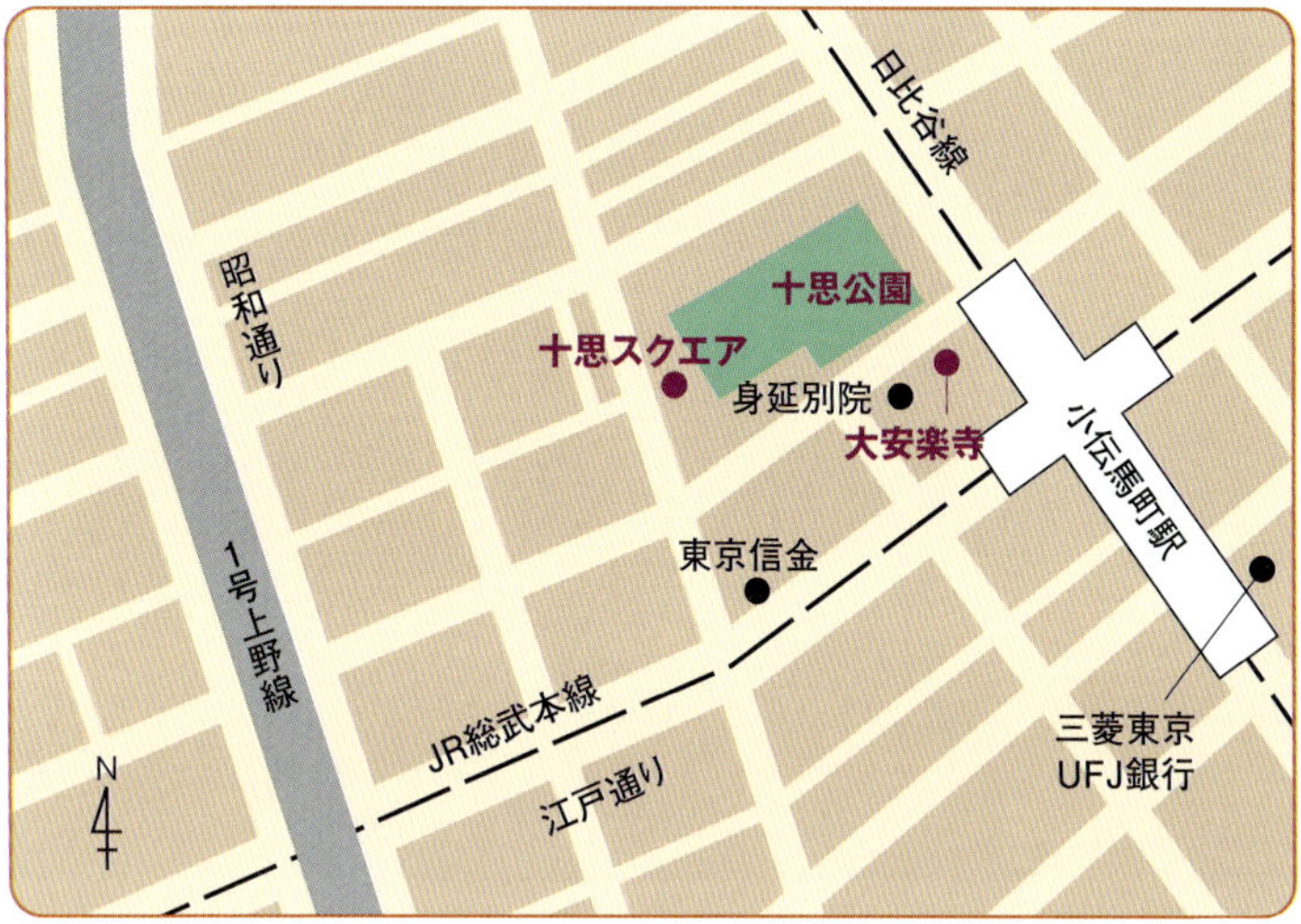

◎江戸の牢屋敷が公園に

江戸の牢屋敷は、小伝馬町《こてんまちょう》（現在の中央区日本橋小伝馬《こでんま》町）にあった。

江戸時代は、懲役刑がなかったから刑務所ではなく、現在の留置場にあたる。ただし、裁判は早く、敲刑《たたきけい》（罪人の背などを笞《むち》で打つ刑罰）はもちろん、死罪などもここで行われた。

現在は、十思《じっし》公園という公園となり、その一部が大安楽寺と日蓮宗身延別院の二寺になっている。これは、死罪になった犯罪者の菩提《ぼだい》を弔うためであろう。

◎世襲の牢屋敷長官、石出帯刀

牢屋敷の長官のことを牢屋奉行《ろうやぶぎょう》あるいは囚獄《しゅうごく》といい、代々世襲の役職で、名前を石出帯刀《いしでたてわき》と

▲牢屋敷付属の処刑場跡。現在は大安楽寺が立つ。

称した。その地位は、それほど高くない。

江戸町奉行の配下で、知行《ちぎょう》（領地）は三百俵、旗本（将軍の直臣で御目見得《おめみえ》以上の武士）のうち中級の大番士《おおばんし》クラスの身分である。部下として同心《どうしん》五十八人が付属させられていた。

堀で囲まれた牢屋敷の総坪数は二千六百七十七坪、中には何種類かの牢と刑場があり、牢屋敷同心の宿舎や石出帯刀の屋敷も付属していた。

身分によって違う牢屋

囚人を収容する牢屋は、身分や性別で分けられた。

旗本など身分の高い者が入るのは揚《あが》り座敷といい、御目見得以下の武士や陪臣《ばいしん》（家来の家来）、僧侶などが入るのは揚屋《あがりや》といった。

▲小伝馬町牢屋敷の石垣の遺構（十思スクエア）。

多くの囚人が入れられるのは大牢で、女の囚人は女牢に入れられた。

◎黙認されていた大牢の慣行

大牢には、囚人でもある牢名主《ろうなぬし》以下の牢役人がいた。これは町奉行所の牢内掟《おきて》にも明記されているもので、公認のものだった。

ひそかに金銭を持ち込んで牢名主に差し出せばそれほどいじめられなかったが、何も持っていないと、着ているものをはぎとられ、大勢でたたいたり、ぬか味噌桶《おけ》の上澄みの水を体中になすりつけられた。こうなると、体中に腫れ物ができたという。そのあとは、着古した着物が与えられた。

大牢には畳が敷かれていたが、その畳を十枚

▲十思公園に移されている日本橋本石町の時の鐘。

重ねて見張畳と称し、その上に牢名主が座った。ほかの牢役人も二、三枚を積んで座り、そのほかの囚人は畳一枚に七、八人も座らされた。しかし、五日に一度ある牢内見回りのときは、敷き並べたという。

こうした慣行は、当然、牢屋同心などの知るところであったが、牢内の秩序を守らせるためか、黙認された。牢屋に入るような者だから、どのような扱いがされても文句は言えないだろうという発想があったのかもしれない。

収容された者が死罪を命じられると、即日、牢屋敷内の刑場で斬首された。磔刑《たつけい》などは鈴ヶ森や小塚原《こづかはら》の刑場に送られ、そこで衆人環視のなか処刑された。

石出は、れっきとした旗本の子孫であるが、罪人を扱い、処刑などにもかかわることから、世間からは「不浄役人」と称されることもあった。配下の同心も幕府御家人《ごけにん》でありながら、不当に貶《おとし》められることの多い役職でもあった。

ところが、代々の石出帯刀の中には、すばらしい人物も出ている。

◎明暦の大火から囚人を救った石出帯刀

明暦三年（一六五七）正月十八日、本郷丸山本妙寺から出た火は、江戸中を焼き尽くす大火事となった。いわゆる明暦の大火である。

このとき、小伝馬町の牢屋敷にも火が移った。このままでは、牢に収容している大勢の囚人は、みな焼け死んでしまう。牢屋敷の鍵は、町奉行所に置かれている。石出帯刀は、いかに罪を犯した者とはいえ、囚人たちが焼け死ぬのを不憫《ふびん》に思った。

そこで牢の格子を打ち破って囚人たちを出し、申し渡した。

「其方《そのほう》どもも存じておるように、鍵は町奉行所にあるから焼き殺す外《ほか》はないのだが、私の一命に懸けて釈放するから、必ず逃げたりしないで浅草新寺町の善慶寺に戻って参れ」

囚獄の職務は、ただ囚人を預かることにある。火事があったからといって、牢を開ける権限はない。だからこそ、牢の鍵は町奉行所にあり、石出は、牢の格子を打ち破らなければならなかった。

石出は、牢の格子を打ち破った時点で、すでに切腹を覚悟していたであろう。石出の処置は、非常に危険な行為でもあった。逃がした相手は、大勢の犯罪者である。翌日までに帰ってくる保証がないばかりか、火事のどさくさにまぎれてさらに犯罪を重ねる恐れさえある。

石出帯刀の思いに応えた囚人たち

このとき釈放された囚人は、百二十人余りと伝えられている。

しかし、翌日までに全員が戻ってきた。自分の命に代えて囚人たちの命を救おうとした石出の行為に、囚人たちは感じ入ったのである。戻ったら確実に死罪になるような者でさえ、何の責任もない石出がわざわざ命を懸けて行ってくれたことに対して、自分の命だけ助かろうとは思わなかったのである。

その後の慣行では、大火があって牢屋敷に火が回ると、重罪人は一人ひとり縛って安全な場所に移され、軽罪の者は三日に限って放免されることになった。三日後に本所《ほんじょ》の回向《えこう》院《いん》に戻れば罪一等が宥免《ゆうめん》（許すこと）された。戻らず、捕らえられれば死罪である。

火事があれば、外の空気が吸えるとあって、囚人たちは火事を望んだ。しかし、外で三日も暮らすと、牢に戻る気持ちが萎《な》える。しかし、戻らないと死罪だから、家族や親類の者が付き添って回向院に集まってきたという。

◉吉田松陰や橋本左内が眠る小塚原回向院

本所回向院は、牢死者や無縁の者を埋葬するため、明暦三年（一六五七）に建立されたが、次第に埋葬の余地がなくなり、寛文七年（一六六七）、幕府から小塚原刑場に隣接した地を下賜《かし》された。ここに建立されたのが、小塚原回向院である。

明和八年（一七七一）、蘭学者の杉田玄白・中川淳庵《なかがわじゅんあん》・前野《まえの》良沢《りょうたく》らは、小塚原で刑死者の腑《ふ》分け（解剖）を見学し、人間の身体が西洋の解剖学書に描かれてある通りであることを知り、翻訳を思い立った。その苦労は玄白の『蘭学事始《らんがくことはじめ》』にくわしいが、そうして完成したのが『解体新書』である。小塚原回向院には、その表紙のレリーフが飾られている。

安政五年から六年（一八五八〜五九）にかけて、大老《たいろう》（幕府の最高職）井伊《いい》直弼《なおすけ》が断行した安政の大獄では、小伝馬町牢屋敷で、長州藩士吉田松陰や越前藩士橋本左内《さない》の処刑が

▲小塚原回向院。寛文7年（1667）、本所回向院に下賜された地に建立された。

行われた。十思公園には、松陰の辞世、

「身はたとひ　武蔵の野辺に朽ちぬとも
留《とど》め置かまし　大和魂」

の歌碑がある。

松陰や左内の遺骸は、南千住の小塚原刑場に埋葬された。小塚原刑場跡に立つ小塚原回向院には、二人の墓が立っている。

また、寛保元年（一七四一）、篤志家《とくしか》によって、刑死者の菩提を弔うための石の地蔵尊が刑場の一角に建立された。「首切り地蔵」と呼ばれ、現在は回向院から独立して開山された延命寺の境内に移されている。

〔参考文献〕『荒川区史跡散歩』学生社、一九九二年

▲橋本左内の墓。

▲小塚原回向院から分院独立した延命寺にある刑死者を弔うための首切り地蔵。

▼吉田松陰の墓。

▼十思公園にある吉田松陰の歌碑。

八町堀霊岸嶋　日本橋南之絵図

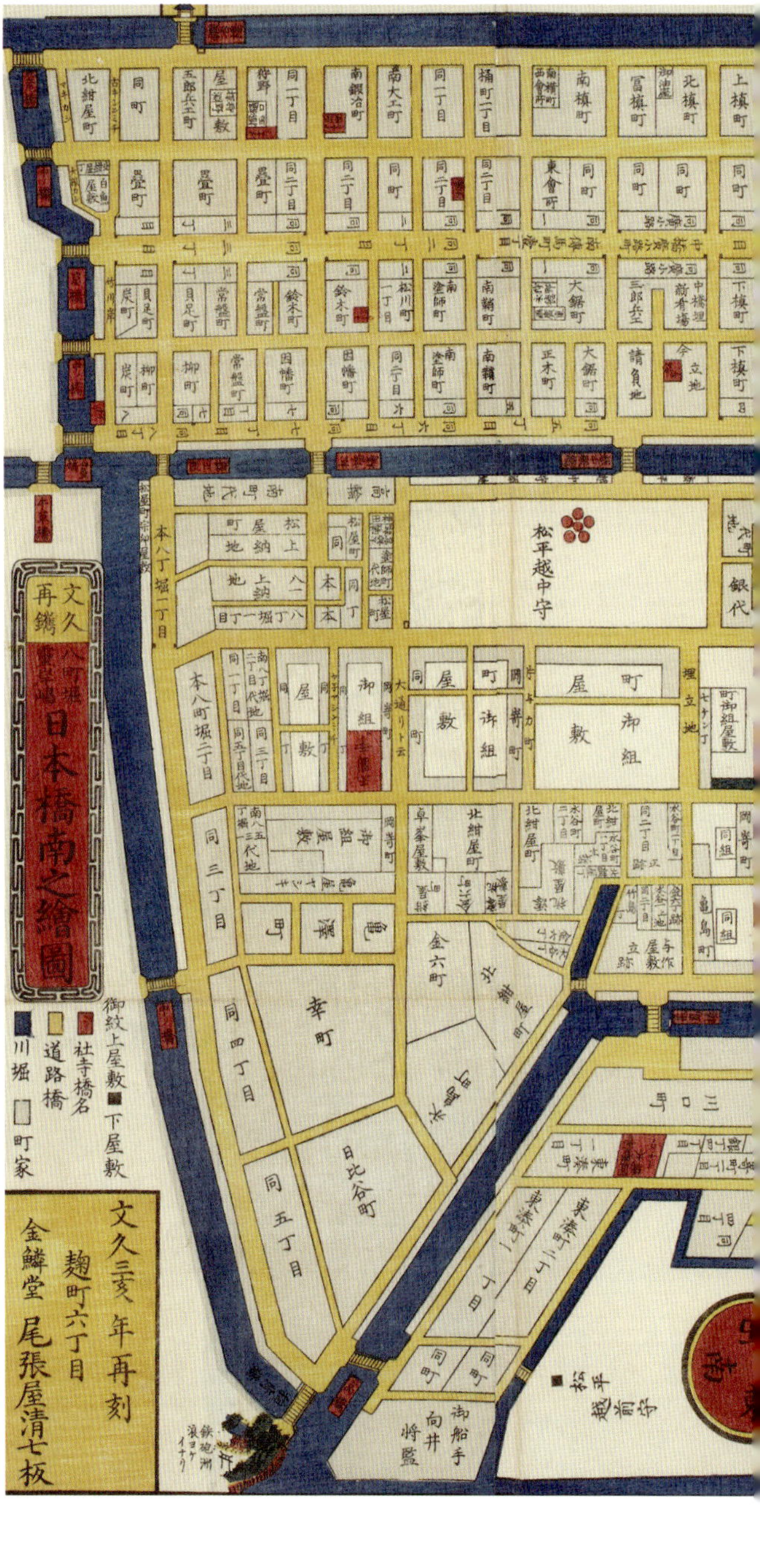
文久再鐫
八町堀
霊岸嶋
日本橋南之繪圖
御紋
上屋敷
下屋敷
社寺
橋名
道路
橋
川堀
町家
文久三亥年再刻
麹町六丁目
金鱗堂 尾張屋清七板
松平越中守
幸町
日比谷町
金六町
本八丁堀二丁目
同三丁目
同四丁目
同五丁目
御船手
向井将監
松平越前守
銀座
鉄砲洲
三ノ町

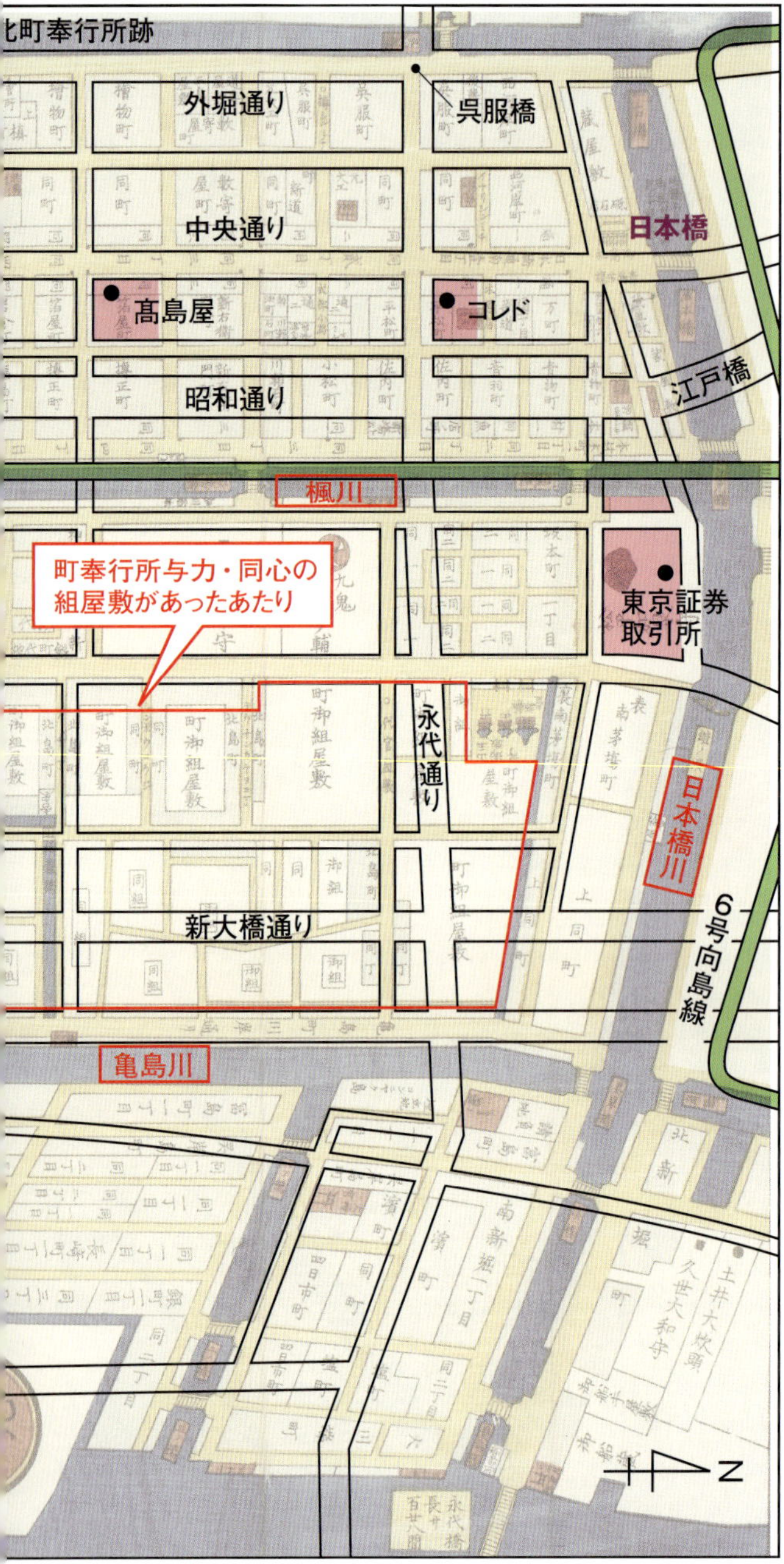
町奉行所跡
外堀通り
呉服橋
中央通り
日本橋
髙島屋
コレド
江戸橋
昭和通り
楓川
町奉行所与力・同心の組屋敷があったあたり
東京証券取引所
永代通り
日本橋川
6号向島線
新大橋通り
亀島川
N

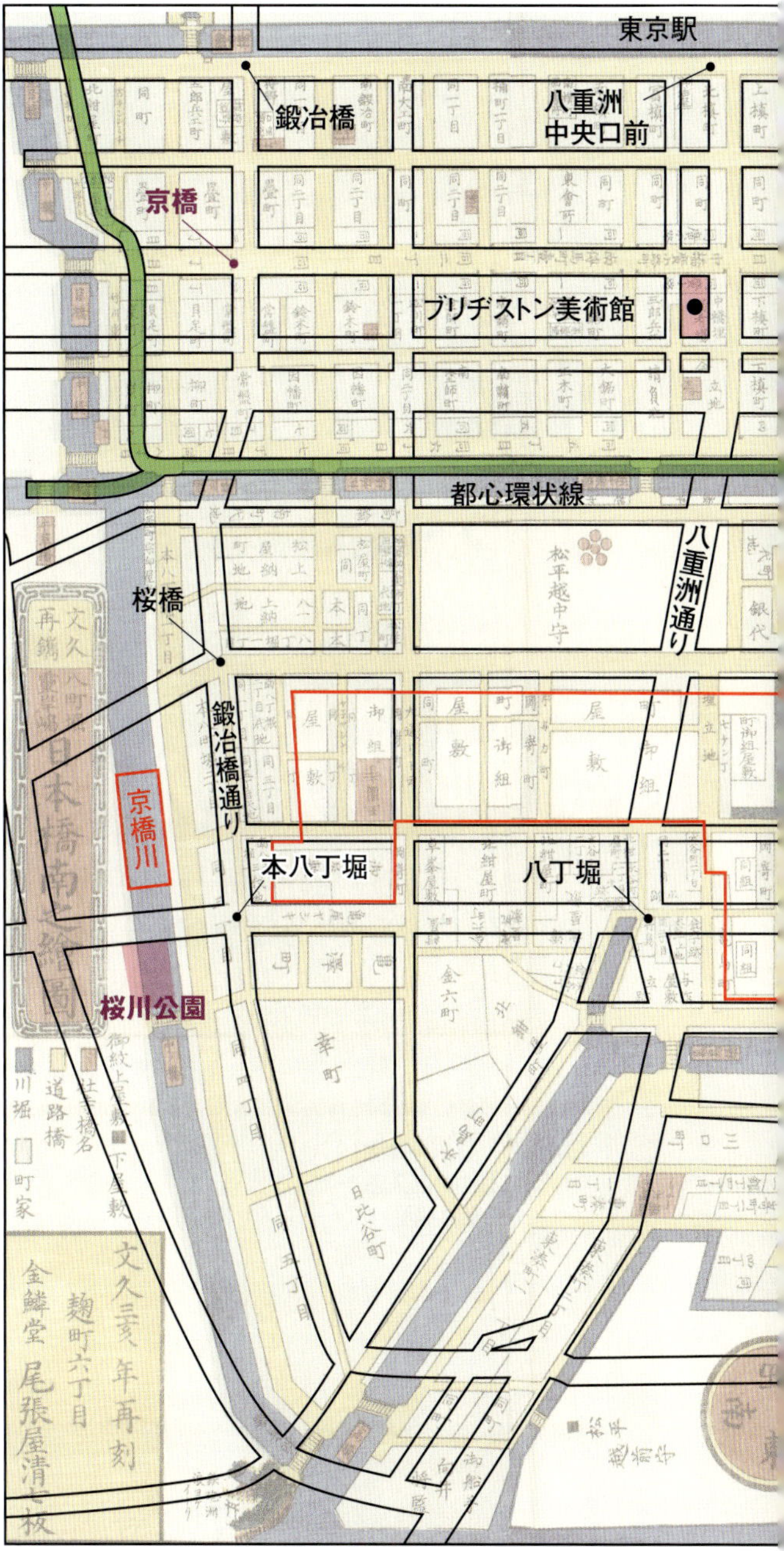
東京駅
鍛冶橋
八重洲
中央口前
京橋
ブリヂストン美術館
都心環状線
八重洲通り
桜橋
鍛冶橋通り
京橋川
本八丁堀
八丁堀
桜川公園

八丁堀の桜川公園

町奉行所の与力・同心が暮らした町

かつて江戸を守った与力・同心が暮らした町。
そこを囲むお堀は埋め立てられ、
桜川公園となっている。

DATA

【桜川公園】
中央区入船1-1-1
アクセス JR・東京メトロ日比谷線八丁堀駅より徒歩4分

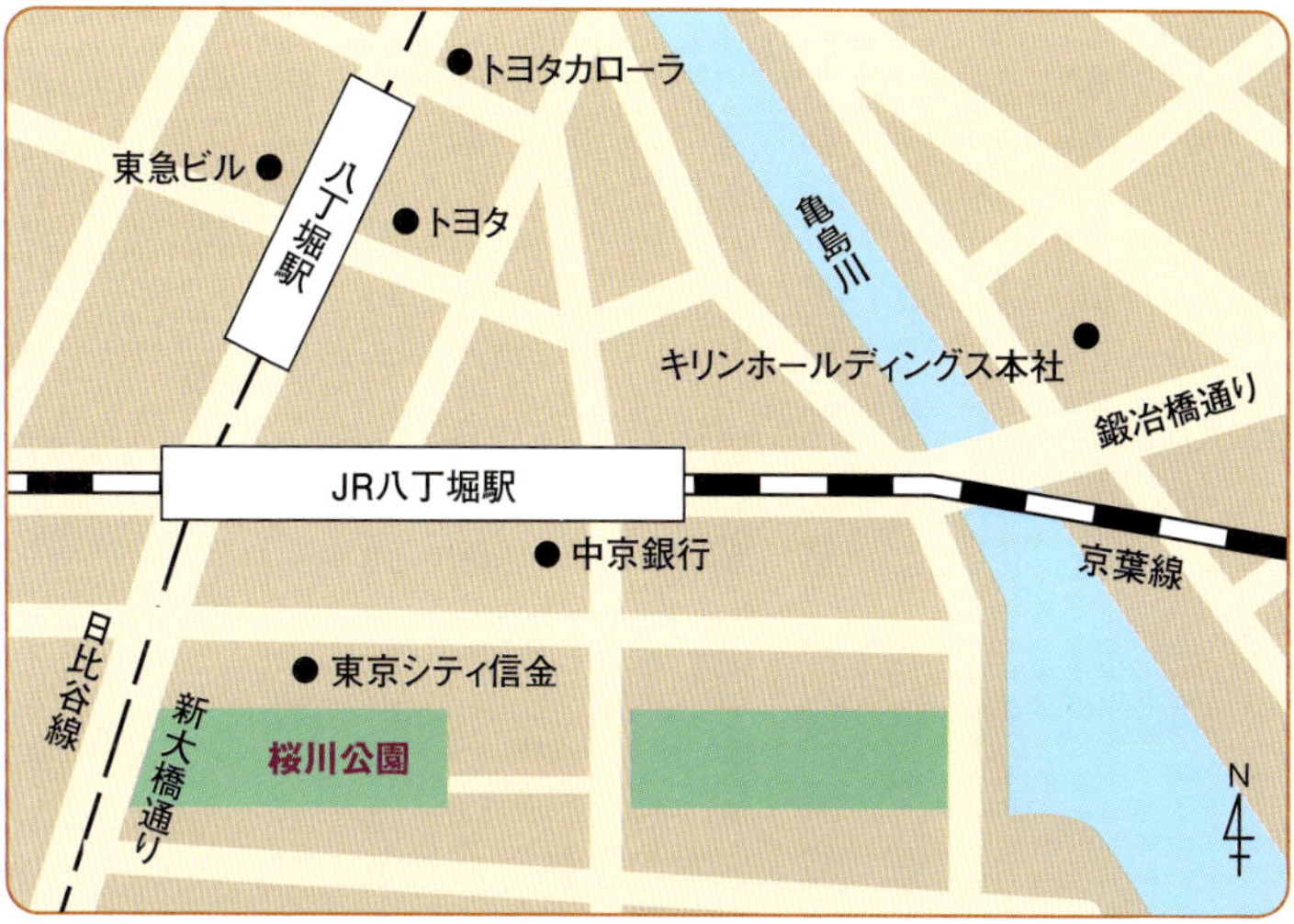

四つの川に囲まれた町

八丁堀は、町奉行所《まちぶぎょうしょ》の与力《よりき》・同心《どうしん》が住んだ場所として知られる。

前述したが、町奉行所は南北二カ所あり、それぞれ与力二十五騎、同心百二十人（幕末の人数）がいた。

切絵図（「八町堀霊岸嶋日本橋南之絵図」）を見ると、本八丁堀という町が一丁目から五丁目まで、京橋川に沿って存在するが、これは町屋である。

この京橋川、楓川《もみじがわ》、日本橋川、亀島川に囲まれた一帯を通称「八丁堀」といい、町奉行所与力・同心の組屋敷は、現在の中央区八丁堀一丁目から二丁目あたりにあった。与力や同心たちは、ここから数寄屋橋門内や呉服橋門内にあった町奉行所に通っていたのである。

◎与力と同心の暮らし

組屋敷とは、広い地所を一括して与え、組の者がそれぞれ分割して屋敷地とする。与力は二百坪から三百坪、同心は百坪ほどの屋敷地が与えられた。

町奉行所与力は、騎馬の格で、知行《ちぎょう》も二百石《こく》（年収約2000万円）が与えられるが、罪人を扱う役だということで、御目見得《おめみえ》以下とされ、江戸城に入れなかった。

そのため、二百石級の旗本の屋敷の門は片番所付きの長屋門だが、町奉行所与力の場合は、二本の柱を立て、横に梁《はり》を渡す冠木門《かぶきもん》とした。

しかし、屋敷は、玄関、式台、書院などを備えた武家造りの立派な屋敷であった。与力は、諸大名家の御用頼み（大名家に出入りし便宜を図る）となり、盆暮れなどに多くの進物があったから、経済的には豊かだった。

町奉行所同心の給与は、平均して三十俵二人扶持《ぶち》（年収約374万円）であるから、これだけではかつかつの生活である。このほかに、担当する職務による役料が三両から十両（60万から200万円）ほどあった。

もと町奉行所与力の談話によると、「同心は町屋敷をもらって、町屋敷の表に町長屋を建てまして、その奥に小さく住まっておりました」（旧事諮問会編、『旧事諮問録』下、岩波文庫）ということだから、一般の同心はけっこうつつましい暮らしぶりだったようだ。町長屋は、町人に貸して家賃をとり、生活費の足しにするのである。

◎江戸の警察業務を担う同心

町奉行所の業務は、行政・司法・警察である。このうち、警察業務は担当与力がおらず、基本的に同心だけの担当だった。

定町廻り《じょうまちまわ》り同心南北各六人、臨時廻り同心南北各六人の計二十四人で、それぞれ地域を分担し、千を超える江戸の町の警察業務を担ったのである。同心の中では、定町廻りになるのが出世で、臨時廻りは定町廻りを永年勤めた者がなり、定町廻りの指導・助言をした。

そのほか、隠密廻《おんみつまわ》り同心南北各二人は、町奉行直属で秘密捜索を担当した。これは監察官のような役で、与力の勤務ぶりや不正、不身持ちなどの有無を探索した。

一般の犯罪者の捜査は定町廻りが行ったが、それでは人手が足りないため、臨時廻りがそれを助けた。

大店《おおだな》の商人たちは、犯罪捜査にあたる同心に、付け届けを欠かさなかった。大名家からも依頼事が多く、付け届けがあった。こうした役得があったため、定町廻り同心は、いつも懐中に五両や十両は持っていられる生活だったという。

副業だった岡っ引き

同心は、犯罪者の捜査のため、ポケットマネーで岡っ引きを雇っていた。「お上《かみ》の十手《じって》を預かる」というのは、この岡っ引きが言う台詞《せりふ》である。

岡っ引きの給金は、一カ月一分二朱（七万五千円ほど）だったから、料理屋や寄席など本業を持っている者がほとんどだった。彼らは、町の顔役でもあり、十手を預かることによって本業に利があったから、自発的に同心の家に出入りし、岡っ引きに任じられたのである。

犯罪者を捕縛する捕り物のときは、同心は町奉行所からくさり帷子《かたびら》、鉢巻き、すね当て、致命傷を与えないため刃が挽《ひ》いてある刀などを借り、使用人である小者《こもの》を連れて出動する。御用提灯を持つのはこの小者で、岡っ引きとは違う。これに与力が検使役として出役する。

同心が捕り物に来れば、たいていの犯罪者は素直に縄をいただいたが、まれに抵抗する

▲当時と同じ町割りで続く八丁堀の街並み。

ことがある。もし手に余れば、与力が切り捨ての命を下し、自分も鑓《やり》を入れて同心を助けた。

与力が検使として出役しないときは、同心が臨機応変に対処した。岡っ引きは捜査のみで、犯罪者逮捕はできないことになっていたが、まれに逮捕することもあったという。

この与力・同心が暮らした八丁堀を囲む堀は、現在、楓川と京橋川が埋め立てられ、京橋川があったところに「桜川公園」がある。

京橋南築地鉄炮洲絵図

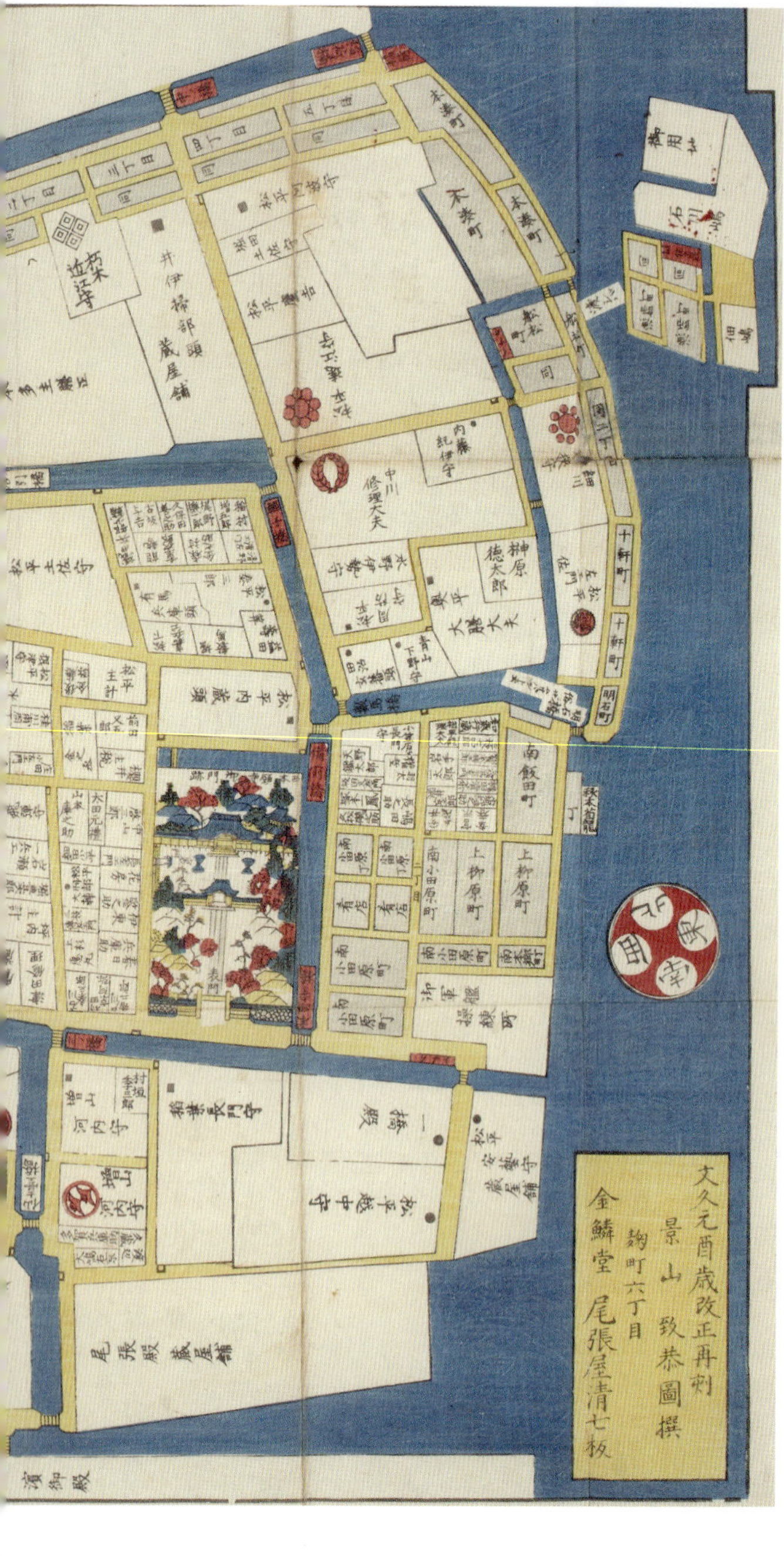
文久元酉歳改正再刻
景山致恭圖撰
麹町六丁目
金鱗堂 尾張屋清七板
本湊町
井伊掃部頭蔵屋舗
中川修理大夫
南飯田町
上柳原町
尾張殿蔵屋鋪
一橋殿
松平越中守
浜御殿

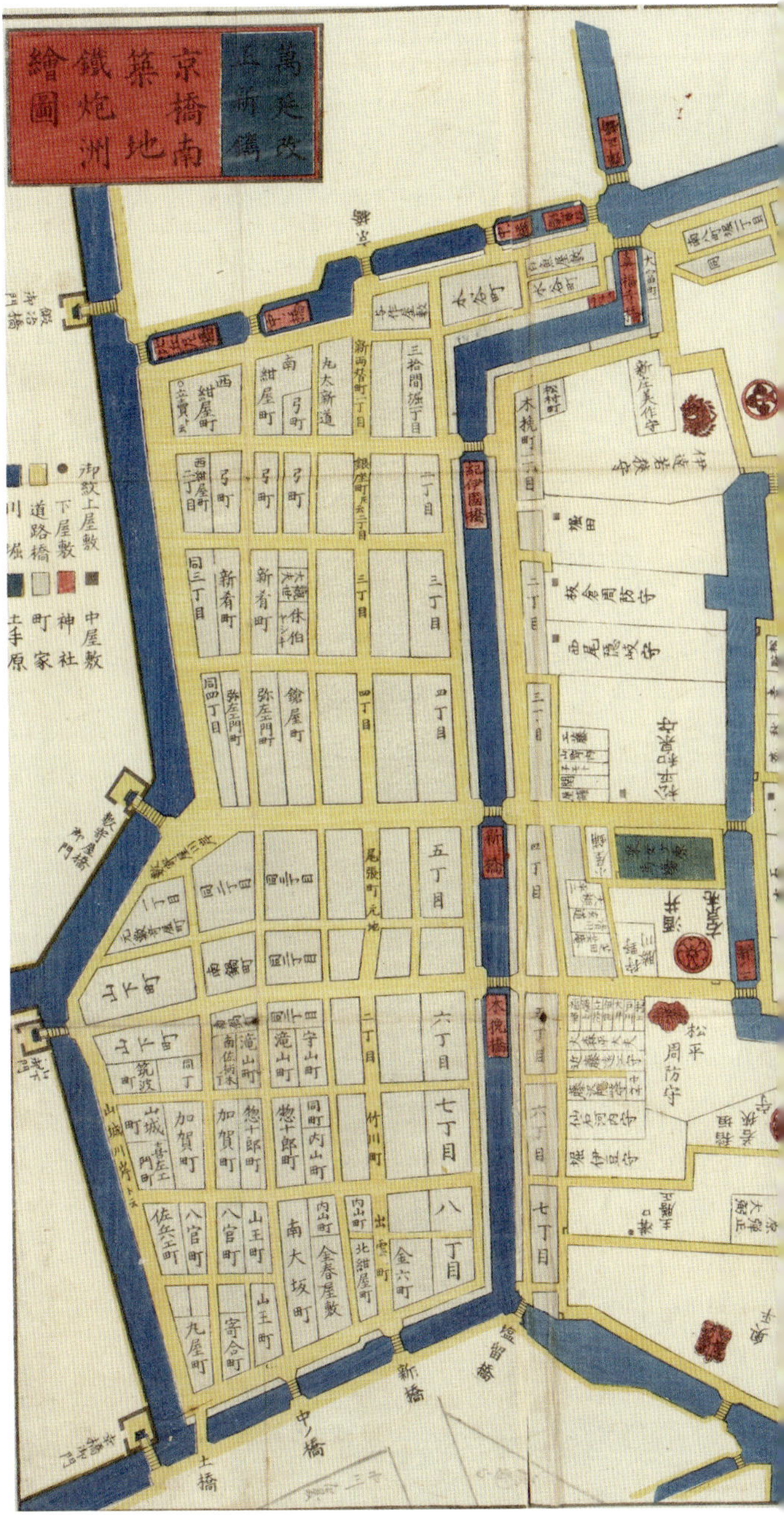

萬延改
上新鐫
京橋南
築地
鐵炮洲
繪圖
御紋上屋敷
中屋敷
下屋敷
神社
道路橋
町家
川堀
土手原
西紺屋町
南紺屋町
弓町
丸太新道
新両替町一丁目
三拾間堀一丁目
銀座町
二丁目
三丁目
四丁目
新肴町
弥左エ門町
鎗屋町
紀伊国橋
新橋
木挽町
尾張町
五丁目
六丁目
七丁目
八丁目
竹川町
出雲町
惣十郎町
加賀町
山城町
滝山町
宇山町
内山町
八官町
山王町
南大坂町
金春屋敷
北紺屋町
金六町
佐兵エ町
丸屋町
寄合町
中ノ橋
土橋
汐留橋
新庄美作守
伊達若狭守
松平周防守

石川島公園
住吉神社
佃小橋
佃大橋
新大橋通り
聖路加国際病院
浅野内匠頭邸跡
築地本願寺
晴海通り
国立がん研究センター
東京中央卸売市場

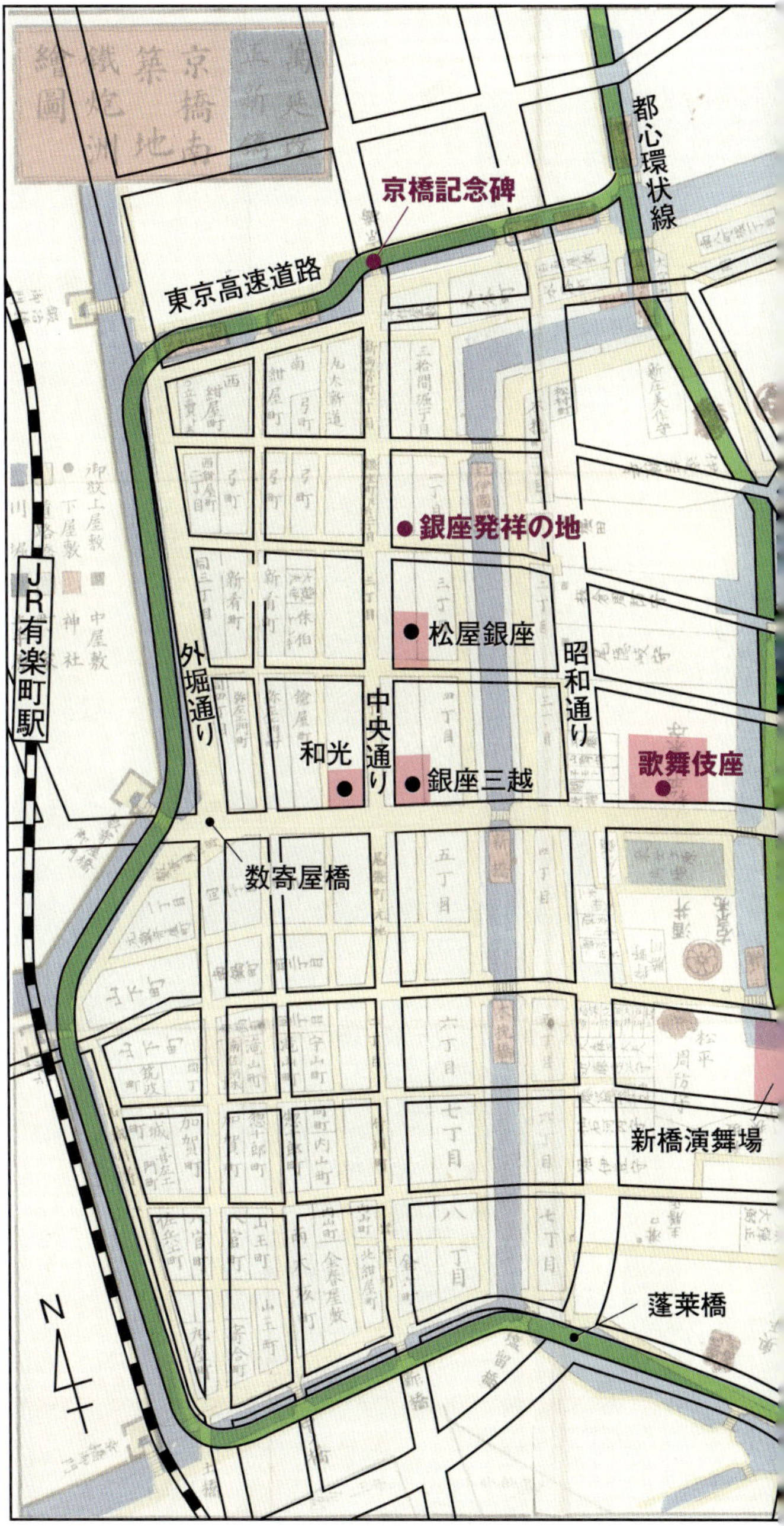
京橋記念碑
東京高速道路
都心環状線
銀座発祥の地
松屋銀座
昭和通り
外堀通り
中央通り
和光
銀座三越
歌舞伎座
JR有楽町駅
数寄屋橋
新橋演舞場
蓬莱橋
N

銀座発祥の地の石碑

銀座発祥の地と木挽町

日本を代表する高級ショッピング街。
かつては銀貨を造る「銀座」のある職人町だった。

DATA

【銀座発祥の地】
中央区銀座2-7-17
アクセス 東京メトロ有楽町線銀座一丁目駅より徒歩2分、東京メトロ銀座線・丸ノ内線・日比谷線銀座駅より徒歩3分

【絵島囲み屋敷】
高遠町歴史博物館
長野県伊那市高遠町東高遠457
TEL：0265-94-4444
アクセス 中央自動車道諏訪ICから国道152号で50分、伊那ICから国道361号で30分、JR飯田線伊那市駅、伊那北駅からバスで25分、JRバス高遠線高遠駅からタクシーで5分

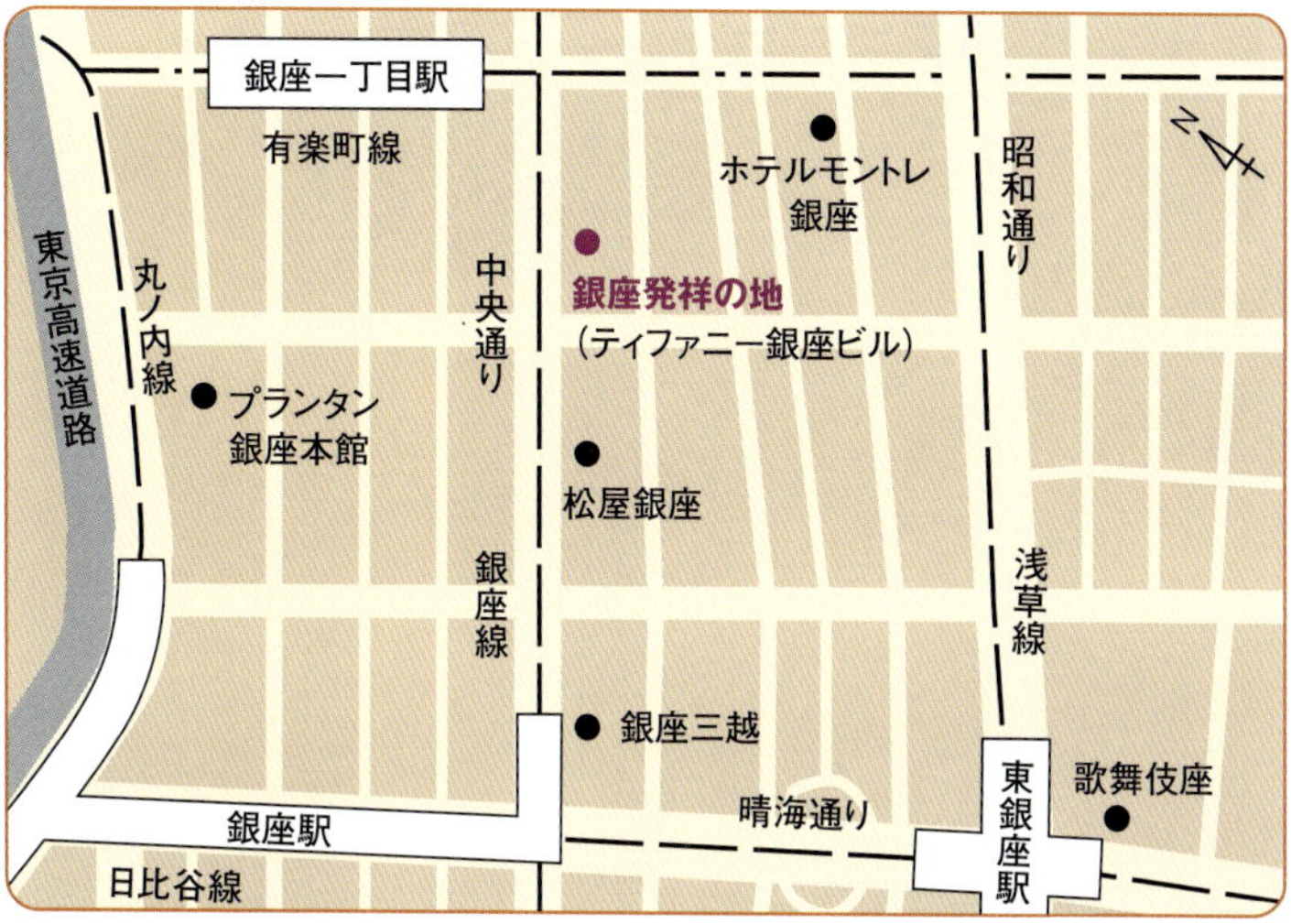

◎江戸の職人の町・銀座

銀座は、日本一の高級ショッピング街であり、地価も日本で一番高い。カルティエ、ブルガリ、シャネル、ティファニー、エルメスなど、外国の高級ブランドの直営店も多い。

京橋を渡ると銀座で、新橋にいたるまでに八丁目まである。江戸時代は、新両替町一丁目から四丁目、尾張町一、二丁目、竹川町、出雲町の八町である。新両替町が、通称「銀座」と呼ばれていた。

この京橋から新橋にいたる銀座中央通りは、江戸時代の東海道である。

日本橋あたりが中心的な商業地だった江戸では、銀座は職人の町だった。地名の由来は、銀貨を造る座（銀貨幣鋳造所）があったことによる。

▲高速道路の下に残された京橋記念碑。京橋の擬宝珠（柱の上の飾り）に縄を結ぶと咳が止まるといわれていた。

◎銀座発祥の地、銀座役所

新両替町ができたのは、慶長十七年（一六一二）のことで、駿府《すんぷ》の銀座役所が移転してきたことによる。

銀座職人らが住居をかまえ、新両替町二丁目東側に銀座役所が設けられた。切絵図には、新両替町二丁目に「銀座町共云《ともいう》」と書いてある。

銀座役所は、現在、ティファニー銀座ビルの位置にあたり、歩道に「銀座発祥の地」の小さな碑が立っている（110ページ）。

正徳五年（一七一五）には、大判を鋳造していた後藤四郎兵衛《しろうびょうえ》家の屋敷が新両替町一丁目に移転してきた。

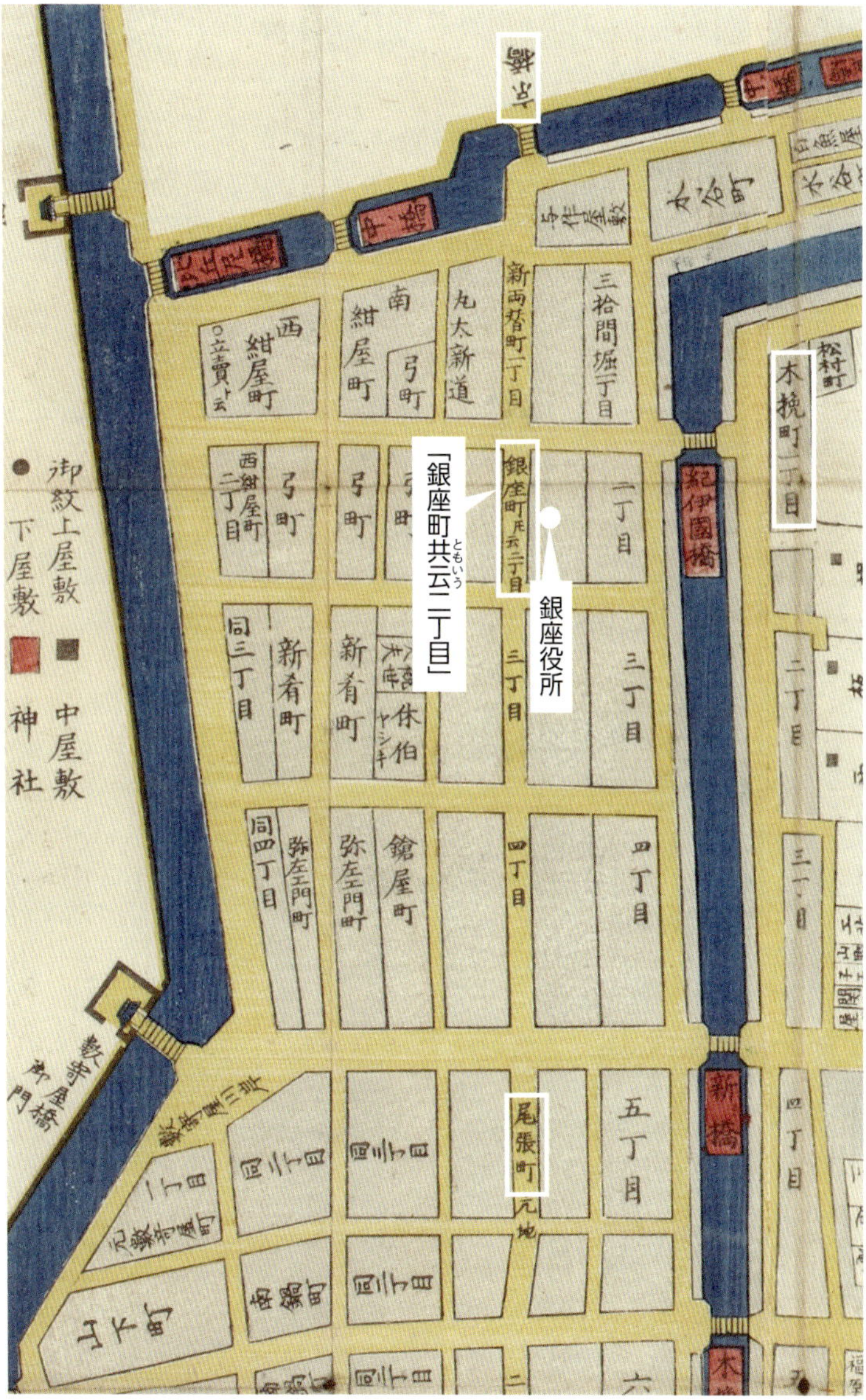
「銀座町共云《ともいう》二丁目」
銀座役所
紀伊國橋
新橋
木挽町二丁目
尾張町
新肴町
弥左エ門町
鎗屋町
南紺屋町
西紺屋町
丸太新道
新両替町一丁目
三拾間堀一丁目
御紋上屋敷
中屋敷
下屋敷
神社

▲日本銀行。かつて金座があった場所に立つ。

ちなみに小判以下の金貨を鋳造していた後藤庄三郎の金座は、本町一丁目（現在の中央区日本橋本石町《ほんこくちょう》二丁目）にあり、現在は日本銀行が立っている。

銀座は、長くこの地にあったが、寛政十二年（一八〇〇）、蠣殻町《かきがらちょう》（現在の日本橋人形町一丁目付近）に移転した。

そのほか、現在の銀座七、八丁目には、幕府の式楽《しきがく》（儀式のときの音楽）であった能の四座のうち三座も銀座に置かれた。

また、朱座（朱や朱墨の製造と販売の特権を持った商人）や、鑓《やり》、鍋などの職人たちが多く居をかまえており、江戸時代の銀座は、職人町としての性格が強い場所だった。

歓楽街だった木挽町

現在では合併して銀座に含まれるが、かつては木《こ》挽《びき》町《ちょう》という町があった。これは、現在の昭和通りで隔てられた地域で、この道路は江戸時代には三十間堀という幅広い堀だった。

木挽町は、慶長十一年（一六〇六）に江戸城を造営するため鋸《のこぎり》匠《しょう》（のこぎり職人）を住まわせたことに始まるが、寛永頃の江戸を描いた「江戸名所図屏風」（出光美術館所蔵）を見ると、木挽町のうち、三十間堀に面した町は、遊女歌舞伎、人形芝居などの劇場が立ち並ぶ歓楽街だったことがわかる。

江戸四座の一つ山村座が木挽町に創設されたのは、寛永十九年（一六四二）であったという。万治元年（一六五八）には前面の海

▼聖路加国際病院わきに立つ浅野内匠頭邸跡の石碑。

が埋め立てられ、同三年（一六六〇）、森田座が創設された。堺町の中村座、葺屋町《ふきやちよう》の市村座と合わせて、これらを江戸四座という。

木挽町は埋め立ててできた町で、大名屋敷も立ち並んでいた。元禄十四年（一七〇一）、江戸城で刃傷《にんじよう》事件を起こした赤穂《あこう》藩主浅野《あさの》内匠頭《たくみのかみ》の屋敷は、ここから近い隅田川に面した鉄炮洲《てつぽうず》（現在の聖路加国際病院のあたり）にあったが、その分家である旗本浅野大学の屋敷はこの木挽町にあった。

◎絵島事件と山村座

正徳四年（一七一四）、山村座は、大奥御年寄《おとしより》絵島《えじま》と歌舞伎役者生島新五郎の密会事件があり、断絶となった。

絵島は、七代将軍家継《いえつぐ》の生母月光院の御年寄を務めており、増上寺代参の帰り、山村座に寄って芝居見物をし、江戸城の門限に遅れた。自分たちの座敷に生島新五郎らの役者を呼び、酒宴を開いて大騒ぎしたともいう。

これが問題となり、絵島は信濃国（現在の長野県）高遠《たかとお》に流罪《るざい》、座元の山村長太夫《ちようだゆう》は大島へ、生島は三宅島へ流罪となった。

▲絵島が高遠で暮らした「囲み屋敷」（復元）。

こうして山村座は断絶となったが、森田座はその後も長く木挽町で営業した。

しかし、天保十三年（一八四二）十二月、先にもふれたように、老中水野忠邦《ろうじゆうみずのただくに》の天保の改革によって、森田座、中村座（堺町）、市村座（葺屋町）の江戸三座が強制移転を命じられ、浅草に移った。こうしてできた新しい芝居街が猿若《さるわか》町《ちよう》（現在の台東区浅草六丁目）である。

三十間堀川の埋め立てで、木挽町は銀座に

また、三十間堀は、文政年間（一八一八～三〇）に両側が埋め立てられ、堀の幅が十九間（34・58メートル）になったという。幕末の切絵図では、このあたりがそうした歓楽街であったことはわからなくなっている。

▲銀座中央通り。かつてはここが東海道だった。

昭和五年（一九三〇）、この堀が埋め立てられ、現在の昭和通りになった。三十間堀川の埋め立てにより銀座と地続きとなったことから銀座東と改名し、一九六〇年代後半に銀座西とともに銀座に統合された。

明治二十二年（一八八九）十一月、演劇改良運動を展開していた福地源一郎が、自分たちの演劇の理想を実現する劇場として、歌舞伎座を開場した。外観は洋風の建物だが、内部は日本風の三階建て檜《ひのき》造りだった。

この場所は、森田座や山村座の跡地ではないが、木挽町はもともと劇場が立ち並ぶ歓楽街だったから、劇場を建設するには由緒のあるよい土地だったといえる。これ以後、歌舞伎座は四度建て直され、現在の建物は五代目である。

▲歌川広重「二丁目芝居ノ図」（『東都名所』）。芝居小屋があった通りの様子。

▼平成25年2月に竣工した第五期歌舞伎座。

住吉神社

石川島人足寄場と佃島

佃煮で有名な佃島。
そこには、今も同じ場所に
海上交通を守護する住吉神社がある。

DATA

【住吉神社】
中央区佃1-1-14
TEL：03-3531-3500
アクセス 東京メトロ有楽町線・都営地下鉄大江戸線月島駅より徒歩5分

【石川島公園】
中央区佃2-1-5
アクセス 都営地下鉄大江戸線・東京メトロ有楽町線月島駅より徒歩7分、JR八丁堀駅より徒歩9分

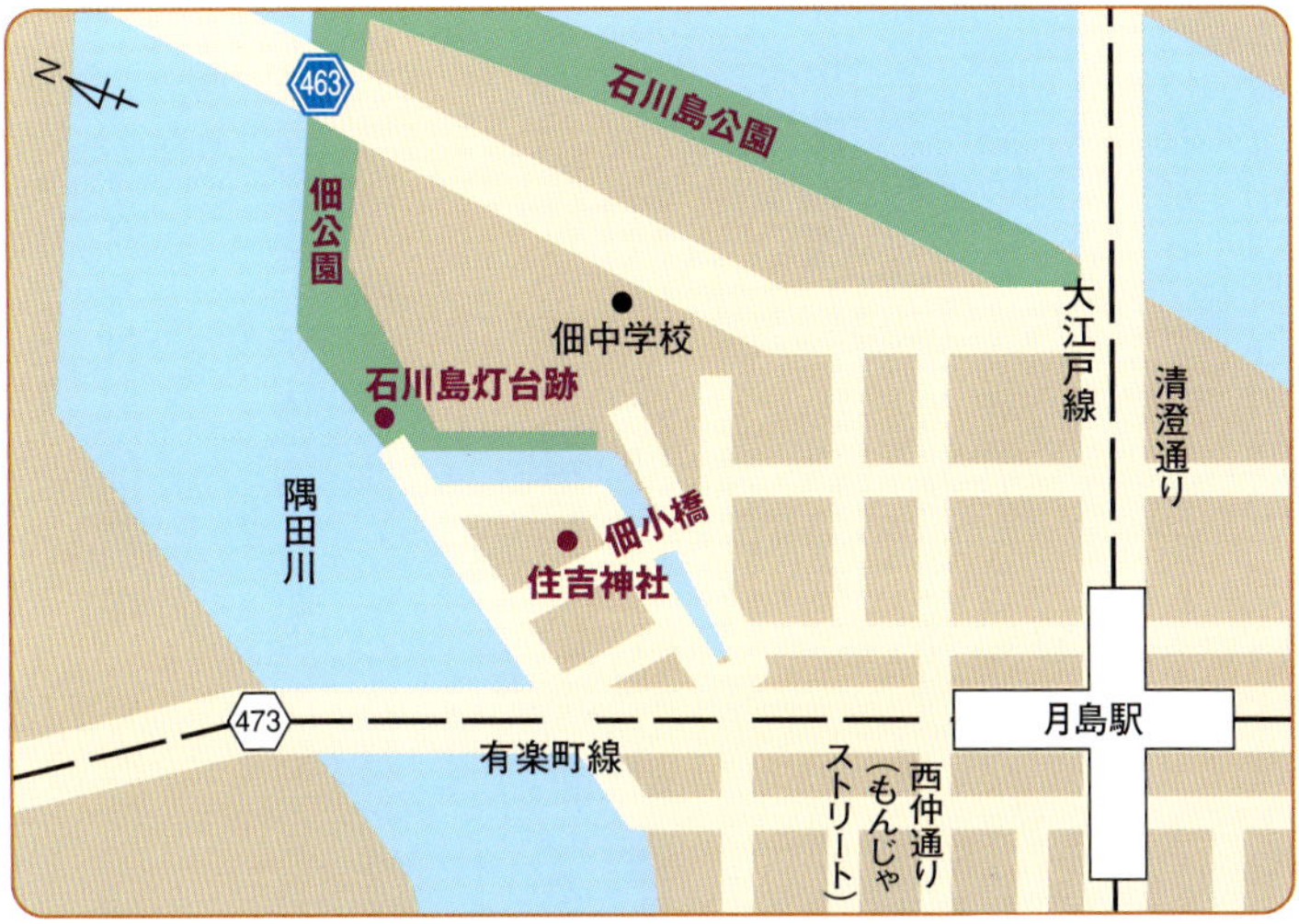

鬼平が設立した難民収容施設

現在の中央区月島の一部である石川島は、もとは河口の洲を築いてできた島である。

寛永年間（一六二四〜四三）に、幕府船手《ふなで》（水軍）の石川大隅守《おおすみのかみ》が拝領したのでそう呼ばれている。

ここは、寛政改革のとき、鬼平こと長谷川平蔵が、無宿《むしゅく》（難民）の授産施設（働く場を提供する福祉施設）である人足寄場《にんそくよせば》を設立したことで有名である。無宿の「宿」は家のことで、家がないというのは人別帳《にんべつちょう》（江戸時代の戸籍）から除籍された者ということである。

社会不安の中で増えた無宿

十八世紀後半、浅間山の噴火や天明の大飢饉《だいききん》など天変地異が続き、江戸では大規模な打ちこわしが起こった。

このような社会不安の中、幕府は、関東各地の農村から江戸に流入した無宿の処理に手を焼いた。

江戸に出た無宿は、雑業に従事してその日暮らしの生活を送るが、多くは現在のホームレス同様の者になる。これらの人々の存在が、江戸の社会不安をさらに高めていた。

◎治安維持と無宿の更生を図ろうとした長谷川平蔵

火付盗賊改《ひつけとうぞくあらため》を務めていた長谷川平蔵は、無宿を収容する施設を造り、治安維持に役立てるとともに、職を身につけさせ更生を図ろうとしたのである。

平蔵の建言《けんげん》（上司に意見を申し上げること）を受けた松平定信は、自伝『宇下人言《うげのひとごと》』の中で、人足寄場の設立について次のように書いている。

「享保の頃から無宿がさまざまの悪行をなしたため、彼らを一カ所に集めて収容しようという建議があったが実現しなかった。その後、養育所というものが、安永の頃に発案されたけれども、これも実現しなかった。そこで、志ある人にたずねてみたところ、盗賊改を務めていた長谷川何がしという者がやってみたいという」

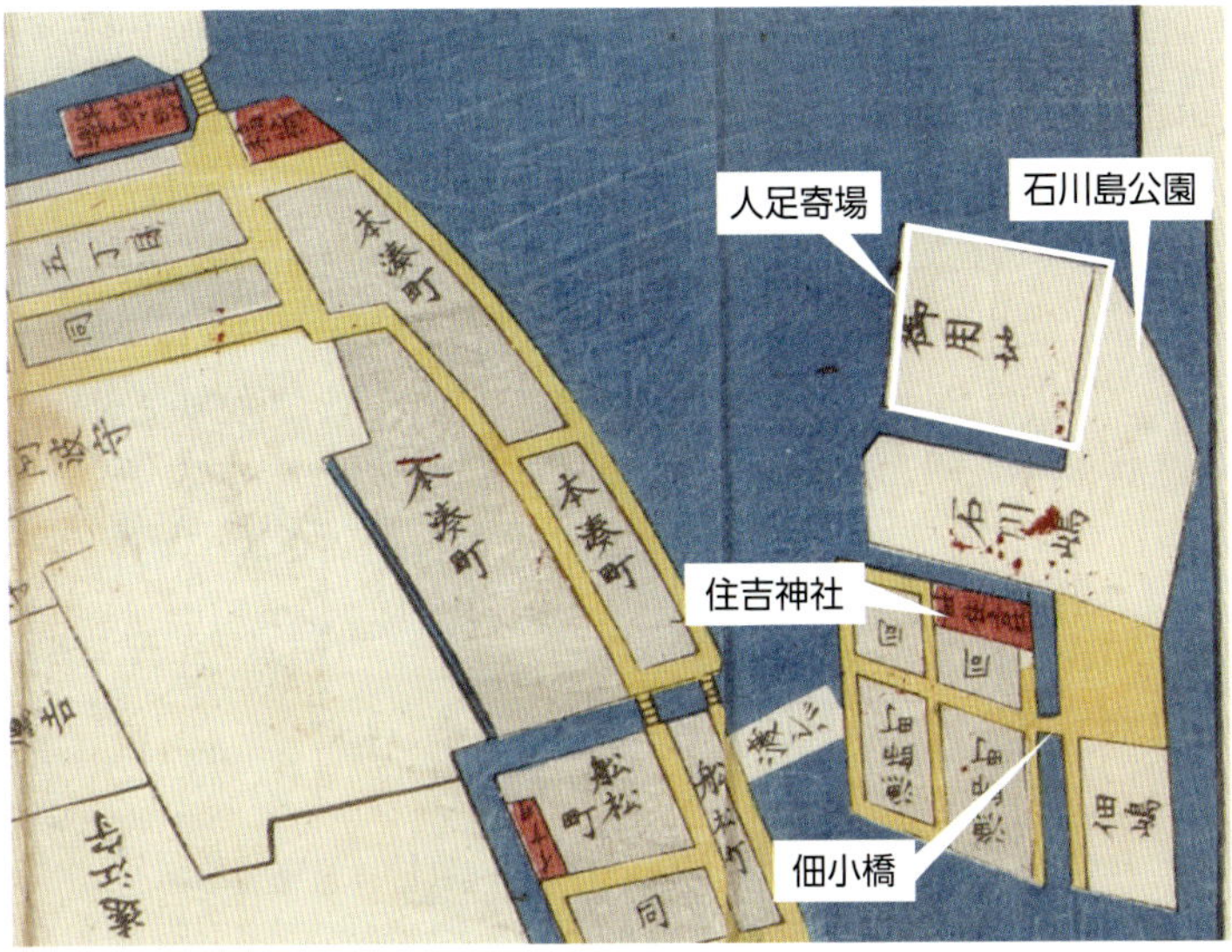

無宿の増加は幕府の懸案事項で、定信が幕臣に解決策を諮問してみたところ、平蔵が名乗りをあげたのである。
火付盗賊改を務める平蔵が、盗賊のもとを断つために、このような施設の必要性を痛感していたことは理解できる。

平蔵の思いに応えた松平定信

そこで松平定信は、石川大隅守の屋敷裏にある葭沼《よしぬま》（葭の生えた沼地）一万六千三十坪を御用地とし、そこを整地し、建物を建てて無宿を収容した。のち、石川大隅守屋敷も人足寄場に編入された。

収容された無宿は、縄をなったり米をついたりして金を稼いだ。ただしそれでは不足なので、幕府から米七百俵・金五百両（約1億円）を毎年支給した。

定信は、自叙伝『宇下人言《うげのひとごと》』でこの人足寄場設立の効果を次のように述懐する。

「人足寄場の設立によって、現在は無宿がいたってまれになった。以前は、町々の橋があるところには、その橋の左右に無宿がずらっと並んでいたが、現在はいない。これによって、盗賊なども減った」

いわば政府が、難民をある一区画に強制収容して、仕事を与えたわけである。

◎仕事だけではなく、教育も

寄場では、仕事をするだけではない。平蔵は、無宿の教化が必要だと建言《けんげん》した。そこで定信は、庶民に人気のある心学《しんがく》（石田梅岩《ばいがん》の教える倫理学）を採用することとし、すでに心学の大家として名高かった中沢道二《どうに》を登用した。

寄場で行われた油絞《あぶらしぼり》の収益は、のちに年間金八百両（約1億6000万円）にも及ぶようになった。その労賃は、製品売却代金の二割を道具代などとして差し引いて渡し、三分の一は強制的に貯金させて、出所のときに与えた。

現在から見ると、強制収容は予防拘禁（罪を犯しそうな者を捕らえること）であり、寄場

▲美しく整備された川沿いの佃公園。

での生活は事実上の懲役刑であるが、平蔵としては無宿の更生を目的としていた。

◎人足寄場から、造船所へ

嘉永六年（一八五三）、水戸藩主徳川斉昭《なりあき》が、その場所に幕府の命令で洋式造船所を開設した。近代になると旧幕臣平野富二に払い下げられ、石川島平野造船所となり、のち渋沢栄一が経営に加わり、石川島造船所となった。

戦後は石川島重工業となり、昭和三十五年（一九六〇）には播磨造船所を合併して石川島播磨重工業となった。

しかし、造船が不振になったことから土地は三井不動産に売却され、現在では高級マンション街となり、川沿いは石川島公園・佃公

▲佃公園に復元された石川島灯台。

園となっている。

佃公園は、名前とは違い、もと石川島にあったが、ここには石川島灯台が復元されている。

この灯台は、慶応二年（一八六六）、人足寄場奉行が、隅田川河口や品川沖を航行する船の安全のため、人足の手で寄場南端に築かせたものである。

◎佃島と住吉神社

佃煮で有名な江戸時代の佃島は、現在の「中央区佃」のごく一部分である。

徳川家康に江戸に呼ばれた摂津国佃村（現大阪市西淀川区佃町）の漁民三十三名が、鉄炮洲向かいの干潟を与えられ島を築き、故郷の名前にちなんで「佃島」と名づけたのである。

▲佃煮の店が今も変わらず静かにたたずむ。

佃島にある住吉神社も、漁民らとともに江戸に来た神職により、摂津国の住吉神社を分神霊して建立されたものである。

江戸湊の入り口に位置し、海上安全の守護神である住吉神社は、海運業や問屋組合の人々から信仰を集めた。

佃島の漁民は、東京湾で捕った小魚類を塩で煮込んで保存食とした。これが「佃煮」の発祥で、千葉から醤油が入るようになると醤油で煮込んで調理するようになった。今でも、天保八年（一八三七）創業の「天安」などの老舗が残って営業している。

▲佃島へ渡る「佃小橋」。今も川には小舟がとまっている。

▼佃島の住吉神社本殿。今も同じ場所に立つ。

港区

芝口南西久保　愛宕下之図

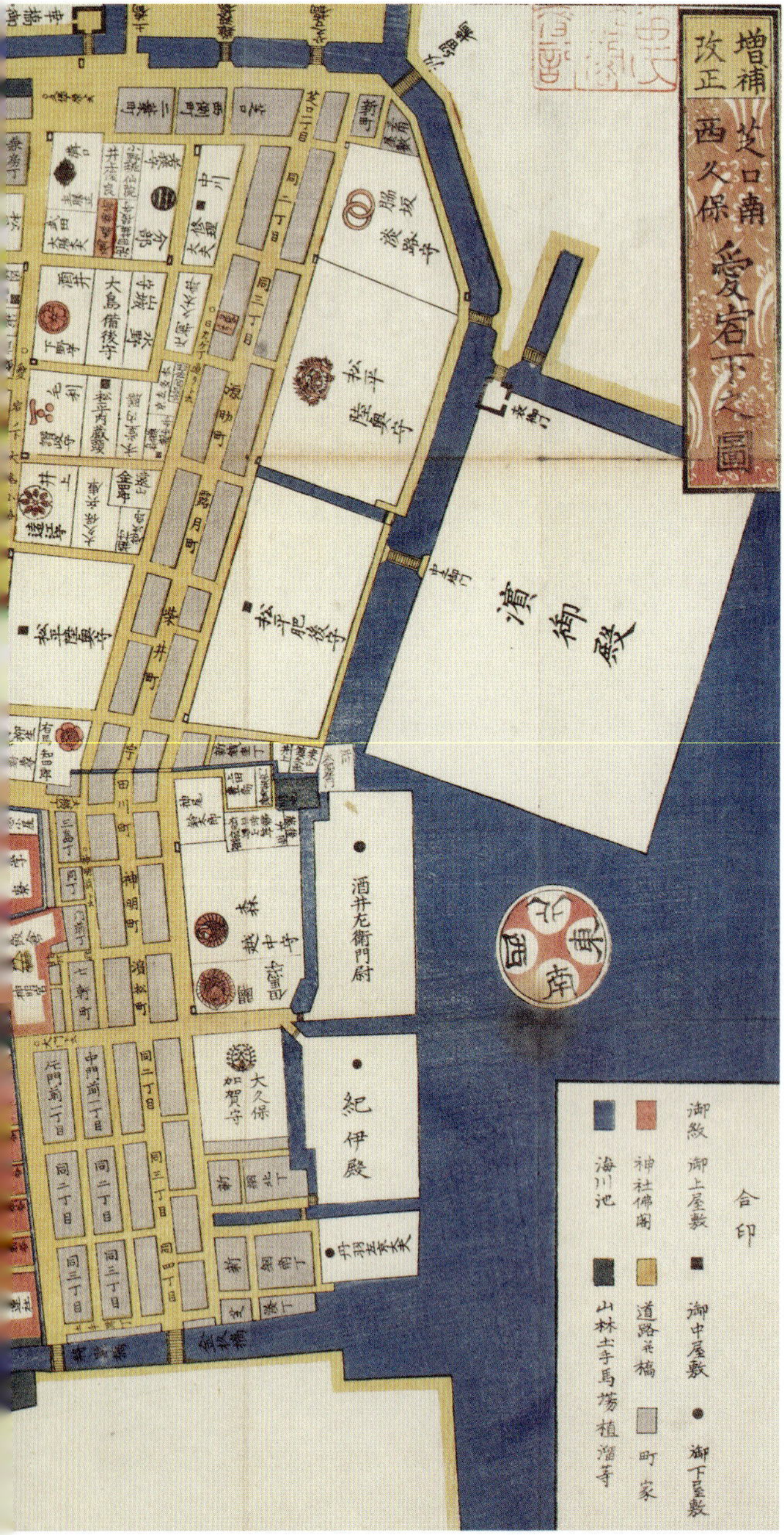

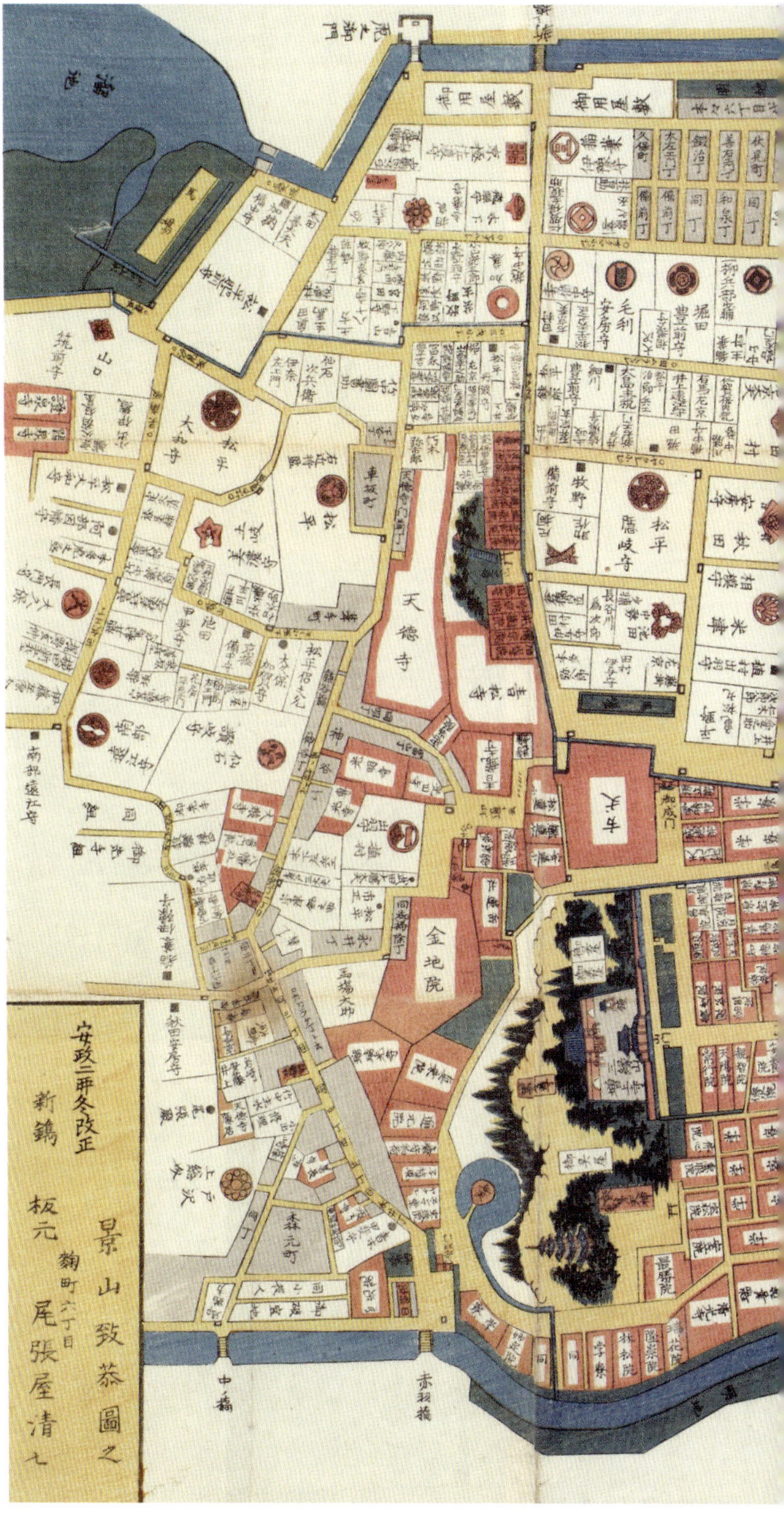

景山致恭圖之
安政二卯冬改正
新鐫
板元
麹町六丁目
尾張屋清七
天徳寺
青松寺
金地院
増上寺
毛利安房守
松平隠岐守
松平大和守
中橋
赤羽橋
森元町

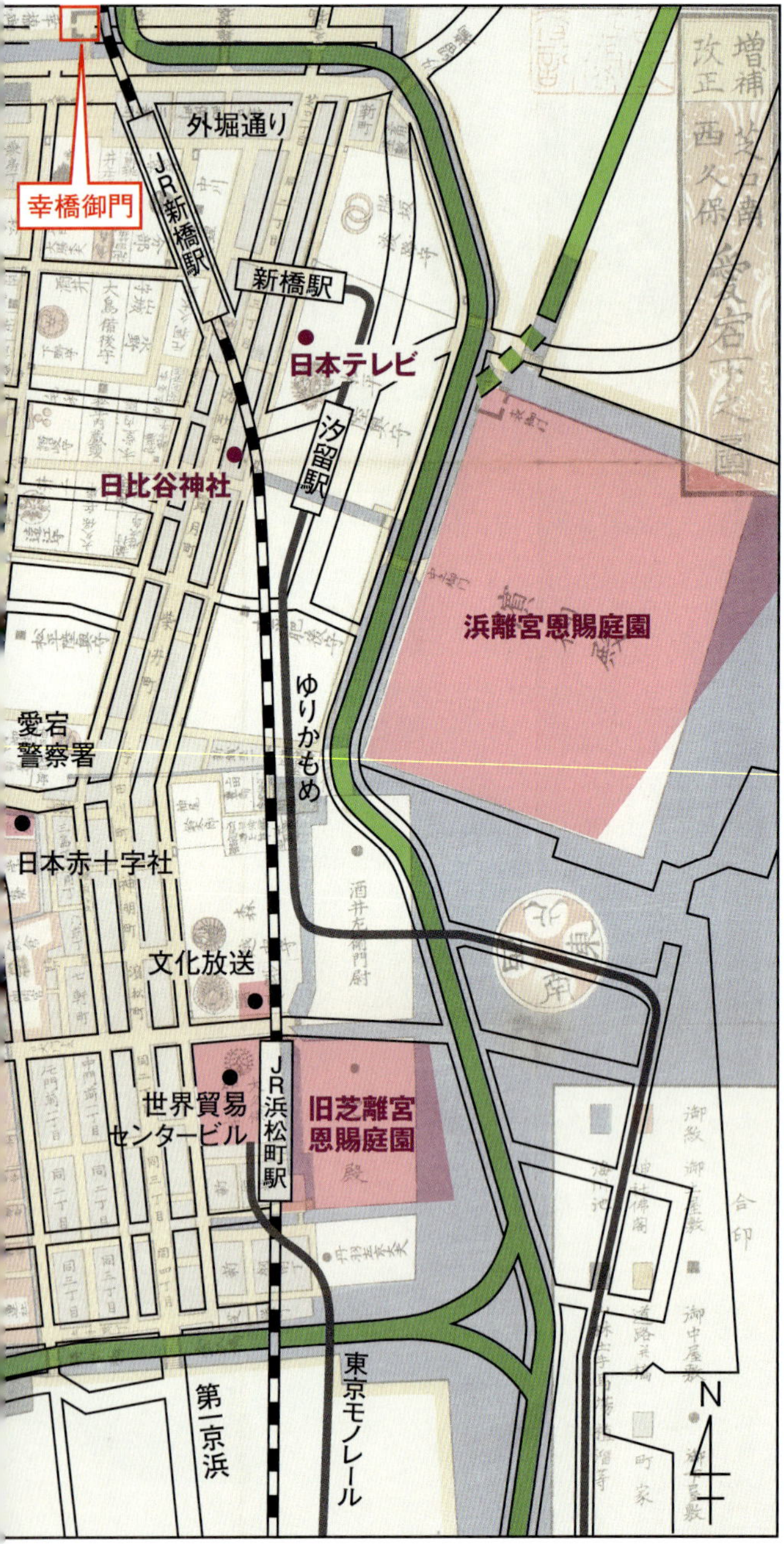
増補改正
芝口南西久保愛宕下之圖
幸橋御門
外堀通り
JR新橋駅
新橋駅
日本テレビ
汐留駅
日比谷神社
浜離宮恩賜庭園
ゆりかもめ
愛宕警察署
日本赤十字社
文化放送
世界貿易センタービル
JR浜松町駅
旧芝離宮恩賜庭園
東京モノレール
第一京浜
N

日比谷通り
アメリカ大使館
ホテルオークラ
愛宕神社
浅野内匠頭終焉之地
芝郵便局
テレビ東京
御成門
桜田通り
東京プリンスホテル
東京タワー
増上寺
芝公園
都心環状線
安政二乙卯冬改正

浜離宮恩賜庭園

将軍の庭

天皇家から東京都に下賜された名園。
かつては徳川将軍家の庭だった。

DATA

【浜離宮恩賜庭園】
中央区浜離宮庭園1-1
TEL：03-3541-0200
アクセス［大手門口］都営地下鉄大江戸線築地市場駅、汐留駅、ゆりかもめ汐留駅より徒歩7分、JR新橋駅、東京メトロ銀座線・都営地下鉄浅草線新橋駅より徒歩12分
［中の御門口］都営地下鉄大江戸線汐留駅より徒歩5分、JR浜松町駅より徒歩15分、水上バス（日の出桟橋―浅草）、東京水辺ライン（両国・お台場行）浜離宮発着場より下船

※浜離宮恩賜庭園は中央区だが、切絵図「芝口南西久保　愛宕下之図」に合わせて港区に入れた。

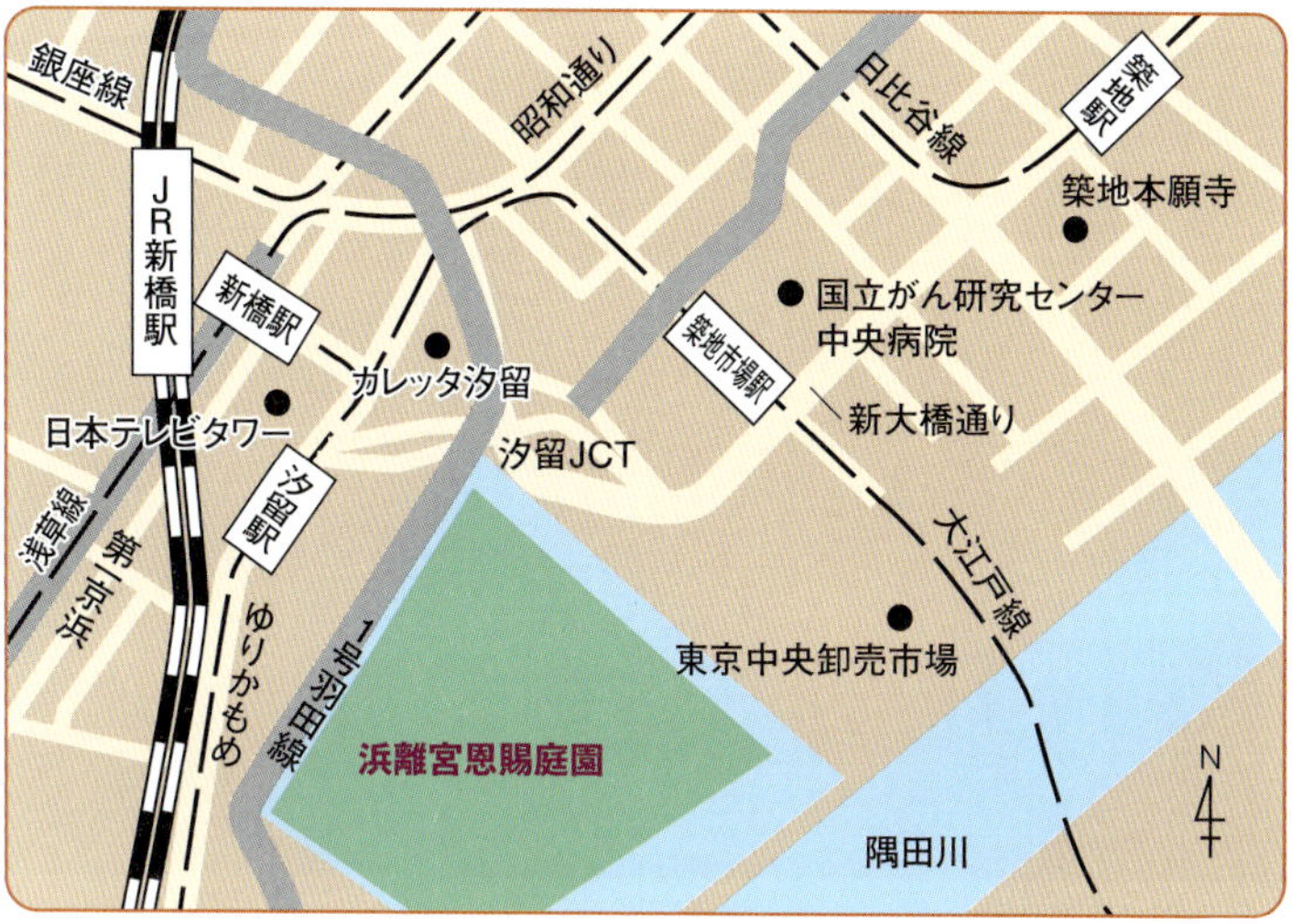

今に残る徳川将軍家の庭

中央区にある浜離宮恩賜《おんし》庭園は、天皇家から東京都に下賜《かし》された名園であるが、もとは徳川将軍家の庭だった。

ＪＲ新橋駅から歩いて十二分、都営地下鉄大江戸線汐留駅からなら七分で歩いて行ける。

築地川にかかる大手門橋を渡れば、城郭のようなかまえの大手門がある。庭園の広さは二十五万平方メートル、約七万五千坪という広大なものである。

東京湾の水を引く潮入の池

この庭園の特徴は、海に開けていることで、庭園内の池は東京湾の海水を引く潮入《しおいり》の池である。

▲浜離宮恩賜庭園にかかる石橋・大手門橋。

水上バスの発着所もあり、両国から浜離宮、あるいは浅草から浜離宮をへてお台場海浜公園にいたる水上バスがある。

浅草を見物し、隅田川を下って浜離宮を散策し、さらにお台場まで足を延ばすという一日小旅行も楽しめる。

綱重が建設した鷹狩り場

この場所は、もとは将軍家の鷹狩り場であった。承応三年（一六五四）、四代将軍家綱《いえつな》の弟である甲府宰相《さいしょう》綱重《つなしげ》が拝領し、海を埋め立てて別邸を建設した（なお、承応元年説、三年説があるので、浜離宮恩賜庭園のパンフレットに従った）。

甲府宰相とは、甲府を領する宰相の官職にあ

▲浜離宮恩賜庭園の正門。

る者ということで、「宰相」とは「参議」の唐《から》名《な》（中国風の呼び方）である。

承応三年の段階では、綱重は正三位《しょうさんい》中将であったが、寛文元年（一六六一）閏《うるう》八月九日には参議に昇進するのでこう呼ばれる。

息子綱豊が養君となり、浜御庭に

綱重は、延宝六年（一六七八）九月二十四日、三十五歳で死去し、息子の綱豊《つなとよ》が家を継いだ。

叔父の五代将軍綱吉に跡継ぎがなかったことから、宝永元年（一七〇四）十二月五日、四十三歳で綱吉の養君（将軍の養子）となり、綱吉死後の同六年（一七〇九）、宗家の家督を継ぎ、六代将軍家宣《いえのぶ》となった。

こうして、浜の屋敷も将軍家のものとなり、

▲中島の御茶屋では抹茶をいただける（有料）。

「浜御庭《はまおにわ》」と称することになる。

それ以来、歴代将軍によって造園と改修工事が行われ、十一代将軍家斉《いえなり》のときにほぼ現在の姿になる。

ただし、関東大震災や戦災によって建物や樹木はかなりの損傷を受けたが、戦後、東京都に下賜され、庭の中心部分は往時をしのばせる姿に戻されている。

中央の潮入の池は、江戸時代の絵図をしのばせる形に戻されており、橋でつながる中島の御茶屋に入れば、抹茶を楽しみながら池の風景を楽しむことができる。

家斉が鴨の捕獲を楽しんだ鴨場

さらに、潮入の池に隣接した庚申堂《こうしんどう》鴨場など

▲家斉が鴨を捕るのを楽しんだ鴨場。小山に隠れて捕獲する。

▶水路を泳いで近づいてくる鴨を、小山の小窓から見て狙いをつける。

二カ所の鴨場が残されており、鴨を捕る施設も残されている。家斉は、この鴨場で捕った鴨を朝廷に献上したという。

池は水門で海とつながっており、浅瀬にはハゼがたくさん見える。池には川魚のほか、ボラや黒鯛などの海の魚も生息している。

家斉の治世は、将軍在位五十一年の長きにわたり、その中心的な年号である文化・文政をとって「化政時代」といわれる。江戸文化が爛熟《らんじゅく》期を迎えた華やかな時代である。

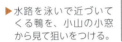

幕府のエリート役人が招かれることも

家斉によって大改修された浜御庭も、この時代に全盛期を迎える。家斉は、自慢のこの庭を自ら楽しむだけではなく、ときには幕府の役人

▲海の水を池に引き入れる水門。

たちを庭に招き、いわば園遊会を催した。招待される者は、原則として布衣《ほい》以上の役職にある者で、それでも一生に一度あるかないかというまれなことだったという。

「布衣以上」とは、旗本の役職の格式で、いわば管理職に相当する役に就いた者のことである。御徒頭《おかちがしら》・書院番や小姓組番《こしょうぐみばん》の組頭《くみがしら》、使番《つかいばん》・目付、勘定吟味役など、エリートコースを進む旗本のうちの一部だけが招かれたのである。

もちろん、布衣以上の上の格式である諸大夫《しょだいぶ》役の者や、老中《ろうじゅう》・側衆《そばしゅう》なども招かれたから、この園遊会に呼ばれることは大きな栄誉であった。

御庭拝見を許された幕臣たち

天保五年(一八三四)八月二十三日、将軍家

斉が浜御庭に御成《おなり》になるということで、大目付《おおめつけ》（大名を監察する役）と寺社・町・勘定の三奉行に御庭拝見を許されるとの通達があった（川路聖謨《かわじとしあきら》「遊芸園随筆」）。

六つ半時（午前七時頃）、役人たちが御庭の門に集合したところ、御庭入り口の門で、御成してきた家斉の御目見得《おめみえ》があり、その後は三奉行らが御小姓の案内で御庭に入った。御庭の亭などは自由に見てよいと仰せつけられ、気に入った植木があれば苗木を抜き取るようにとのことだった。

そこで、招待された者たちは、めいめい数本を抜き取って鼻紙に包んで申し出ると、帰るときに鉢植えにして下賜された。

また、釣《つ》りをするようにとも言われ、池のうち十数カ所に造られた釣り場へ散り、それぞれ釣りを楽しんだ。魚は、鯉や鰻はもちろんのこと、キス、コノシロ、サヨリ、カイズ（黒鯛の幼魚）の類までおびただしくいたという。

めいめいが釣りを楽しんでいると、家斉が近づいてきて、「サヨリはくちばしがとがっているので釣りにくいが、大きいのを釣れ」などと言葉をかけて回ったという。釣れると、「注進番」に命じられた御納戸《おなんど》の役人が、一匹ごとにかごに入れ、家斉に披露した。

御庭では料理や酒が出され、下戸《げこ》のためには梅酒も準備された。帰途には、鉢植えになった植木のほか、岡持《おかもち》いっぱいの寿司やお菓子などを持たされた。

幕臣としては、このうえない栄誉となる一日である。特に植木は、自宅の庭などに植えることによって、永くこの日の思い出をとどめさせようという家斉の配慮だった。

こうした催しは、家斉の趣味ではあっただろうが、幕府役人にすれば、それまでの勤務を評価されて初めて許される御庭拝見であるから、将軍の恩を感じ、また翌日から勤務に励む気持ちも起こる。そういう面では、政治的にもきわめて意味のある催しであった。

さらに、将軍の正室である御台所《みだいどころ》や将軍家の姫君たちも、浜御庭を訪問して楽しむことがあった。当然、御台所に随行する大奥の女中たちも、美しい庭を楽しみ、船遊びや釣りなどに興じた。

◎ペリー来航後は、軍事施設に

嘉永六年（一八五三）六月三日、ペリーが来航したのち、江戸湾防備のため品川沖には御台場が急ピッチで築造され、浜御庭も一部が軍事施設として転用されることになった。

翌嘉永七年（一八五四）五月、老中阿部正弘は、浜御庭を軍事教練の場である校武場に改造する計画を具体化させた。

▲将軍お上がり場。家茂や慶喜がここに降り立った。

その後、浜御庭は幕府海軍の施設ができ、品川沖に停泊する軍艦に乗り込む船の発着所となった。

十四代将軍家茂《いえもち》は、最初の上洛から江戸に帰るときは海路をとり、浜御庭に帰着した。さらに三度目の上洛のとき、不幸にして大坂城で没するが、その遺骸も軍艦に乗せられ、この庭に上げられた。

十五代将軍慶喜《よしのぶ》が大坂城から開陽丸で逃げ帰ったときも、品川沖から押送船でここに上陸している。現在、庭の東側に、「将軍お上がり場」の跡が残っている。

〔参考文献〕水谷三公『将軍の庭―浜離宮と幕末政治の風景』中央公論新社、二〇〇二年

旧芝離宮恩賜庭園

紀州藩の別邸・浜屋敷

現存する最も古い大名庭園のひとつ。
あるじを何度も変えながら、今に残った公園。

DATA

【旧芝離宮恩賜庭園】
港区海岸1-4-1
TEL：03-3434-4029
アクセス JR・東京モノレール浜松町駅より徒歩1分、都営地下鉄大江戸線・東京メトロ浅草線大門駅より徒歩3分、ゆりかもめ竹芝駅より徒歩10分

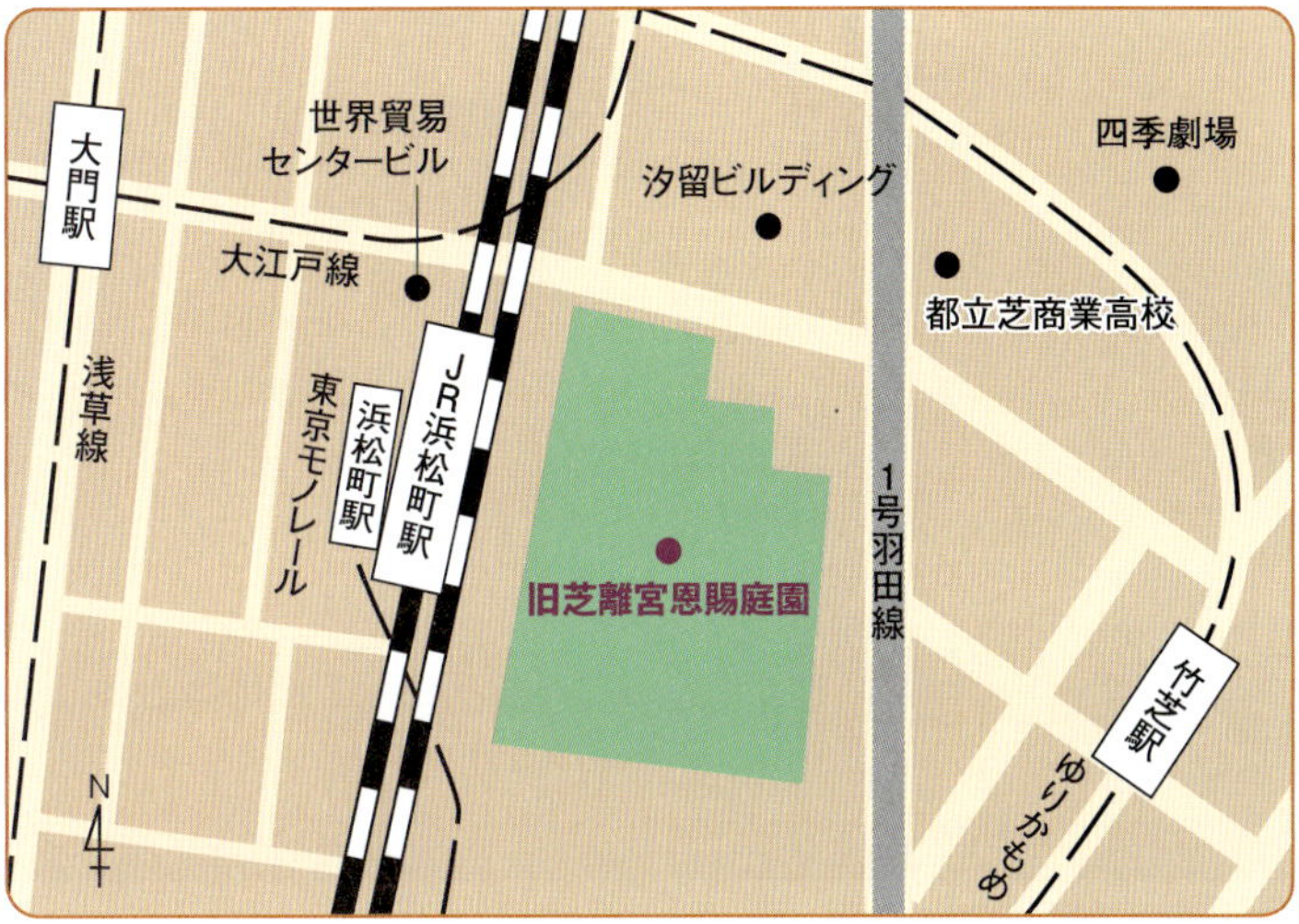

典型的な回遊式庭園

ＪＲ浜松町駅を出て竹芝埠頭に向かうと、すぐにあるのが旧芝離宮恩賜庭園である。羽田空港に行くモノレールから見た人も多いだろう。

この公園は、御三家《ごさんけ》・水戸家の小石川後楽園とともに、現在残る最も古い大名庭園のひとつである。

もとは、小田原藩主で老中《ろうじゅう》を務めた大久保忠《ただ》朝《とも》が、四代将軍家綱《いえつな》から拝領し、屋敷を営んだのが始まりである。屋敷には、「楽壽園《らくじゅえん》」と名付けた庭が造営された。

この庭は、典型的な回遊式庭園であり、池は海とつながっていて、潮入りの池となっている。

中国の西湖の堤を模した石造りの堤や蓬莱山《ほうらいさん》を模した中島などがあり、この時代の大名の中

▲旧芝離宮恩賜庭園の入り口。

国へのあこがれがかいま見える。

さまざまな人をへて芝離宮に

この屋敷は、長く大久保家が持っていたが、文政元年（一八一八）、当主大久保忠真《ただざね》が老中に就任すると屋敷を返上し、佐倉藩堀田家の屋敷となった。

その後、御三卿《ごさんきょう》・清水家の下屋敷となり、清水家当主が紀州藩徳川家の養子になると、この屋敷も紀州藩の別邸（浜屋敷）となった（河原武敏監修『旧芝離宮恩賜庭園』財団法人東京都公園協会、二〇一〇年）。

江戸切絵図を見ると、紀州藩浜屋敷に面して大久保加賀守上屋敷があるので、大久保家はこの屋敷を手放したあとも、ごく近い場所に住ん

▲西湖の堤を模した石造りの堤。

▼蓬萊山を表した石組み。

▼石組みで滝を表現した枯滝。

▲大久保家の上屋敷だった頃の茶室の石柱。小田原北条家に仕えた松田憲秀邸から運ばれたとされる。

▲池にたたずむ白サギ。

でいたことがわかる。

明治維新後、一時、有栖川宮《ありすがわのみや》の屋敷となったが、明治八年（一八七五）には、宮内省が買い上げ、明治天皇の生母・英照皇太后（孝明天皇の女御）の非常御立退所《ひじょうおんたちのきどころ》をへて芝離宮となった。

明治二十四年（一八九一）には、離宮内に木造二階建ての洋館が建てられ、迎賓館として使われた。しかし、大正十二年（一九二三）の関東大震災によって敷地内の建物すべてが焼失し、翌年、皇太子（のちの昭和天皇）の御成婚記念として東京市（当時）に下賜《かし》された。

東京市は、この庭園の復旧と整備を行い、旧芝離宮恩賜庭園として一般公開した。現在、竹垣沿いにレンガ基礎が残り、入り口近くに、旧迎賓館の植物模様の彫刻が施された大理石の一

▲旧迎賓館の植物模様のレリーフ。

部が残されている。

切絵図を見ると、北に酒井左衛門尉《さえもんのじょう》の屋敷がある。ここは幕末には「鉄炮調練場」となり、安政二年（一八五五）、この場所で、伊豆韮山《にらやま》代官江川英敏（江川太郎左衛門英竜の子）によって、大砲や小銃の調練が行われた。英敏は、支配下の上層農民の子弟を農兵に取り立て、幕末の一揆鎮圧に効果を発揮した。

この庭園はそれほど広い庭ではないので、三十分もあれば全体を歩くことができる。このあたりに用があったときなどに、気軽に散策するのに最適である。

三縁山増上寺

将軍家の菩提寺

**かつては東京プリンスホテルや芝公園も含む
広大な寺域を有した。
将軍とともに、お江や桂昌院、
天英院、月光院などもここに眠る。**

DATA

【三縁山増上寺】
港区芝公園4-7-35
TEL：03-3432-1431
アクセス 都営地下鉄三田線御成門駅・芝公園駅より徒歩3分、都営地下鉄浅草線・大江戸線大門駅より徒歩5分、都営地下鉄大江戸線赤羽橋駅より徒歩7分、JR・東京モノレール浜松町駅より徒歩10分、東京メトロ日比谷線神谷町駅より徒歩10分

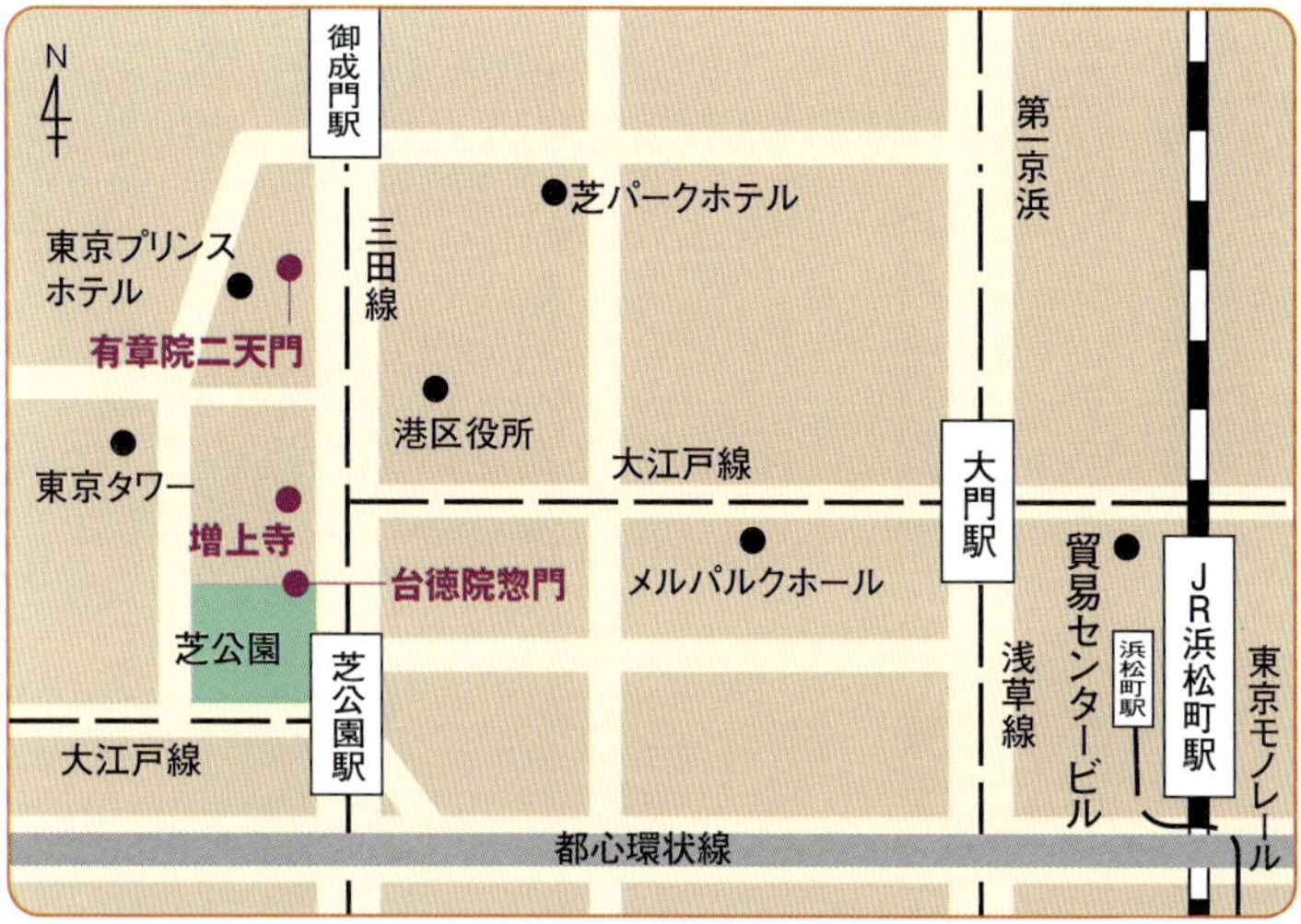

旧宮家跡に立つプリンスホテル

都営地下鉄三田線の芝公園駅から地上に上がると、東京プリンスホテルがある。

プリンスホテルというブランドが、西武鉄道株式会社（以下、西武と略す）のものであることはよく知られている。

この少し古びたホテルに東京という名前がついているのは、昭和三十九年（一九六四）、西武が初めて首都東京に造ったホテルだからである。

その後できたものは、赤坂や高輪という地名が冠されている。

プリンスホテルの名前の由来は、西武が旧宮家の土地を取得し、その土地にホテルを建設したことによるといわれる（猪瀬直樹『ミカドの肖像』小学館、一九八六年）。

たとえば、グランドプリンスホテル高輪は竹田宮邸、グランドプリンスホテル新高輪は北白川宮邸、グランドプリンスホテル赤坂（現在は東京ガーデンテラス紀尾井町）は李王邸（梨本宮方子《まさこ》と結婚した朝鮮国王の弟李垠《りぎん》の邸宅）であった。

これらの宮家の屋敷は、プリンスホテルの敷地の中に保存され、貴賓館などとして使われているという。

プリンスホテルの「プリンス」は、文字どおりプリンス（宮家）に由来するものだったのである。ちなみにプリンスホテルのマークも、竹田宮家の菊の紋章が下敷きになっている。

◎かつての増上寺の敷地に立つ東京プリンスホテル

その東京プリンスホテルのエントランスのわきに、色あせてはいるが木造の立派な門があるのに気づいている人がいるだろうか。

門の左右に仁王像が立っていることから「二天門」と呼ばれるこの門は、もと有章院（七代将軍家継《いえつぐ》）の霊廟にいたる門であった。

▲有章院（七代将軍家継）霊廟二天門。東京プリンスホテルエントランスのわきにある。

東京プリンスホテルの南には、増上寺が位置している。現在の増上寺も十分広くて立派な寺院だが、江戸時代の増上寺は、東京プリンスホテルや芝公園などを含む、現在の数倍の面積を占める広大な寺域を有していた。

ホテルの敷地に霊廟があった将軍は

東京プリンスホテルの場所に墓があった将軍は、家継とその父である六代将軍家宣《いえのぶ》、九代将軍家重《いえしげ》、十二代将軍家慶《いえよし》、十四代将軍家茂《いえもち》の五人に及ぶ。霊廟が建てられたのは家宣、家継までで、家重以後は共用だった。

そのほか、五代将軍綱吉の母桂昌院、家宣の正室天英院や側室月光院、家慶の正室広大院、家茂の正室静寛院宮（和宮《かずのみや》）らの墓もあった。

▲六代将軍家宣の宝塔。この下の石室に遺骸が安置された。

将軍の墓の構成

徳川将軍の墓は、青銅製あるいは石造の塔状のもので、宝塔と呼ばれる。

宝塔の地下には石室があって遺骸が安置され、その前方に位牌が安置される霊廟が建てられる。

家宣、家継の時代までは、将軍ごとに霊廟が建てられていたが、家重以降はそれまでの霊廟に位牌を安置して間に合わせている。

二天門を入って霊廟にいたる道筋には、諸大名が奉納した石灯籠がところ狭しと並び、霊廟の左右にも石灯籠が立ち並んでいた。これは明治時代の写真に見ることができる。灯籠が霊廟に近いところに置かれるほど、その大名の格が高い。

日光の大猷院《たいゆういん》（三代将軍家光）廟の前庭は、

往時そのままであると推測されるが、霊廟の左右には尾張・紀伊・水戸の御三家《ごさんけ》が奉納した一対ずつの石灯籠が立っている。

浄土宗の信者だった徳川家康は、江戸に入ったとき、増上寺を菩提《ぼだい》所に指定するが、自身は静岡の久能山《くのうざん》に葬られ、のち遺骸が日光に移され東照宮となったため、増上寺には墓がない。

ただ、家康の護持仏《ごじぶつ》であった黒本尊阿弥陀如来は増上寺の安国殿に祀《まつ》られている。「安国院殿」は家康の法号である。

◎最初に増上寺に葬られた秀忠

増上寺に将軍が葬られたのは、二代将軍秀忠が最初である。

秀忠廟は、現在の増上寺の南に位置する場所にあった。秀忠の宝塔の華麗な姿は、往時の写真に残されているが、戦災によって焼失した。しかし写真を見ると、敷石と宝塔台座などは残っていた。

秀忠が葬られる前、その正室崇源院《すうげんいん》（お江《ごう》）の葬儀が麻布野で行われ、増上寺に霊廟（御霊屋《おたまや》）が建てられていた。

▲お江の霊廟にあった丁子門。女性らしい繊細な門である。

秀忠が死ぬと、お江の霊廟は鎌倉の建長寺に移築され、秀忠に仕えた年寄《としより》土井利勝が奉行となって、新たに秀忠と崇源院の霊廟を建設した。秀忠に忠実に仕えた利勝が精魂込めて造り上げたものだから、豪華絢爛《けんらん》たる建築物だったに違いない。

昭和三十三年（一九五八）には、文化財保護委員会が中心となって、増上寺墓所の総合学術調査が行われた。

宝塔台座を取り除くと、その下に石室があり、秀忠の遺骸は、その中に何重にも重ねられた衣服にくるまれ、冠を着し、蹲踞《そんきょ》（ひざを立てて体を丸めた格好）の姿勢をとって現存していたという。

▲もとお江の御霊屋だった建長寺仏殿。

◎お江と秀忠

　お江は、北近江《きたおうみ》の戦国大名、小谷《おだに》城主浅井長政の三女である。母は、織田信長の妹のお市で、小谷城が信長に攻められたとき、三人の娘と城を出た。その後、お市は、織田家の宿老の柴田勝家と結婚し、越前の北庄《きたのしょう》城《じょう》に住んだ。羽柴秀吉が賤《しず》ヶ《が》岳《たけ》の合戦で勝家に勝利し、北庄城も落ちたとき、お市は勝家とともに自害した。三人の娘は城を出て、秀吉に保護された。

　長女お茶々（淀殿）は、秀吉の側室となり、鶴松と秀頼の二人の男子を産んだ。鶴松は夭逝し、秀頼は大坂の陣で徳川家康に攻められてお茶々とともに自害した。二女のお初は、のちの近江大津城主となる京極高次と縁組みした。そして三女のお江は、二度の結婚ののち、家康の

▲秀忠とお江の眠る宝塔。この宝塔はもとお江のものだった。

嫡男だった秀忠に嫁ぐのである。

当時は、豊臣政権下にあったから、秀吉の側室の妹と縁組みすることは、秀忠にとっては自分の地位を保証されたようなものだった。お江とは仲むつまじく、三代将軍となる家光を含め、二男五女をもうけている。長女は豊臣秀頼に嫁す千姫、五女の和子は後《ご》水尾《みずのお》天皇の中宮となり、その間に産まれた娘は明正《めいしょう》天皇になった。

秀頼が自害して豊臣家が滅亡すれば、秀忠もそれほどお江に遠慮することはなくなったはずだが、秀忠は終生お江を正室として重んじた。

テレビドラマの大奥モノで、お江と家光の乳母である春日局《かすがのつぼね》の対立が描かれることがあるが、お江が生きていたときは、あくまでお江が主人であり、春日局は使用人にしかすぎない。

しかし、お江は、寛永三年（一六二六）に没する。春日局が大奥で実力を持ったのは、それ以降のことだろう。

お江が危篤となったとき、秀忠と家光は上洛していた。お江危篤の知らせが京に届いても、秀忠と家光はすぐには江戸に戻らず、しばらく京で行事をこなした。すぐに江戸に戻ったのは、二男の忠長である。

このことから、家光は母へ醒めた感情があり、お江が溺愛したとされる忠長との対立の芽も生じていたともされる。実際、そういうこともあっただろう。

しかし、お江の葬儀は、幕府始まって以来初めての将軍の正室のものだから、たいへん盛大なものだった。麻布野で多くの大名が警備する中、火葬が行われ、遺骨が増上寺に葬られた。将軍やその正室が火葬にされたのは、お江だけで、なぜ火葬だったのかはよくわからない。少なくとも、お江を軽んじたためではないことはたしかである。

お江は、嫉妬深かったことでも知られている。そのため秀忠は側室を持たず、たまたま女中に手をつけて生まれた子どもも、江戸城では育てなかった。この男子は、お江の死後、家光に対面し、保科《ほしな》家の養子になり、保科正之《まさゆき》を名乗った。のちこの家は松平の姓を与えられ、幕末の藩主松平容保《かたもり》は京都守護職として幕府を支え、戊辰戦争では新政府軍の目の

▲塗り直された台徳院殿霊廟の惣門。

敵《かたき》となり、白虎隊の悲劇などを生むことになる。

東京オリンピックで消えた墓

秀忠が眠っていた場所に、二〇〇五年、地下三階、地上三十階の東京プリンスホテル パークタワー（現ザ・プリンス パークタワー東京）が建設された。建築主は西武、設計は丹下健三氏、施工は鹿島建設である。入り口には、増上寺の惣門が残る。

増上寺と徳川家墓所は戦災にあったが、戦後の一時期まではまだもとの姿をとどめていた。

しかし、この土地を取得した西武は、一九六四年の東京オリンピックに向けて、国際規模のホテルが必要だとして、特例として許可を取りつけ、東京プリンスホテルを建設した。

▲狭山山不動寺に移築された台徳院殿（秀忠）勅額門。

このとき、敷地内にあった台徳院廟への御成《おなり》門や崇源院霊牌所の通用門である丁子門、桂昌院の宝塔、諸大名が寄進した膨大な数の青銅や石の灯籠などは、所沢にある西武の社有地（現在の西武球場の場所）に一時移された。

現在は、西武球場の向かいに建立された狭山《さやま》山《さん》不動寺に寄進されている。

石灯籠の一部は、埼玉県内の寺院などにも譲られ、所在をつかむのが容易ではなくなっている。

ちなみに埼玉県立博物館には、後北条氏の末《まつ》裔《えい》北条氏彦《うじよし》と伊予国新谷藩主加藤泰宦《やすのぶ》が九代家重へ奉納した石灯籠が、「西武鉄道社長」堤義明氏から寄贈されている。

徳川歴代将軍の墓所は、現在、増上寺の安国

▲安国殿の裏側の一画に歴代将軍の墓所がある。

殿の裏側の小さな区画内にある。

歴代将軍の遺骸はここに改葬され、それぞれの宝塔が移築されている。

ここに葬られている和宮親子《ちかこ》内親王は、十四代将軍家茂の御台所《みだいどころ》で、明治十年（一八七七）九月、湯治に赴いた箱根塔ノ沢で死去した。まだ三十二歳だった。

この墓所は、年に一度公開されるが、ふだんは門が閉まったままである。

もと家宣廟奥院（墓所）の中門で徳川家霊廟の門に転用された鋳抜門《いぬきもん》は青銅製の立派なもので、両扉に五個ずつの葵の紋が鋳抜かれている。

▲鋳抜門の葵の紋。

▼葵の紋で装飾された鋳抜門。もと家宣廟奥院の中門だった。

▶文昭院殿（六代将軍家宣）宝塔。

◀有章院殿（七代将軍家継）宝塔。

▶惇信院殿（九代将軍家重）宝塔。

◀慎徳院殿
（十二代将軍家慶）
宝塔。

▶昭徳院殿
（十四代将軍
家茂）宝塔。

◀静寛院宮
（皇女和宮）
宝塔。

愛宕神社

愛宕下大名屋敷と江戸の土産物屋街・日蔭町

江戸時代を代表する観光地だった愛宕山。
そこから見える大名屋敷跡は、
東京の人気エリア汐留に。

DATA

【愛宕神社】
港区愛宕1-5-3
TEL：03-3431-0327
アクセス 東京メトロ日比谷線神谷町駅より徒歩5分、東京メトロ銀座線虎ノ門駅より徒歩8分、都営地下鉄三田線御成門駅より徒歩10分

【日比谷神社】
中央区八丁堀3-28-15
アクセス JR・東京メトロ日比谷線八丁堀駅より徒歩3分

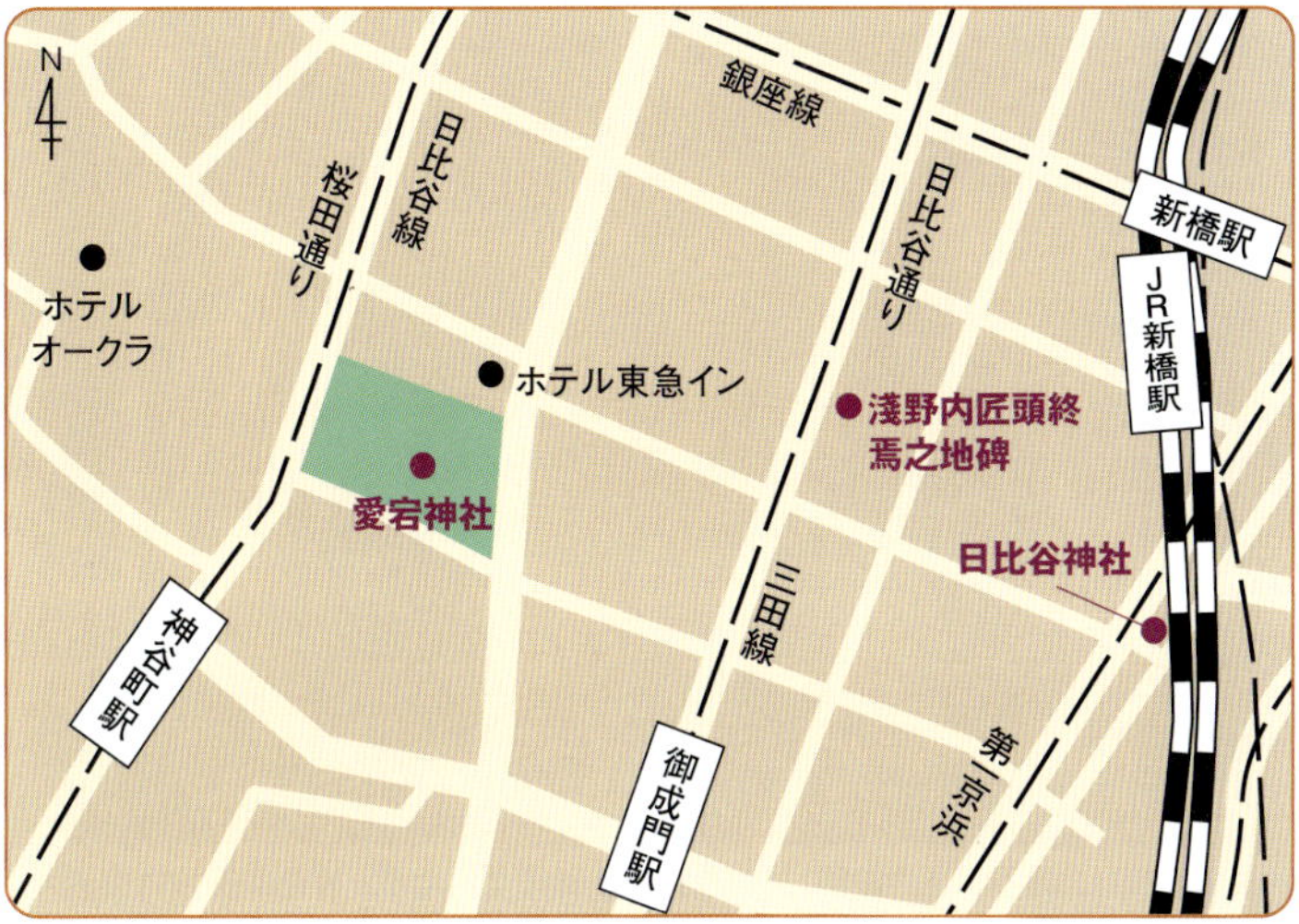

江戸湾を一望できた愛宕山

銀座を過ぎ、幸橋御門《さいわいばしごもん》を出ると、大名屋敷街が続く。この一帯を愛宕下《あたごした》大名屋敷といい、道筋は「愛宕ノ下大名小路」といった。名前の由来は、いうまでもなく愛宕山があったからで、愛宕社（現在の愛宕神社）に登ると当時は江戸湾が見渡せ、観光地としてにぎわっていた。

幕末、江戸に来た紀州藩士酒井伴四郎は、愛宕社に参詣したときのことを日記に次のように書いている。

「愛宕山へ参詣いたし、世間《よのなか》を見渡し、江戸三歩一ハ爰《ここ》より見ゆる。其《その》広サは、中々詞《ことば》にも筆にも尽くしがたく候《そうろう》」

地方から出てきた者にとって、やはり江戸は大都市だったのである。

▲愛宕神社の通称「出世階段」。江戸時代は68段だったが、現在は86段に改造されている。

万延元年（一八六〇）三月三日、桜田門外で大老《たいろう》井伊《いい》直弼《なおすけ》を襲撃した水戸藩の脱藩士は、ここを集合場所とした。境内には彼らを顕彰する「桜田烈士愛宕山遺蹟碑」が立っている。

浅野内匠頭が切腹した田村邸

この道に面する田村《たむら》右京大夫《うきょうのだいぶ》の上屋敷は、江戸城で吉良《きら》上野介《こうずけのすけ》に刃傷《にんじょう》事件を起こした浅野《あさの》内匠頭《たくみのかみ》が預けられた屋敷で、内匠頭はここで切腹して果てた。

辞世の和歌「風さそふ　花よりもなを　われは又　春の名残《なごり》を　いかにとかせん」は、内匠頭の無念の思いをよく表している。

内匠頭切腹の検使（副使）を務めた幕府の目《め》付《つけ》、多門《おかど》伝八郎《でんぱちろう》は、大検使（正使）の大目付《おおめつけ》

▲かなりの急勾配に、下るときは思わず足がすくむ。

葵の紋が要所要所に使われている。▲▶

▼桜田烈士愛宕山遺蹟碑。

▼往時は江戸湾が見渡せたというが、今では周囲にビルが立つ。

（大名を監察する役）庄田下総守《しょうだしもうさのかみ》が庭での切腹を容認したことに対し、「武士道の御仕置《おしおき》」なのだから五万石《ごく》の城主を庭で切腹させるのは問題がある、と抗議するなど、内匠頭に同情的だった。

結局、切腹は庭で行われることになったが、そのとき内匠頭の家来片岡源五右衛門《かたおかげんごえもん》が「主従の暇乞《いとまご》いなので、ひと目主人を見たい」と田村邸に来た。田村側では当然拒否したが、片岡は、「検使に申し達してください」と顔色を変えて懇願するので、検使にこの旨が伝えられた。

庄田は、「それしきのことは、大検使に申し達するほどのことでもない」と答え、だめだともいいとも言わなかった。多門は次のように言い、庄田を見た。

「かまわない。しかし、それにはやり方がある。内匠頭が切腹の場所に出て、仰せ渡しを読み聞かせているうちに、その家来を無刀にし、警護の人数をつけて、遠くからひと目だけ見させればよい。なにもたいしたことではない。その家来が主人を助けたいと思っても、右京大夫殿の御家来も大勢いるのだから、すぐに取り押さえられるだろう。ひと目ぐらいは慈悲というものだから、私の一存で了承する。如何でしょうか」

庄田も、「お考え次第」と了承した。

こうして、内匠頭は切腹した。

介錯《かいしゃく》は、幕府の御徒目付《おかちめつけ》、磯田武太夫《いそだぶだゆう》という者だった。介錯に使った刀は、内匠頭の願いで、内匠頭の差料《さしりょう》（差していた刀）が使われた。

遺骸は、内匠頭の弟、浅野大学に連絡され、浅野家家臣、建部《たけべ》喜六らが受け取って帰っ

▼田村右京大夫邸跡に立つ「淺野内匠頭終焉之地」の碑。立てられたのは皇紀2600年（1940）。

た。

現在、田村右京大夫邸跡は、多くに分割されて雑居ビルやマンションなどが立っていて、往時をしのぶことはできない。ただ、「浅野内匠頭　終焉之地《しゅうえん》」の碑が、道路わきに立っている。近くの菓子屋、新正堂《しんしょうどう》では、「切腹最中」というもなかを作っている。

◆観光客でにぎわった増上寺境内

愛宕の下大名小路を過ぎると、徳川将軍家の菩提寺である増上寺である。ここも大勢の観光客でにぎわうところである。

先ほどの酒井伴四郎によれば、増上寺の広さはたいへんなもので、とても寺の中とは思えなかったという。寺内には、諸道具、錦絵、細工物などを売る店がひしめいており、観光客でにぎわっていた。伴四郎は、甘酒を飲み、寿司を食べ、子どもの腹掛けや煙草入れを土産《みやげ》に買っている。

◆江戸の土産物屋街だった日蔭町通り

愛宕下の大名小路と並行する道に、通称「日蔭町《ひかげちょう》（日影町とも書く）通り」と呼ばれる

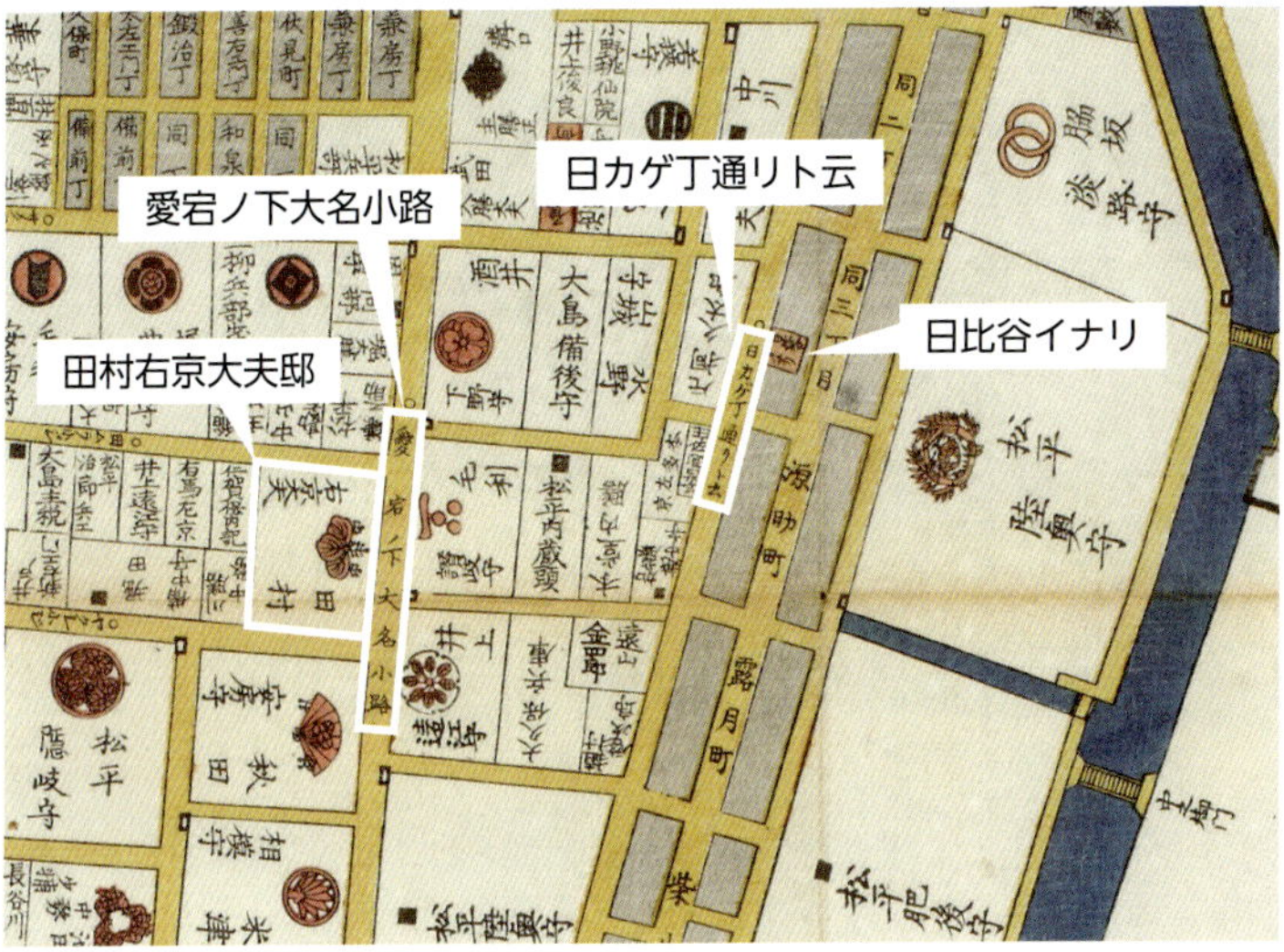

通りがあった。

現在は第一京浜の一部となっているが、当時は町屋があり、人がにぎわう商店街だった。

日蔭町には、特に江戸の土産を売る店が密集しており、また古着屋が集中していたことでも知られている。

江戸に出てきた諸藩の勤番武士たちは、江戸見物で増上寺や泉岳寺などに参詣したあと、この通りに寄って、土産物を物色したのである。

伴四郎も泉岳寺へ参詣し、赤穂《あこう》四十七士の墓へ詣ったあと、日蔭町を通って帰り、ここで着物一枚を買っている。

三遊亭圓朝の落語「鏡ケ池操松影《かがみがいけみさおのまつかげ》」では、日蔭町の立派な店構えの古着屋で婚礼衣装などを四十二両（約840万円）で調《ととの》えた医者の娘が、

▲江戸勤番武士の多くが詣った泉岳寺にある赤穂義士の墓所。

粗悪品だったために恥をかき、自殺する話がある。

立派な店構えであっても、この町の古着屋の中には偽物（いかもの）を売る店があったことが知られる。

◎「汐留」に残る江戸

第一京浜はもとの東海道で、日蔭町通りと芝口橋から南下する道に挟まれた町屋をすべてつぶして造られた。

江戸切絵図を見ると、日蔭町通りに「日比谷イナリ（稲荷）」という神社があるが、この神社は、第一京浜沿いの道に場所を移して、今でも残っている。

日蔭町通りから町屋を隔てて通る海側の道に

▲第一京浜沿いに移された日比谷神社。

面して、脇坂淡路守《わきさかあわじのかみ》（播磨《はりま》龍野藩《たつのはん》）上屋敷、松平陸奥守《まつだいらむつのかみ》（仙台藩伊達家）上屋敷、松平肥後《ひご》守《かみ》（会津藩）中屋敷が並んでいた。仙台藩の上屋敷跡には、現在は日本テレビのビルがある。

そのさらに海側には、浜御殿（現在の浜離宮恩賜庭園）がある。これらはすべて海を埋め立てた地所に築かれた屋敷である。もとは皇居前広場あたりまで入り江が入り込んでおり、徳川家康が江戸城を再建したとき、このあたりまで埋め立てた。「汐留《しおどめ》」という地名は、ここで海をとめ、陸地にしたことからつけられたのである。

〔参考文献〕東京都江戸東京博物館編集『酒井伴四郎日記―影印と翻刻―』調査報告書第23集、二〇一〇年

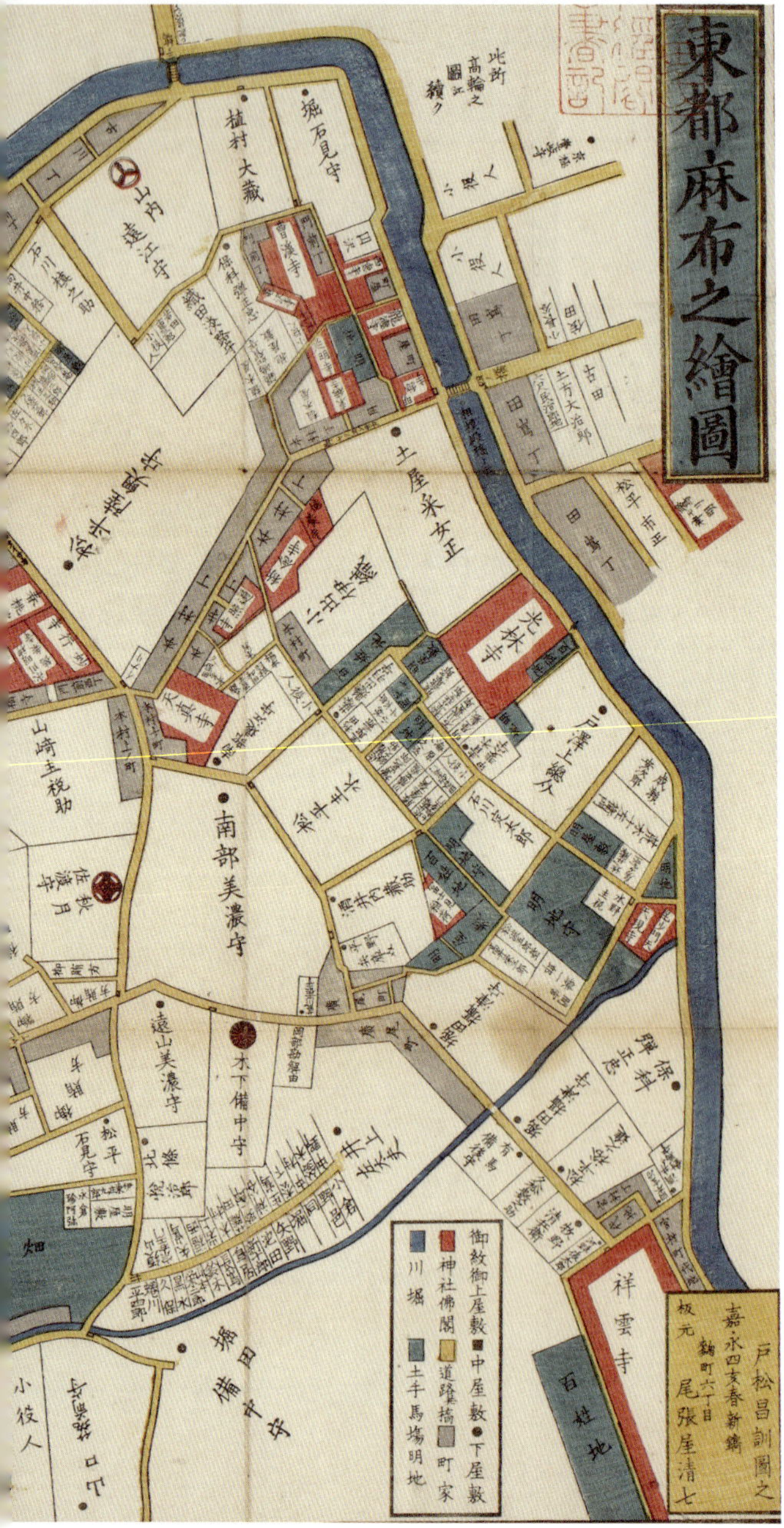
東都麻布之繪圖
北ハ高輪之圖ニ續ク
堀石見守
植村大蔵
山内遠江守
土屋釆女正
光林寺
戸沢上総介
南部美濃守
秋月佐渡守
山崎主税助
遠山美濃守
木下備中守
松平石見守
天真寺
祥雲寺
百姓地
堀田備中守
小役人
御紋御上屋敷 ■中屋敷 ●下屋敷
神社佛閣 道路橋
川堀
土手馬場明地 町家
戸松昌訓圖之
嘉永四亥春新鐫
板元 麹町六丁目 尾張屋清七

東都麻布之絵図

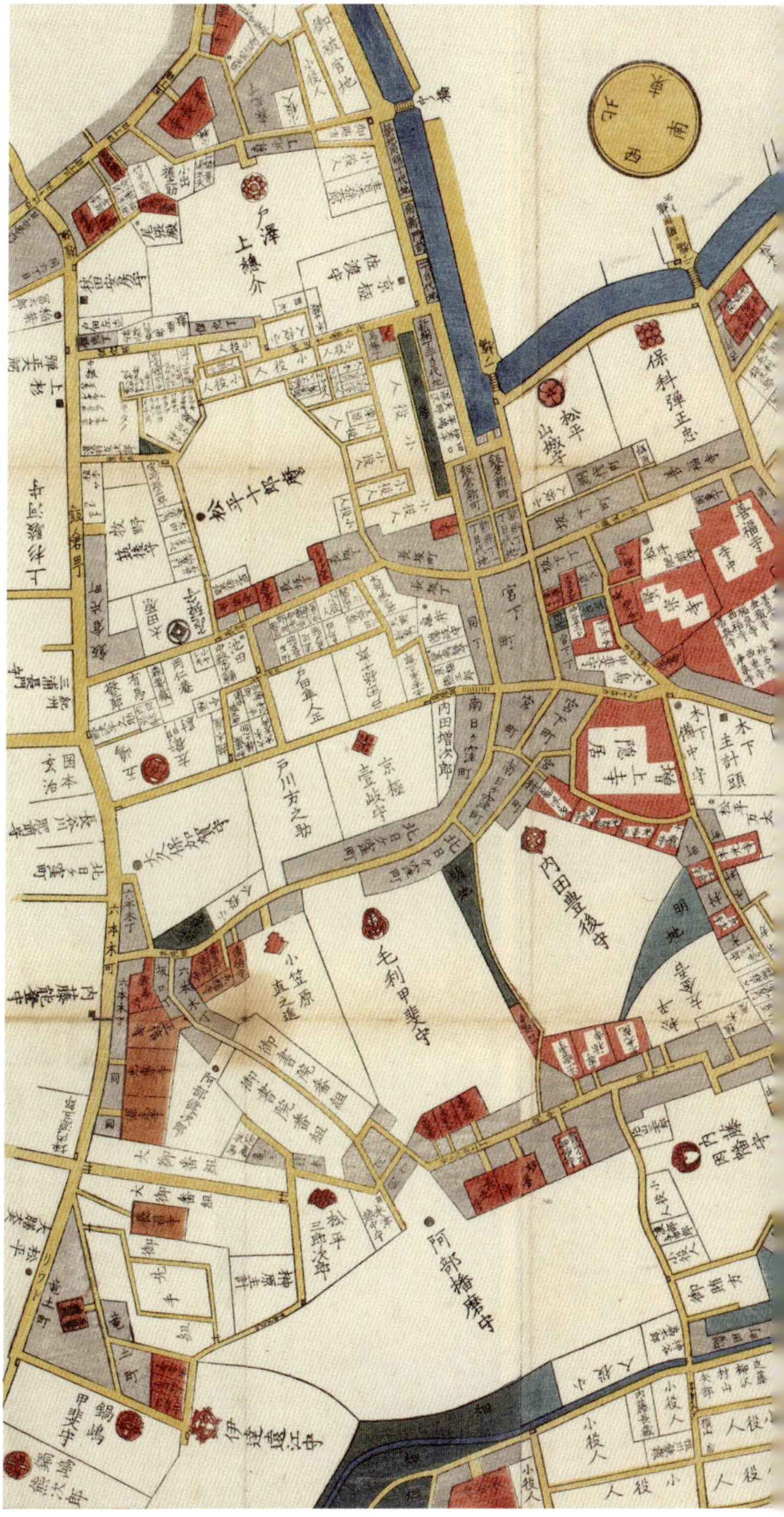

毛利甲斐守
阿部播磨守
内田豊後守
保科弾正忠
伊達遠江守
鍋島甲斐守
小笠原直之進
京極壹岐守
戸川方之助
京極佐渡守
木下主計頭
木下備中守
上杉弾正大弼
三浦長門守
長谷川惣兵衛
内藤能登守

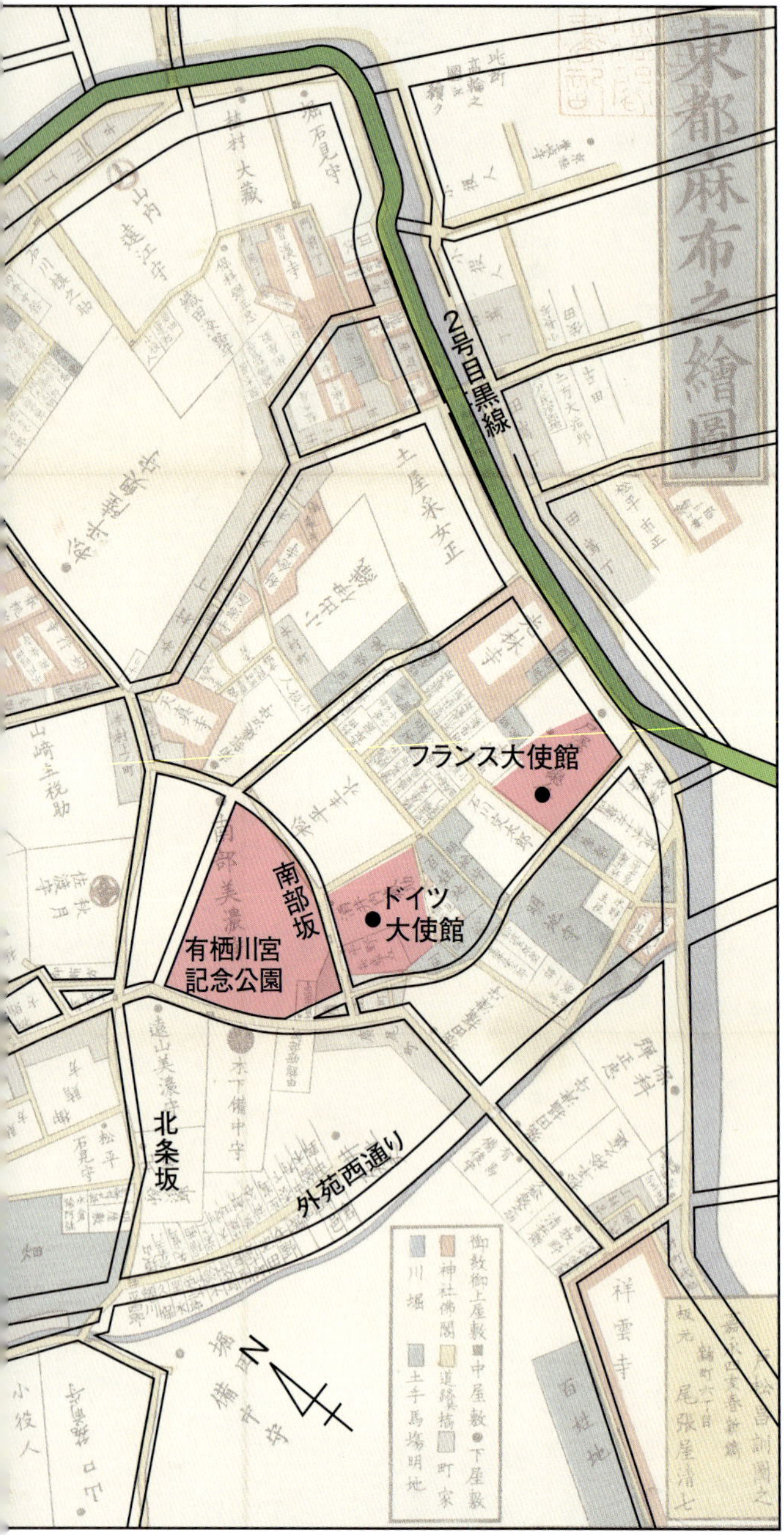
東都麻布之繪圖
2号目黒線
フランス大使館
ドイツ大使館
南部坂
有栖川宮記念公園
北条坂
外苑西通り
南部美濃
祥雲寺
神社佛閣
町家
川堀
土手馬場明地

桜田通り
ロシア大使館
外苑東通り
都心環状線
オーストリア大使館
暗闇坂
一本松坂
狸坂
鳥居坂
芋洗坂
六本木
テレビ朝日
毛利庭園
六本木ヒルズ
中国大使館
3号渋谷線
六本木通り

六本木ヒルズの毛利庭園

長府毛利家屋敷にあった庭園

長州藩の支藩「長府毛利家」の庭園だった「毛利庭園」。現在、きれいに整備され、宇宙メダカが池の中を泳ぐ、都会の憩いの場に。

DATA

【六本木ヒルズ毛利庭園】
港区六本木6
アクセス 東京メトロ日比谷線六本木駅より徒歩0分、都営地下鉄大江戸線六本木駅より徒歩4分、都営地下鉄大江戸線麻布十番駅より徒歩5分、東京メトロ南北線麻布十番駅より徒歩8分

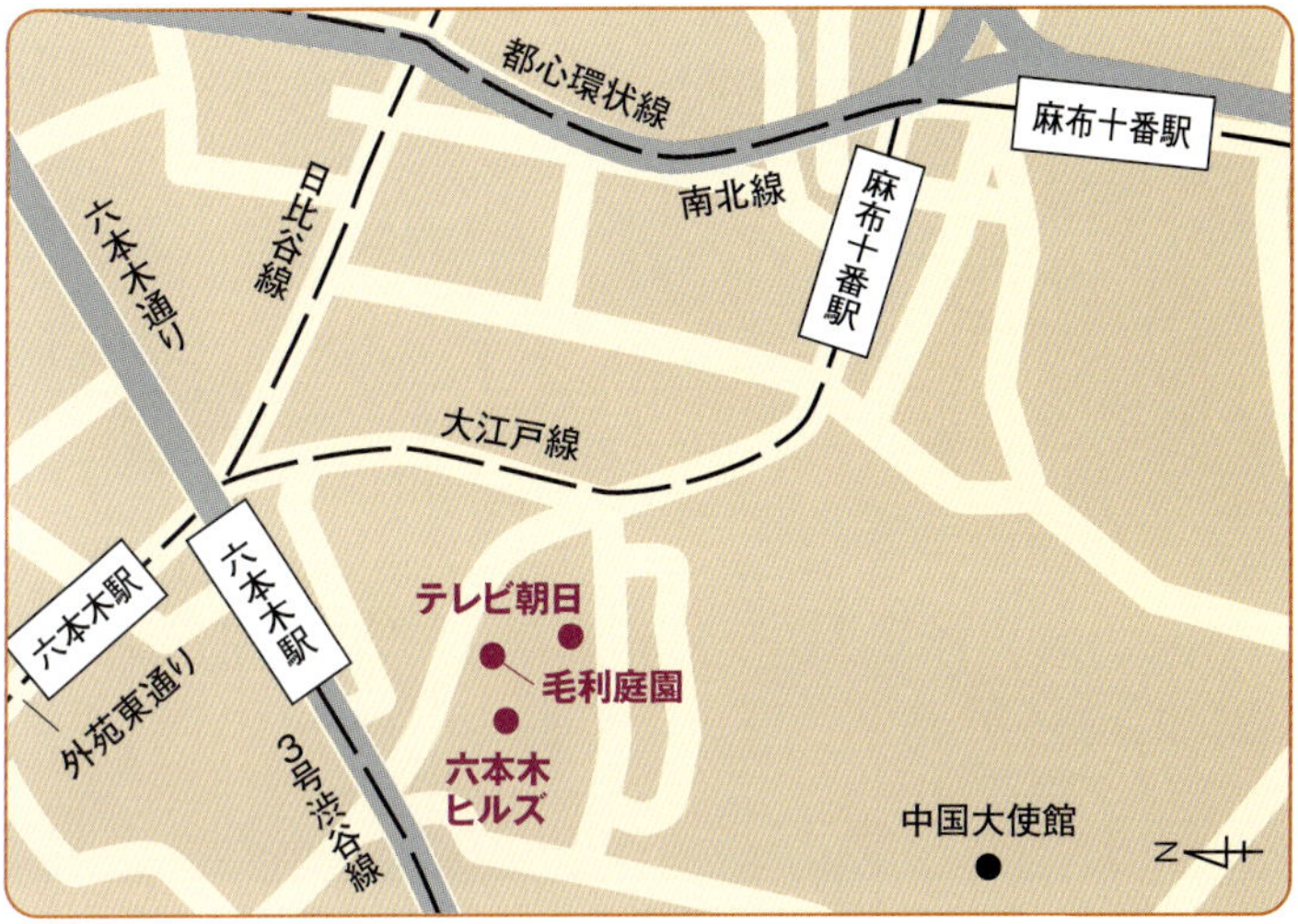

テレビ朝日の敷地に残る毛利庭園

二〇〇三年四月にオープンした六本木ヒルズは、再開発に約二十年の歳月を要した東京の名所である。

ヒルズの中央に位置するテレビ朝日には、整備された「毛利庭園」がある。

毛利家と聞けば、幕末、攘夷運動や討幕に活躍した長州藩（萩藩）を思い浮かべる人が多いだろうが、この庭園は、長州藩の支藩である長府藩の屋敷内にあった名残りである。

二十六年前、長州藩江戸お留守居役《るすいやく》福間《ふくま》彦《ひこ》右衛門《えもん》の日記を分析して本を執筆していた筆者は、江戸の切絵図などを頼りにここを散策したことがある。

その頃の長府藩旧庭園は、あまり整備されて

▲1990年当時の「毛利庭園（長府藩庭園）」。この庭園遺構は地面の下に保存されている。

おらず、暗い雰囲気の庭だった。

現在は、開放的な庭の中に、浅い、澄んだ水の池があって、夏などは幼児が中に入って水遊びができそうであるが、当時は濁った水でどのくらいの深さかわからないような池だった。

赤穂浪士終焉の地

そして、その中央に張り出した部分には、岡《おか》島八十右衛門《じまやそえもん》、吉田沢右衛門《よしださわえもん》、武林唯七《たけばやしただしち》、倉橋《くらはし》伝助《でんすけ》、間新六《はざましんろく》、村松喜兵衛《むらまつきひょうえ》、杉野十平次《すぎのじゅうへいじ》、勝田《かつた》新左衛門《しんざえもん》、前原伊助《まえばらいすけ》、小野寺幸右衛門《おのでらこうえもん》の赤穂浪《あこうろう》士《し》十人の終焉の地であることを示す碑が立っていた。

赤穂浪士たちは、長府毛利家のほか、細川家（肥後熊本藩）、松平家（伊予松山藩）、水野家

▲忠烈の跡。現在、中央義士会に管理が任されている。

（三河岡崎藩）の四藩の屋敷にお預けとなり、それぞれ預けられた屋敷で切腹したのである。

この碑は、六本木ヒルズ建設とともに取り除かれ、「中央義士会」所属の女性宅（埼玉県川口市）に引き取られた（「産経新聞」二〇〇三年十二月十七日付）。

ちなみに吉良家討ち入りの首領だった大石《おおいし》内蔵助《くらのすけ》ら十七人は、細川家の白銀《しろがね》中屋敷に預けられ、そこで切腹して果てた。

細川家屋敷跡は、現在、高松宮邸や都営住宅、高松中学校となっており、一部が「忠烈の跡」として保存されている。保存されているのが切腹した場所かどうか確証はないようだが、赤穂浪士たちの墓のある泉岳寺からほど近い場所なので、泉岳寺に詣ったら、「忠烈の跡」も見学するとよいと思う。

さて、毛利庭園にあった碑の建立は昭和四年（一九二九）八月四日で、「義士終焉軍神降世址」と書いてあった。長府毛利家に預けられた十人が、この庭で切腹したことを顕彰したものである。

彼らの行動を忠義として顕彰することは、当時にあっては軍国主義化の一翼を担う動きだったのであろう。しかし彼らは、「義士」ではあったが、少なくとも「軍神」ではない。この碑が、六本木ヒルズ完成とともに取り除かれたのはしかたのないことだが、この庭園にそういう歴史があることは、何らかの形で残しておいてほしかったと思う。現在の都市再開発は、過去をまったく消し去るほどの力を持っている。これまで、東京の街には江戸の面影が残っていた。しかし、これからは、そうした痕跡が破壊し尽くされるかもしれない。

しかしそれでも、その街の歴史を語り、多くの人に知られれば、過去をしのぶこともできるはずだし、現在の街により興味が湧くということもあるだろう。

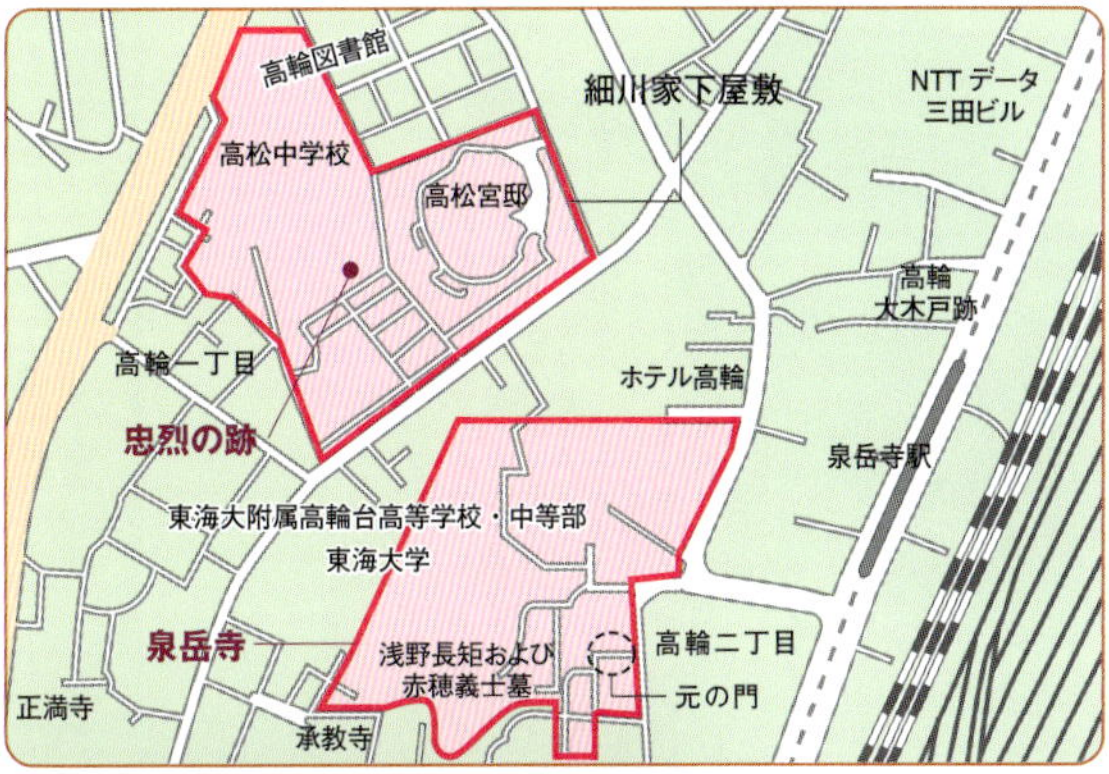

▶泉岳寺と細川家下屋敷のあったところ。

◀長府藩庭園に立っていた「義士終焉軍神降世址」の碑（1990年当時）。

今井谷六本木　赤坂絵図

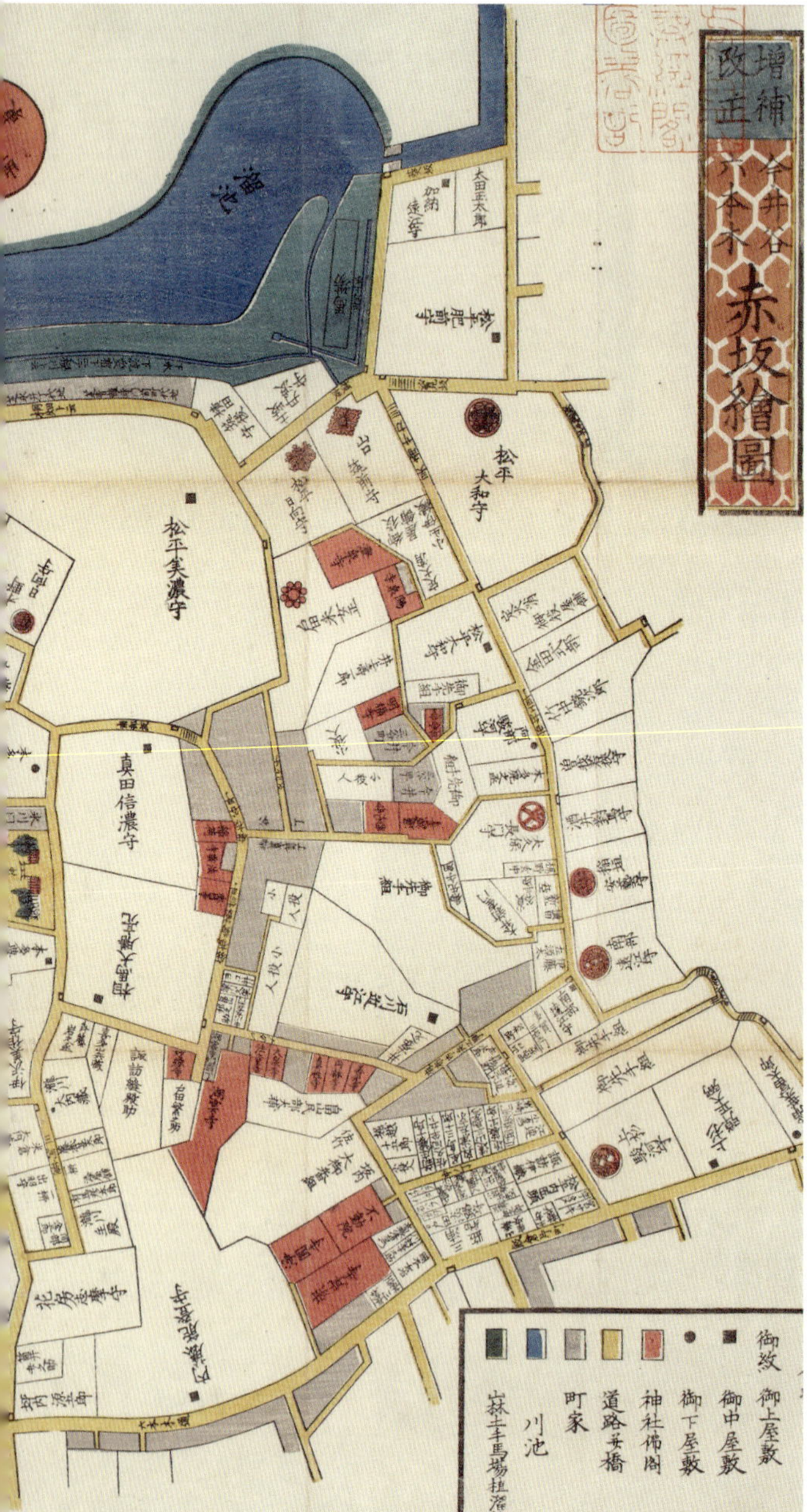

増補改正
今井谷六本木
赤坂繪圖
松平大和守
松平美濃守
真田信濃守
御紋
御上屋敷
御中屋敷
御下屋敷
神社佛閣
道路并橋
町家
川池
森土手馬場拄沼等

景山致恭圖之
嘉永三戌年新鐫
麹町六丁目
金鱗堂 尾張屋清七板
紀伊殿
松平安藝守
毛利淡路守
松平出羽守
青山備中守
赤坂新町五丁目

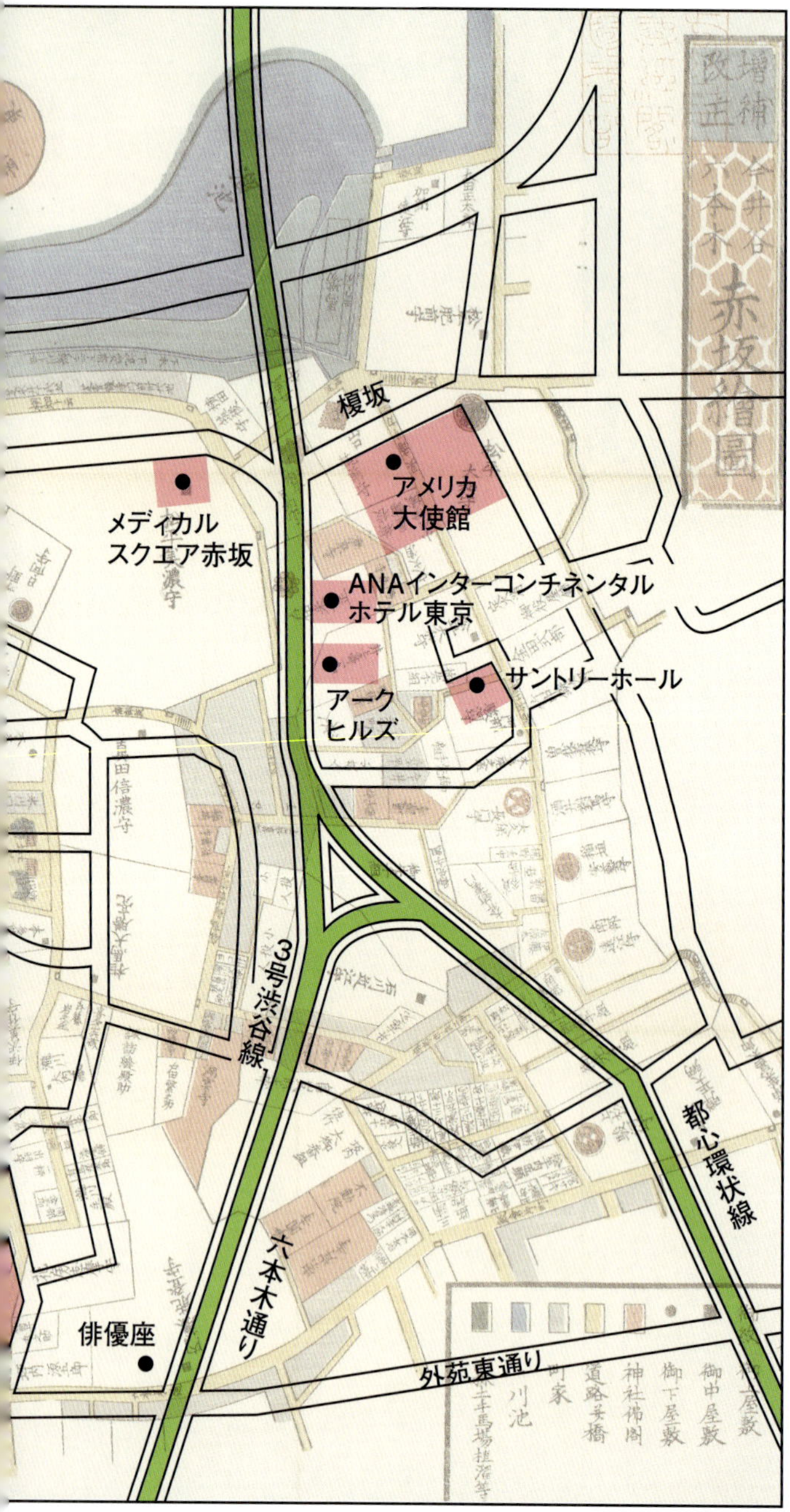
増補改正
今井谷六本木赤坂絵図
榎坂
アメリカ大使館
メディカルスクエア赤坂
ANAインターコンチネンタルホテル東京
アークヒルズ
サントリーホール
3号渋谷線
六本木通り
都心環状線
俳優座
外苑東通り
御屋敷
御中屋敷
御下屋敷
神社佛閣
道路并橋
町家
川池
土手馬場提沼等

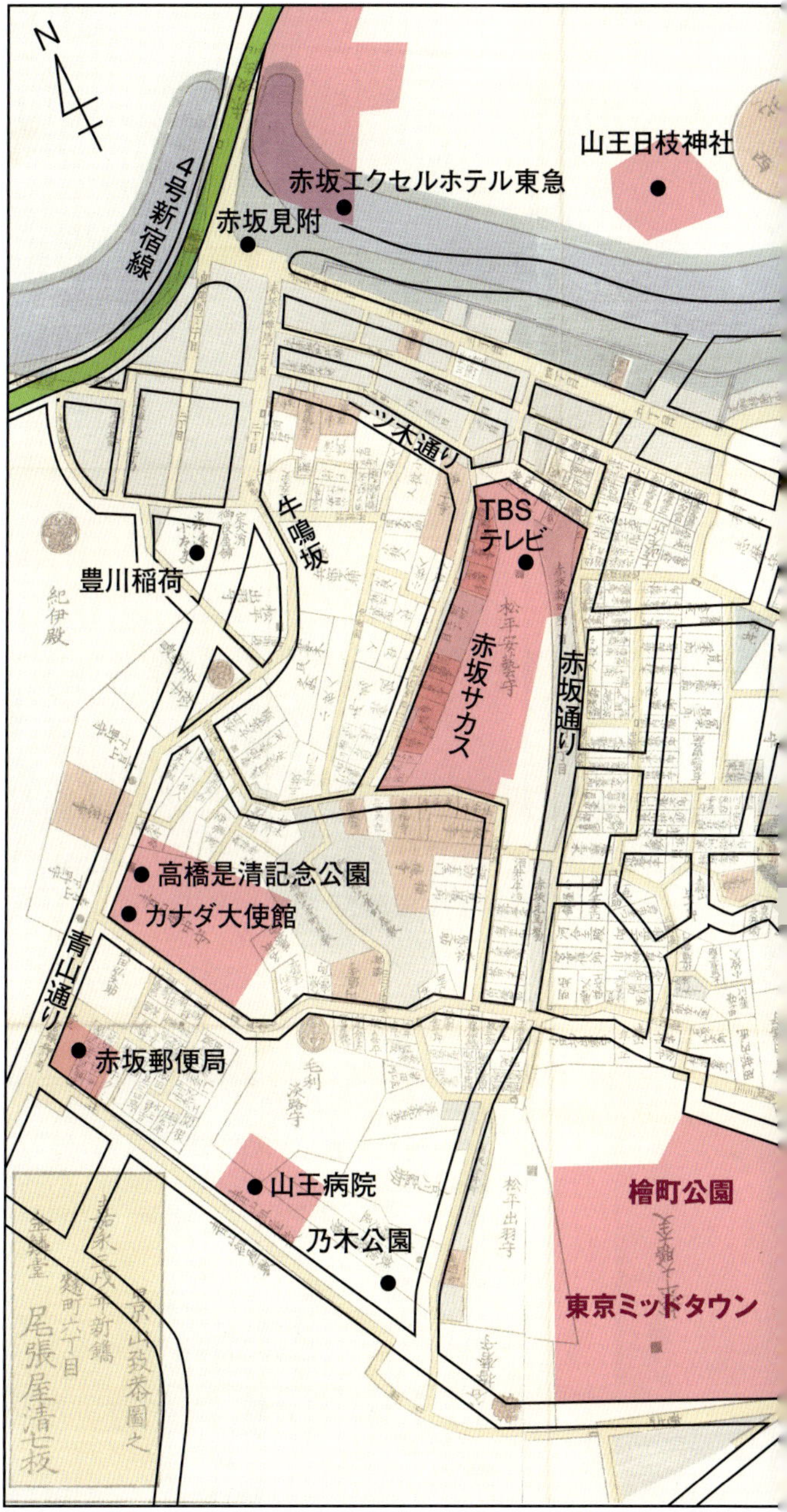
N
4号新宿線
赤坂エクセルホテル東急
山王日枝神社
赤坂見附
一ツ木通り
牛鳴坂
TBSテレビ
豊川稲荷
紀伊殿
松平安藝守
赤坂サカス
赤坂通り
高橋是清記念公園
カナダ大使館
青山通り
赤坂郵便局
毛利淡路守
山王病院
乃木公園
松平出羽守
檜町公園
東京ミッドタウン
尾張屋清七板

東京ミッドタウン

長州藩屋敷跡

**長州藩下屋敷の広大な土地の一部に立つ東京ミッドタウン。
建設前の発掘調査では、多くの出土品が見つかった。**

DATA
【東京ミッドタウン】
港区赤坂9-7-1
アクセス 東京メトロ日比谷線・都営地下鉄大江戸線六本木駅より徒歩0分、東京メトロ千代田線乃木坂駅より徒歩3分
【松陰神社】
世田谷区若林4-35-1
TEL：03-3421-4834
アクセス 東急世田谷線松陰神社前駅より徒歩3分

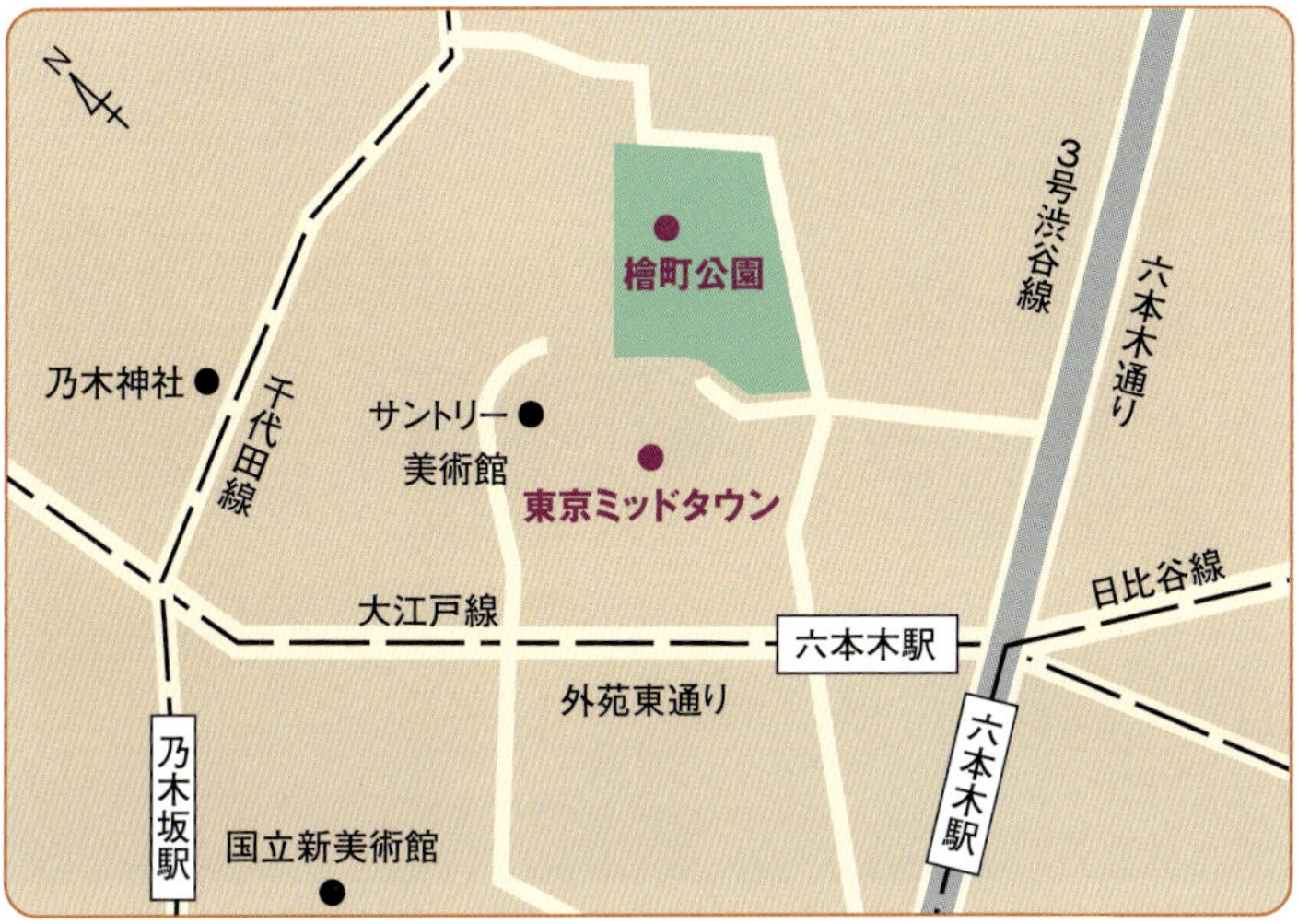

土地の記憶を残す開発

二〇〇七年三月にオープンした六本木の東京ミッドタウンは、もと防衛庁があった土地だが、その昔は歩兵第一連隊、そして江戸時代は長州藩（萩藩）毛利家の屋敷があったところである。

東京ミッドタウンは、防衛庁・防衛施設庁の敷地だけではなく、隣接する檜町《ひのきちょう》公園も含めて再開発された。

開発した三井不動産は、そうした「土地の記憶」に配慮した街づくりを目指したという。その意味では、ようやく江戸時代の長州藩邸の敷地がよみがえったともいえる。

下屋敷拝領に奔走した福間彦右衛門

拙著『江戸お留守居役の日記』（講談社学術

▲旧防衛庁正門（1990年当時）。190ページの写真と同じ位置である。

文庫、二〇〇三年）は、長州藩江戸留《る》守《す》居《い》役《やく》福《ふく》間《ま》彦《ひこ》右《え》衛門《もん》の日記を分析して書いたものだが、その舞台の一部となったのがこの場所だった。

筆者が調査した一九九〇年頃は、いまだ防衛庁があって中に入ることはできず、外苑東通りから、赤坂の方向に下った場所にあった檜町公園を散策し、はるか高い位置にある防衛庁の建物を見上げたものだった。

この屋敷地は、寛永十三年（一六三六）、三代将軍家光のときに、毛利家の嘆願により下賜《かし》されたものである。

当時の長州藩主は二代秀就《ひでなり》、屋敷拝領をめぐって幕府役人と折衝をくり返したのは江戸留守居役の福間彦右衛門だった。

彦右衛門が屋敷拝領の嘆願を上げたのは、寛永十一年三月三日のことである。しかし、幕府からの音沙汰はなく、五月二十五日にも再度嘆願した。

翌十二年正月二十六日、彦右衛門は、三回目の嘆願を行った。

屋敷拝領を願う理由は、毛利家では証人（人質）を五人江戸に置いているが、下屋敷はこれらの者のために大半がふさがっており、藩主秀就が江戸に参府したとき、家臣を収容する屋敷がない、というものだった。

三つの屋敷を持っていた長州藩

当時、長州藩では、外桜田（現在の日比谷公園の一部）に上屋敷、愛宕下《あたごした》に中屋敷（現在の港区新橋四丁目）、宇田川町（現在の港区新橋六丁目）に下屋敷があった。

江戸藩邸の中心部分は上屋敷にあったが、外桜田にあった上屋敷は当時八千坪弱しかなく、江戸城に至近の場所だけに登城するのは容易だが、長州藩という外様《とざま》の大藩にしては少し手狭だった。家臣を中屋敷や下屋敷に分散して収容する必要があり、少々江戸城から遠くても、広い屋敷地が必要だったのである。

目当ての屋敷地は、当時、「麻布屋敷（地名は麻布のうちの龍土町）」と呼ばれており、はおもしろい。

「江戸のはずれ」だとされている。それが「ミッドタウン」になるのだから、時代の変化

◎江戸のはずれ「麻布屋敷」拝領の秘策

同年四月六日、彦右衛門は、幕府屋敷奉行朝比奈正重を訪れて屋敷の件をたずねてみた。

「麻布の下屋敷の件は、いまだに実現しておりません。何か不都合なことがあるのでしょうか。内々に御指導いただければ、それに沿うようにしたいと思いますので、なにとぞ実現するようご援助ください」

朝比奈は、「そうまでおっしゃられるのでしたら」と、次のように答えた。

「今までのような嘆願のしかたでは、実現しないでしょう。今、三カ所の御屋敷をお持ちです。このうち、一つを返上しますので、麻布の屋敷を拝領いたしたいと願えば、すぐに実現するでしょう。ただし、私が言ったということは、絶対に人には言わないでください」

幕府の方針は、一大名家に下賜《かし》する屋敷は三カ所まで、というものだった。毛利家は、すでに三カ所の屋敷を拝領しているから、それに加えてもう一カ所というのは、その原則

からはずれるので考慮もされなかった。

朝比奈の助言のように、どこか一カ所の屋敷を返上すれば、その代わりに屋敷が与えられることになるので、毛利家の希望も通ることになるだろうというのである。

長州藩では、この朝比奈の助言に従い、麻布屋敷の拝領と引き換えに愛宕下の中屋敷を返上するという書付を老中《ろうじゅう》に提出した。

こうして、寛永十三年（一六三六）三月二十六日、麻布屋敷の敷地二万七千二百七十三坪余の拝領が実現した。長州藩では、これ以後、宇田川町の下屋敷を中屋敷と称し、麻布屋敷を下屋敷と称した。

◎さらなる屋敷地拡大を目指して

ただし、このとき拝領した屋敷地は、現在の東京ミッドタウンの敷地全体ではない。この屋敷地の周辺には、まだ一万坪近い広大な空き地があった。

長州藩では、この部分も藩邸内に取り込むことを考えた。

寛永十八年（一六四一）十月十三日、彦右衛門は、長州藩邸を訪問した屋敷奉行の朝比奈と庄田安照に、麻布屋敷わきと背後の空き地を拝領するか、預け地にしてもらえないかと打診した。

朝比奈らは、屋敷のわきに空き地があるからといって、拝領したいという嘆願は無理だし、江戸の土地を預け地にすることは禁止されていると答え、次のような助言を与えた。

「その土地を所持している作人どもと話し合って、内々に御預かりになるのがよいと思います。それはできることです」

つまり、その土地に権利を持つ農民と話し合い、土地を預かってしまえばよい、ということである。この場合は、農民に地代と年貢相当分の金銭を支払う必要があるが、幕府としてはそれでかまわなかったのである。

その場合、預かった部分まで長州藩で囲い込むことができるかどうかが気がかりだったが、朝比奈らはそれは別に問題ない、と答えた。幕府の帳簿に、拝領分が何坪、抱え分が何坪とさえ区別されていれば、そこがどのように利用されていようとかまわなかったのである。

こうして、三万六千八十坪に及ぶ長州藩の下屋敷が成立した。

▲世田谷の長州藩邸跡に立つ松陰神社。

◎一般化した「抱屋敷」

こうした屋敷の形成は、珍しいことではない。現在、戸越《とごし》公園などがある品川区戸越には、熊本藩細川家の下屋敷があった。この屋敷も、拝領屋敷を核として、周辺の土地を囲い込み、広大な庭園を持つ別荘としたものだった。

ちなみに、農民から預かった土地を「抱屋《かかえ》敷」という。諸大名は、江戸郊外に、抱屋敷をいくつか持つことが次第に一般化する。

のちに長州藩では、火事のときの避難用に、現在の世田谷区若林に、「用心屋敷」として抱屋敷を取得している。この屋敷地の一部には、現在、吉田松陰を祀《まつ》った松陰神社が立っており、往時の名残をとどめている。

▲防衛庁跡地で発掘された長州藩屋敷の遺構。

現在、防衛庁（現在の防衛省）は市ケ谷に移転し、旧長州藩屋敷地は、六本木ヒルズ同様、オフィスやマンションが立つ東京ミッドタウンに生まれ変わった。

往時は船を浮かべて楽しむことができた広い池も、檜町公園の小さな池に縮小してしまっていたが、それでも地形は当時、江戸時代のままといっていいほどである。

防衛庁移転後には発掘調査が行われ、長州藩屋敷の遺構や、当時の藩士の生活を物語る出土品が出ている。この発掘の成果は、詳細な発掘調査報告書によって知ることができる。

〔参考文献〕（財）東京都生涯学習文化財団『港区萩藩毛利家屋敷跡遺跡』一～四、東京都埋蔵文化財センター、二〇〇五年

防衛庁跡地発掘現場▼▶
(2002年)。

▼出土品。徳利や湯飲みなどが
多い。

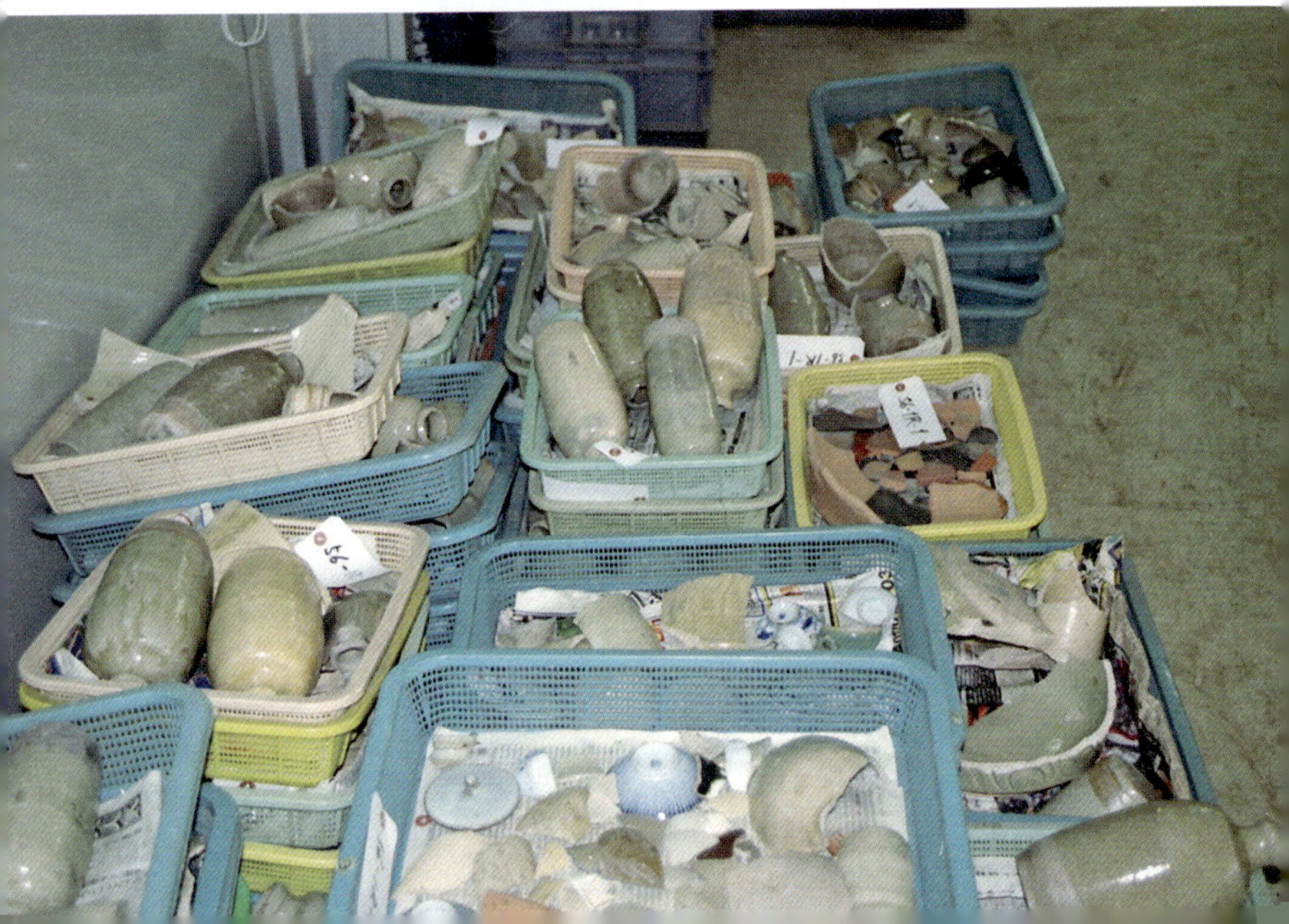

檜町公園

長州藩下屋敷の庭園

かつて江戸で評判だった庭園「清水亭」。
東京ミッドタウンの裏に、その一部が残る。

DATA

【檜町公園】
港区赤坂9-7-9
アクセス 東京メトロ日比谷線・都営地下鉄大江戸線六本木駅より徒歩3分、東京メトロ千代田線乃木坂駅より徒歩4分

東京ミッドタウンの真下に広がる公園

東京ミッドタウン内に組み込まれた檜町《ひのきちょう》公園は、長州藩屋敷にあった庭園跡である。

通常、藩主が暮らすのは上屋敷であるが、幕府に届けさえ出していれば、別の屋敷に移ってもかまわない。

正保二年（一六四五）十一月二十三日、長州藩主毛利秀就《ひでなり》と正室・嫡子《ちゃくし》（跡取りの子ども）千代熊（のちの綱広）は、上屋敷から竣工した麻布下屋敷に移った。上屋敷の再建を行うためである。

しかし、慶安四年（一六五一）正月五日、秀就が没したのちも、まだ成人していない千代熊は麻布下屋敷に居住した。そのため長州藩では、ここが上屋敷の役割を果たすことになった。

▲旧檜町公園の池（1990年当時）。

江戸で評判の庭「清水亭」

この屋敷の庭は、「清水亭《しみずてい》」と呼ばれ、江戸で評判のものであった。

八代将軍吉宗の小姓《こしょう》（主君の身の回りの世話をする役人）を務めた磯野《いその》政武《まさたけ》は、当時の長州藩主毛利重就《しげなり》に招かれてこの庭園を見学した。

政武は、その感激を「清水亭の記」という随筆に残している。このため、現在でも往時の姿をかいま見ることができる。

政武が感動した清水亭の様子

政武は、安永（一七七二〜八〇）の頃、同じく小姓の新見《しんみ》正恒《まさつね》らとともにこの屋敷を訪問した。旧暦の十月五日だから、秋が深まった頃である。

政武らは、赤坂の一ツ木にあった菩提寺で正恒と待ち合わせ、連れ立って歩いた。あちらこちらに、やや色づいた紅葉が見えた。

屋敷の南門から入り、まず得一亭《とくいちてい》という建物に到着した。そこから見ると、何本もの木々の紅葉が濃薄を交えて、錦を重ねたようだった。

また、谷のほうを見ると、池の水面がたいへん清らかで、島があり、その緑の木立の中に朱の鳥居が立っていた。

これが、往時の池の姿である。島には、板橋で渡れるようになっており、池の向かいには、山が造られている。山のうしろの木立の向こうには、山王日枝《さんのうひえ》神社がはるかに望めた。

しばらくすると、藩主重就が出てきて、先に立って庭を案内してくれた。

池の岸には舟がつながれており、板橋の傍らの石には「烏鵲橋《かささぎ》」と彫ってある。橋のたもとには古い糸桜が枝を広げていた。

政武らは、島の祠《ほこら》に詣でて立ち返り、池の向こうに行くと、馬場があった。

その南側は、檜の並木が屛風のように立っている。檜町の名前のいわれは、この檜の並木だった。

池を左に見て歩くと、たいへん大きく見上げるばかりの石灯籠が据えてあった。

そして、得一亭から見えた山を登ると、木立の向こうの眺望が手にとるばかりだった。

ここを下りて木陰を行く。また、少し上っているように感じて行くと、木立の中に稲荷の祠があった。

参拝して山路を登っていくと、観世音を祀《まつ》ってある堂がある。

その後、屋敷に戻って饗応があり、和歌などを詠みあった。しばらくそれで楽しみ、一行は、日の暮れないうちにと再び庭に出た。

▲「歩一（歩兵第一連隊）の跡」の碑。

今度は、左のほうの侘びた門を過ぎていく。そちらには、菊が三列に長く植えわたされていた。

さらに進んでいき、垣根に続いた小さい門を過ぎて、木々が深く生い茂る陰をずっと歩いて行く。ここは、まるで深い山道のようで、古い木の

▲檜町公園の池。

根が階段のようになっていた。

つづら折りの暗い道を登り下ってはるかに行くと門があり、僧侶が出迎える。ここは、「円明院」というお寺だった。

階段を上れば、お堂に「摩尼殿《まにでん》」という額があった。

不動尊を中央に、三つの壇がかまえられている。このお堂は、歴代藩主の位牌を祀ったもので、明け暮れお祈りされている。

この寺は、もと真言宗であったのを、重就の志で四年ほど前から律院とし、万端に修補を加え、「摩尼殿」の額も自ら筆を執ったのだという。

そろそろ日の暮れる時間となった。政武らは階段を下り、門を出てなお奥深く行けば、天神社があった。それから引き返し、もと来た道を立ち帰った。藩邸の庭園とはいえ、本当に山道の日暮れのようだったという。

途中、「仙遊亭」という額のある東屋があった。そこから向こうを見やると、灯籠の火影が夕月の光とともに池に映っている。

池のあたりに出ると、山際に石で囲っている場所がある。

そこが池の源で、清水が絶えることがなく、今年の夏の日照りにもこの池だけは涸《か》れなかったといわれており、このため庭を「清水亭」というとのことだった。

ここを過ぎると、これも右手の山すそより自然の石を組み上げたところがある。昔は滝が糸のように流れていたという。ここから「得一亭」の灯火を見上げれば、星のように見え、夕月が雲間にほのめいていた。

その後、一行は得一亭に戻り、さらに饗応の宴が三度、四度と続く。そして宴が果て、重就に暇《いとま》を告げ、長門《ながと》周防《すおう》の産物を土産《みやげ》にいただき、門を出た。

時刻はすでに戌《いぬ》の刻（午後八時頃）になっていた。

磯野政武の「清水亭の記」を紹介してきたが、あらためて大名屋敷の庭園の広大さ、見事さに驚きを感じる。築山《つきやま》でさえ、本当の山道を歩いているような気持ちがしたのである。

▲旧檜町公園の滝（1990年当時）。

▲造成中の東京ミッドタウン（2007年当時）。

▲東京ミッドタウンのビルから造成中の檜町公園を見おろす。

文京区

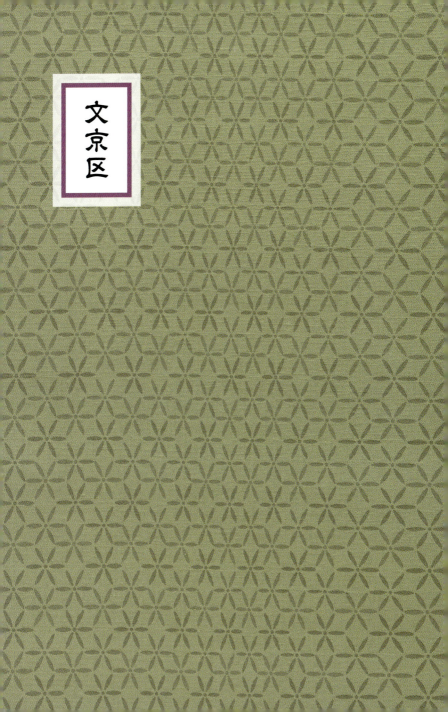

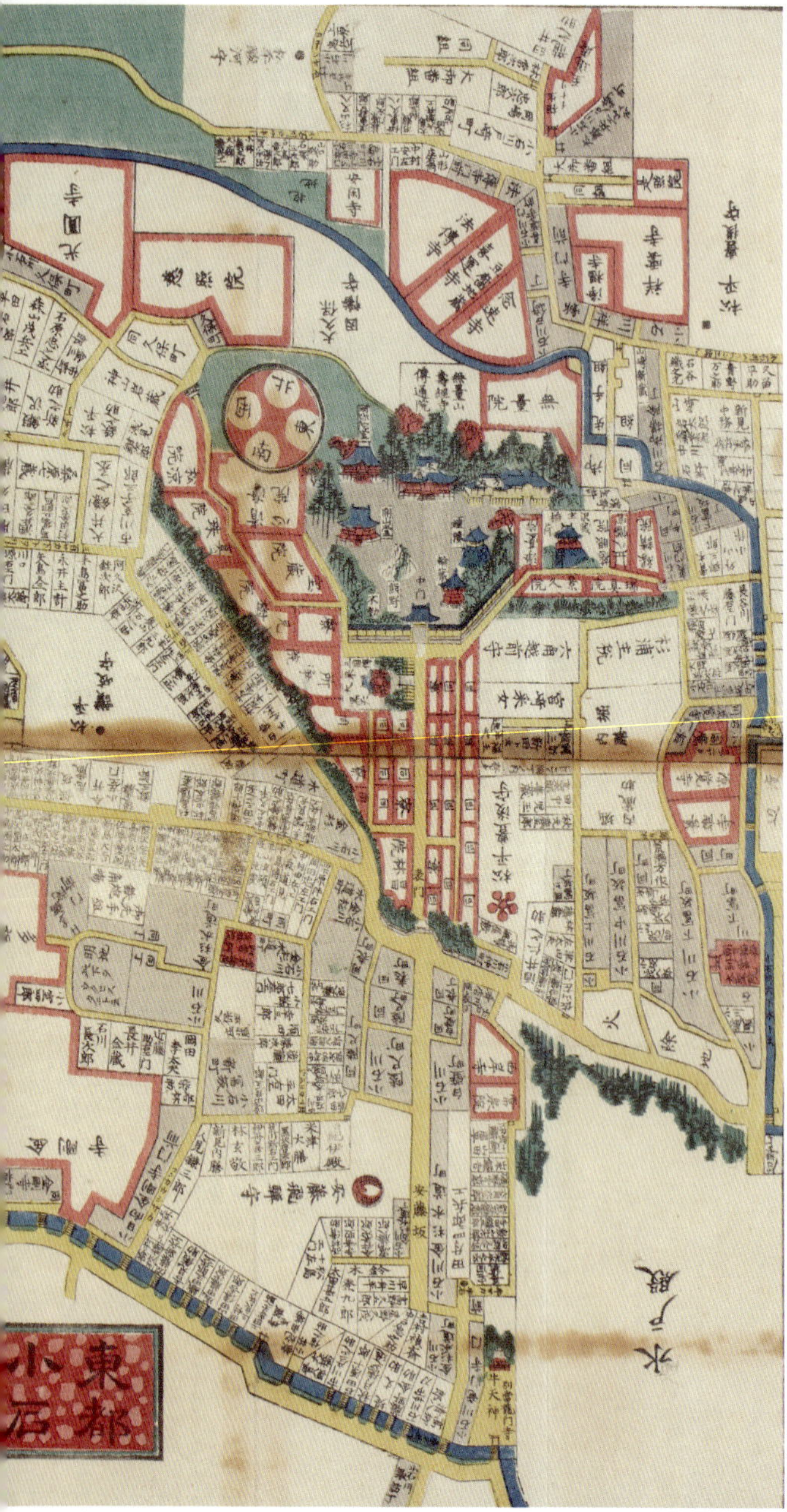

東都小石川絵図

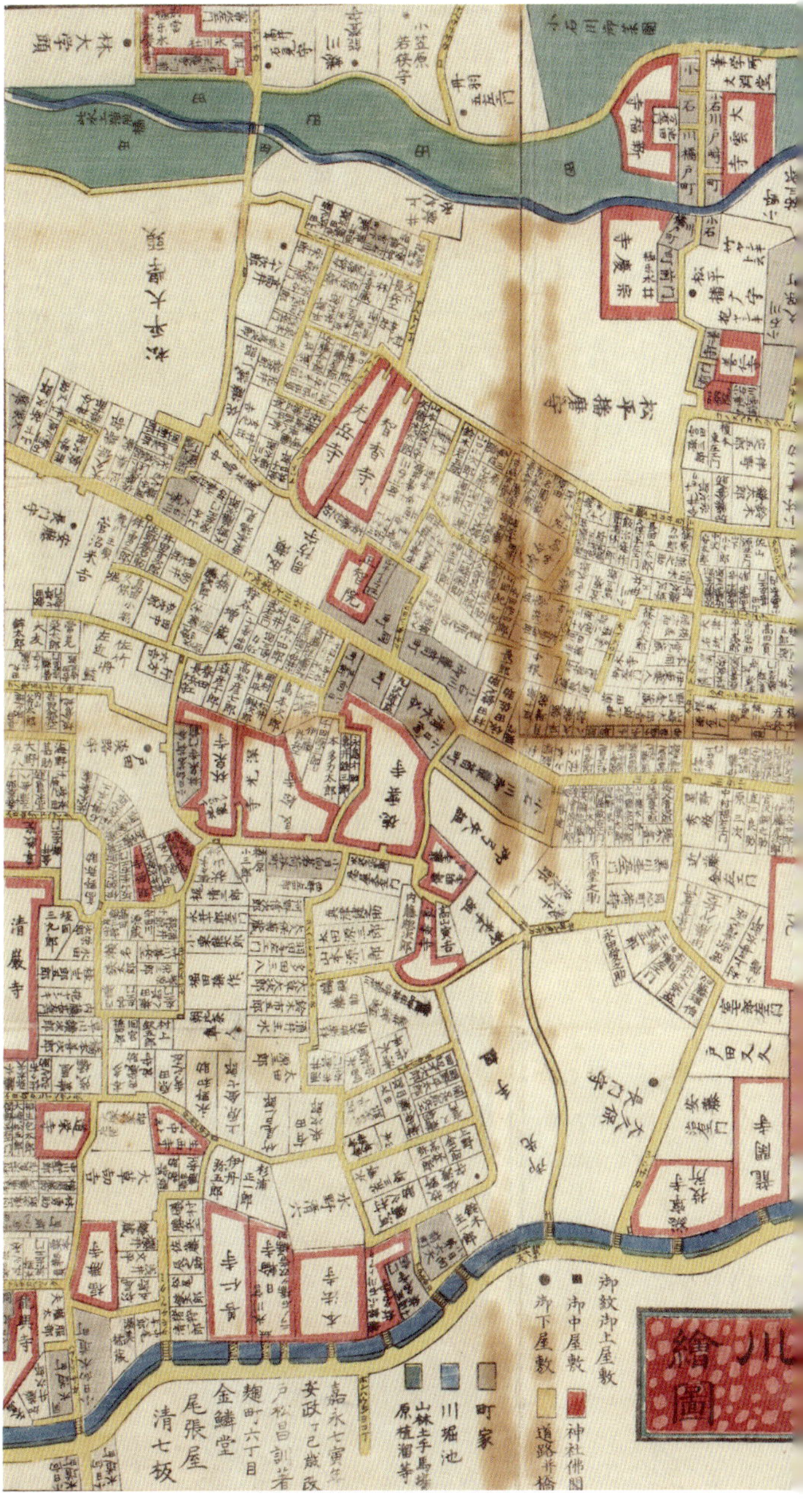
川
繪圖
御紋御上屋敷
御中屋敷
御下屋敷
神社佛閣
道路并橋
町家
川堀池
山林土手馬場
原植溜等
嘉永七寅年
安政丁巳歳改
戸松昌訓著
麹町六丁目
金鱗堂
尾張屋
清七板
松平播磨守
智香寺
光岳寺
清巌寺

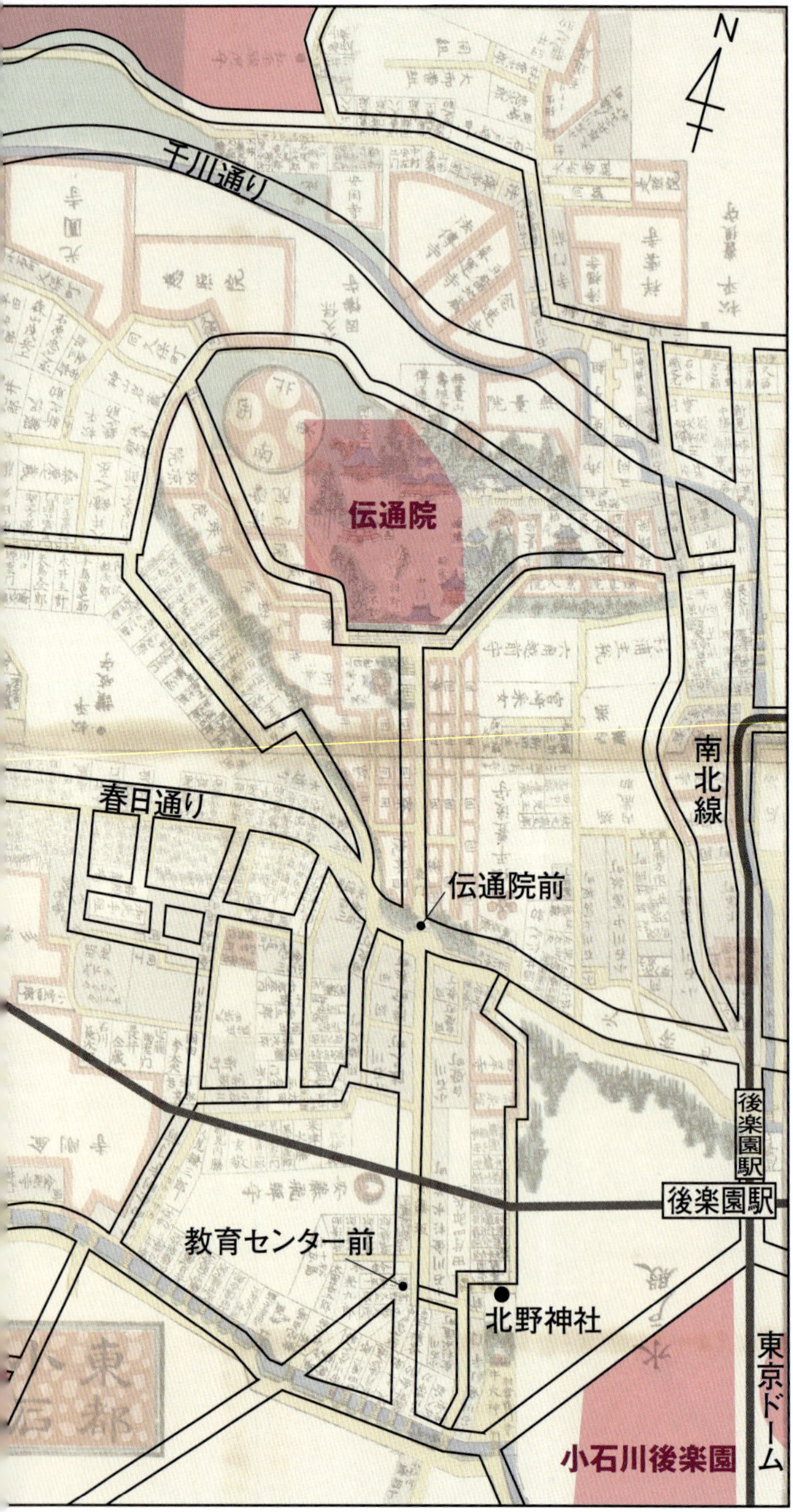
千川通り
伝通院
春日通り
南北線
伝通院前
後楽園駅
後楽園駅
教育センター前
北野神社
東京ドーム
小石川後楽園

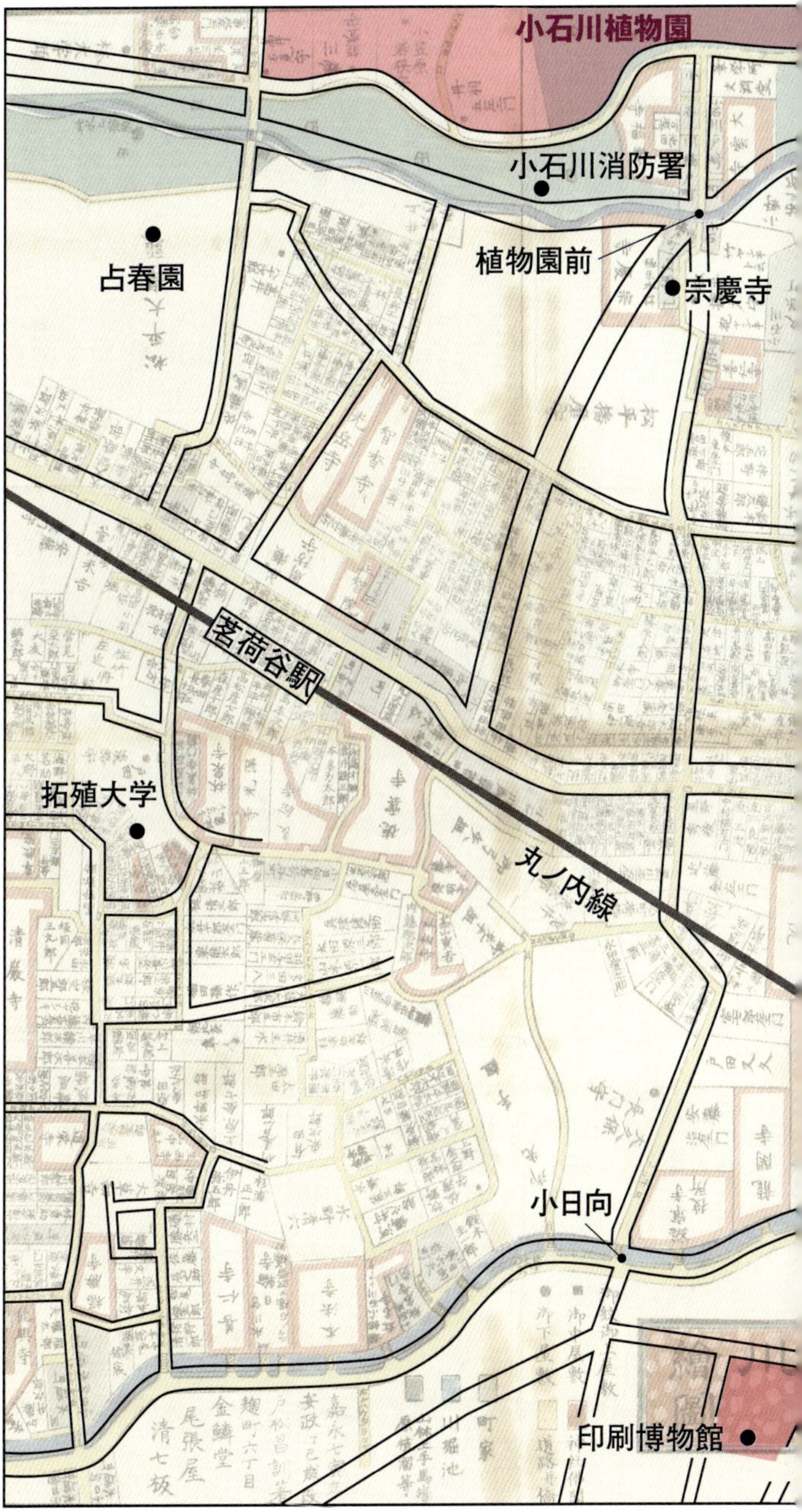
小石川植物園
小石川消防署
植物園前
宗慶寺
占春園
茗荷谷駅
拓殖大学
丸ノ内線
小日向
印刷博物館
金鱗堂
尾張屋
清七板

小石川後楽園

水戸家上屋敷の名庭園

中国の教えから「後楽園」と名付けた光圀。
一年を通じて多くの人が訪れ、
四季折々の美しい花を楽しめる。

DATA

【小石川後楽園】
文京区後楽1
TEL：03-3811-3015
アクセス 都営地下鉄大江戸線飯田橋駅より徒歩3分、JR飯田橋駅より徒歩8分、東京メトロ東西線・有楽町線・南北線飯田橋駅より徒歩8分、東京メトロ丸ノ内線・南北線後楽園駅より徒歩8分

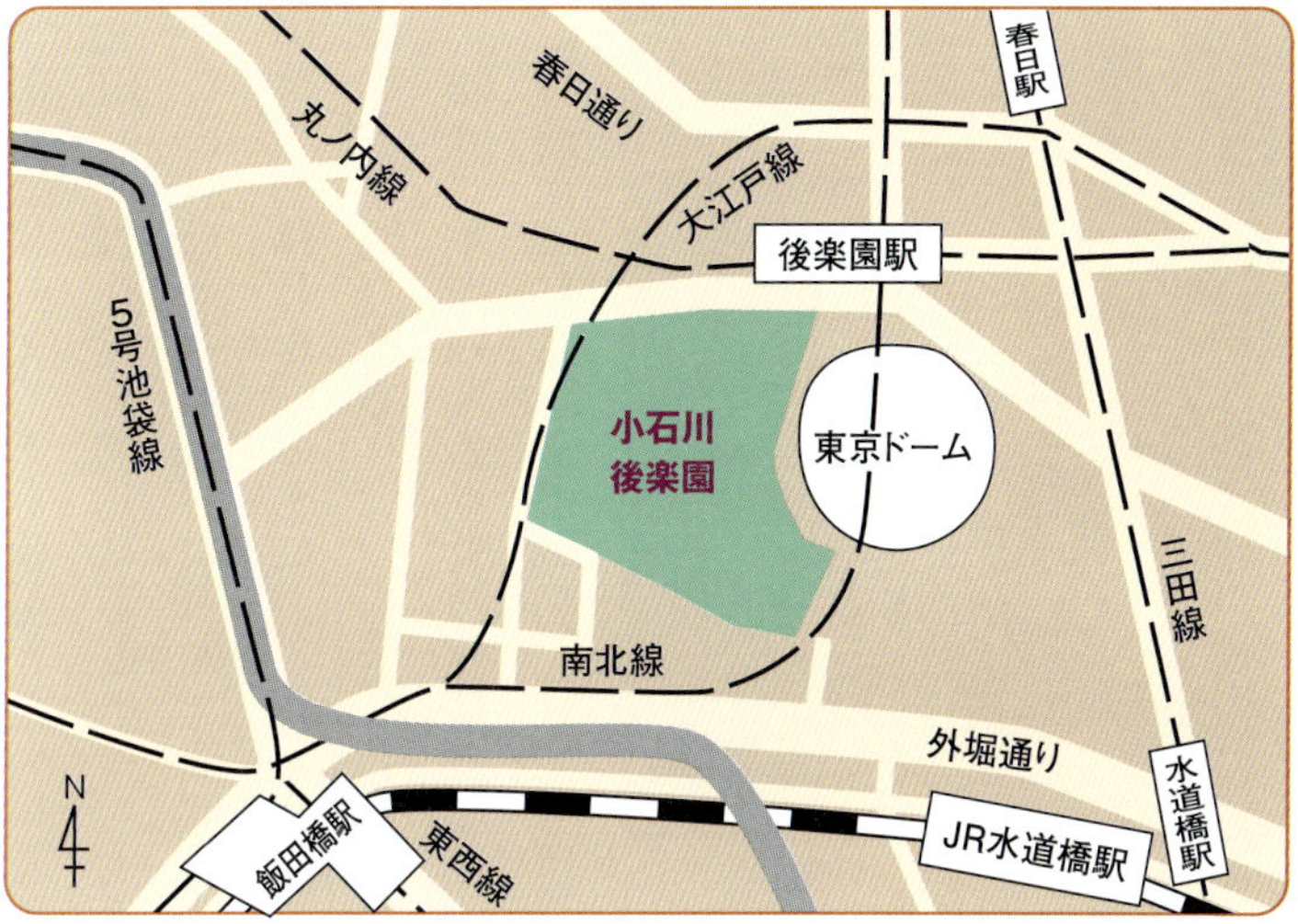

山水を好んだ頼房が造った庭園

東京メトロ丸ノ内線後楽園駅を出ると、東京ドームがある。これに隣接して残るのが、御三《ごさん》家《け》・水戸家の上屋敷の庭として造られた小石川後楽園である。

水戸家初代徳川頼房《よりふさ》は、定府《じょうふ》（参勤交代をせず江戸に住む）の大名で、代官町の屋敷に住んでいた。頼房は、江戸に山水のある庭園をと考え、高家《こうけ》（朝廷との連絡や江戸城の儀式を担当する家）の徳大寺《とくだいじ》左《さ》兵衛《ひょうえ》に命じて、それにふさわしい屋敷地を選定させた。

左兵衛は、江戸を歩き、小石川台地の本妙寺や吉祥寺のあるあたりがちょうどいい地形だと言ってきた。そこで頼房は、三代将軍家光に小石川の地を屋敷地として拝領したいと願い出た。

家光は、叔父である頼房とたいへん親しかったので、この願いもすぐに認め、本妙寺を丸山に、吉祥寺を駒込に移転させ、七万六千七百坪を頼房に与えた。

これが寛永六年（一六二九）閏《うるう》二月のことで、同年九月二十八日には屋敷が竣工し、頼房は居を移した。のちにここが水戸家の上屋敷になるが、当時、上屋敷は江戸城内（現在の吹上《ふきあげ》の地）にあり、「中屋敷」と称された。

庭は、多くの大名屋敷の模範となった池を中心とする「回遊式築山泉水《つきやませんすい》庭園」である。この造営は左兵衛が担当し、家光も伊豆から巨石を運ばせるなど協力した。

▲「朱舜水先生終焉之地」の碑。

その後、頼房の子光圀《みつくに》が、明から亡命した儒学者朱舜水《しゅしゅんすい》の意見を入れ、中国風庭園の要素を加えて整備した。「後楽園」の名をつけたのは光圀の命を受けた舜水で、宋の范文正《はんぶんせい》の『岳陽楼記《がくようろうのき》』にある「士はまさに天下の憂いに先だって憂い、天下の楽しみに後れて楽しむ」から名づけられた。

ちなみに朱舜水が亡命したのは万治二年（一六五九）で、寛文五年（一六六五）に水戸藩の賓客

▲京都嵐山の大堰川を模した川の岸に置かれた蛇竜石。

▼西湖の堤。

となる。舜水が暮らしたのは、駒込の水戸藩別邸である。現在の東大農学部の南東側に位置し、農学部正門の脇に朱舜水記念会が建てた碑がある。ただし、農学部内で移動しているため、現在の位置は水戸藩邸内ではない。

中国風庭園や日本の景勝地を再現

庭園には、西湖の堤、蓬莱《ほうらい》山など、随所に中国の名所の名前をつけた景観を配している。また、池は神田上水の分流を引き入れて築庭され、日本各地の景勝を模した湖・山・川・田園などの景観も取り入れられている。

園内にある「円月橋」は、朱舜水が設計したといわれるアーチ型の石橋である。水面に映る様子が満月のように見えるので、この名がつけ

▲朱舜水が設計したと伝えられる円月橋。

られた。

農民の苦労を教えるための稲田

園の北側には、広い梅林、稲田、花菖蒲《はなしょうぶ》、藤棚などが広がっている。

園内にわざわざ稲田が作られたのは、光圀が彼の跡継ぎである綱条《つなえだ》の夫人（右大臣今出川公《いまでがわきん》規《のり》の娘）に、農民の苦労を教えようとしたためである。

現在も、毎年五月に、文京区内の小学生が田植えをし、九月に稲刈りをしている。

光圀が置いた史局「彰考館」

寛文元年（一六六一）、光圀が水戸藩主となると、江戸駒込別邸に設けていた史局（歴史書

◀愛宕坂を模した47段の石段。

▲通天橋。

を編纂する局）をこの地に移し、「彰考館」と命名した。史局に勤めた学者は歴史書を編纂するため、全国各地を訪問して史料調査を行った。

この事業が、『水戸黄門漫遊記』のもとになった。助さん（佐々木助三郎）、格さん（渥美格之進）は、じつは歴史家だったのである。もっとも、光圀自身は全国を漫遊していない。

こうして行われた修史事業は、天和三年（一六八三）に『新撰紀伝《しんせんきでん》』百四巻として一応完成する。その後も改訂作業が続けられ、正徳五年（一七一五）、修史事業は『大日本史』の一応の完成として結実する。

光圀自身は、元禄三年（一六九〇）に隠居しており、水戸郊外の西山荘で隠居生活を送った。この頃は、領内を巡検したりしたようである。同十年（一

▲現在も田植えが行われている稲田。

▲「藤田東湖先生護母致命之處」の碑。

六九七）には、彰考館総裁をはじめとする学者を水戸城内へ呼び、水戸彰考館を発足させた。彰考館の所蔵した史料や文献は、現在では茨城県水戸市にある徳川ミュージアムに引き継がれており、光圀揮毫《きごう》（筆で書いた）の扁額《へんがく》（看板）なども所蔵されている。

安政二年（一八五五）十月二日、水戸藩の尊王攘夷運動の指導者だった藤田東湖《とうこ》は、安政の大地震に遭遇、母を助けて自らは梁の下敷きとなって圧死したといわれる。小石川後楽園内には、藤田東湖が圧死した場所を示す碑がある。

▲沢渡り。

▼蓮池。

無量山伝通院

徳川家康生母と家光の正室らが眠る

男色を好んだ家光。
報われることはなかった正室・孝子の
大きく立派な墓が、今も静かにたたずむ。

DATA
【無量山伝通院】
文京区小石川3-14-6
TEL：03-3814-3701
アクセス 東京メトロ丸ノ内線・南北線後楽園駅より徒歩10分、都営地下鉄三田線・大江戸線春日駅より徒歩10分

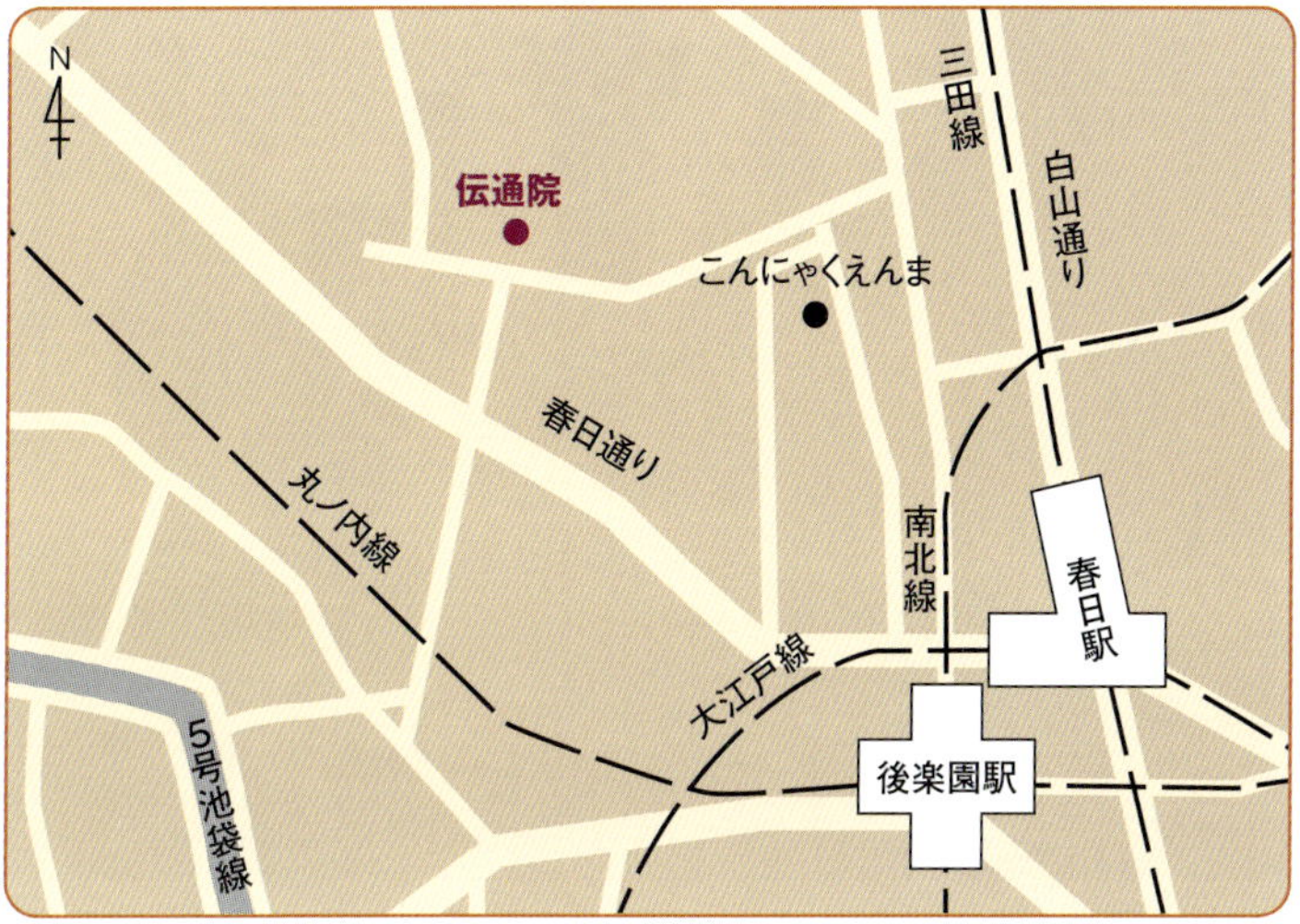

◎家康の生母が眠る墓所・伝通院

小石川にある伝通院は、徳川家康の生母お大《だい》の方《かた》の墓所として有名である。

お大の方は、慶長七年（一六〇二）八月二十七日夜半、伏見城で没した。

遺骸は江戸に運ばれ、葬礼が行われた。法名を伝通院殿《でんつういんでん》蓉誉《ようよ》光岳智《こうがくち》香大禅定尼《こうだいぜんじょうに》という。

増上寺の源誉存応上人《げんよぞんおうしょうにん》の高弟正誉《せいよ》廓山《かくざん》上人が中興開山とされているので、家康が、母のため徳川家菩提寺である増上寺に準ずる寺を建てたということなのだろう。

現在、寺の墓地には、お大の方のほか、秀忠の長女千姫など、徳川家ゆかりの者の墓が数多く残されている。

多くは幼くして死去した将軍の子女で、こう

▲家康の生母お大の方の墓。

した人々は徳川家の菩提寺の寛永寺や増上寺ではなく、伝通院に葬られることになっていたのである。

ただ、たとえば秀忠の四女初姫のように、伝通院に葬られたことが確実であるにもかかわらず、墓石の見えない人もいる。

江戸時代から考えれば寺域がずいぶんと縮小されたため、なんらかの時点で失われたものだろう。

江戸時代後期の伝通院絵図を見ると、将軍の子女なども独立した区画に墓が建てられている。どの寺でも同じだが、現在の墓の配置は、かなり変更されたものなのである。

▲秀忠の長女千姫の墓。

ひときわ目立つ「孝子の墓」

伝通院を訪れると、お大の方や千姫を別とすれば、「孝子の墓」という説明板がひときわ目立つ。

この人は、あまり知られていないが、三代将軍家光の正室である。

東京都文京区教育委員会による説明板には、次のように書かれている。

「孝子は三代将軍徳川家光の正室。前関白《さきのかんぱく》鷹司《たかつかさ》信房《のぶふさ》の娘。元和九年（一六二三）京都から江戸に下り江戸城西の丸に入る。寛永二年（一六二五）家光と結婚するが、公家出身で武家の生活になじめないまま七十三歳で没す。」

これだけ読むと孝子に問題があったようだが、じつは問題は家光にあった。孝子は、摂家出身で前関白の娘である。摂家は、近衛・鷹司・九条・二条・一条の五家あり、公家最高の家柄である。

将軍家として初めての摂家との縁組みは、秀忠の正室お江《ごう》が望んだものだった。お江の娘には、関白九条忠栄《ただひで》の正室完子《さだこ》、後水尾《ごみずのお》天皇の中宮となった和子がいたので、公家社会の事情はよくわかっていた。お江は、完子らに、長男家光にふさわしい公家の娘を選ぶよう依頼したのだろう。

元和九年(一六二三)十二月、孝子は、江戸城西の丸に入り、しばらくお江と暮らした。家光の正室としてふさわしいかどうかを見たのだろう。

そして寛永二年(一六二五)八月九日、秀忠とお江が家光の住居である本丸を訪問し、家光と孝子の実質的な婚儀があった。これは、「御台成《みだいなり》の御成《おなり》」と称されている。孝子を正式に御台様とする大御所夫婦の訪問(御成)だった。

◎男色を好んだ家光

しかし、その頃の家光は、もっぱら男色を好んでおり、女性には興味を示さなかった。そればかりか、お江が死去すると孝子を遠ざけるようになった。

歴代将軍の生母・正室・側室の略伝を記した『以貴小伝《いきしょうでん》』によると、孝子を「御台所《みだいどころ》」と称した記録はなく、「中丸御方《なかのまるおかた》」と呼ばれたという。

これは、家光が孝子を本丸に置かず、北の丸と本丸の中間に建てられた中の丸に住まわせたことによる呼び名である。

家光が女性に興味を示したのは、伊勢内宮に付属する慶光院の尼だった永光院が最初である。剃髪《ていはつ》した少年のような姿が気に入ったのであろうか。

家光は、御目見得《おめみえ》のため江戸に上った彼女を強引に還俗《げんぞく》させ、側室とした。お万の方である。家光は、その後、何人かの側室を持ち、五男一女をもうけた。

◎家光没後の孝子

慶安四年(一六五一)四月二十日、家光が没した。孝子は髪をおろし、本理院と名乗った。本理院となってからも長く生き、延宝二年(一六七四)六月八日、七十三歳でこの世を去った。

本来、将軍の正室は、跡継ぎの者の「嫡母《ちゃくぼ》」と位置づけられるべきなのだが、家光はそうしなかった。そのため本理院が没したとき、四代将軍家綱《いえつな》は喪にも服さなかったという。

▲孝子の墓。

しかし、伝通院に残されている墓は、大きくて立派なものである。形の上では将軍の正室だから、それくらいは当然のことだったかもしれない。

こうした扱いを見るとき、徳川家は、摂家との婚姻を重視していたとはとてもいいがたい。本来なら、血筋を飾るため、正室所生の男子がほしいところである。しかし、江戸時代前期の将軍は、そういうことをほとんど考えなかった。母方の血筋も重視される天皇家や公家社会と異なるところである。

家光の側室たち

家光には、八人の側室があった。そのうち、お振《ふり》の方（自証院）は、寛永十四年（一六三七）

▲江戸東京たてもの園内にある家光の側室・お振の方（千代姫の母、自証院）霊廟。

四月七日、長女千代姫を産んだが、同十七年八月二十一日に没し、市谷に自証院《じしょういん》という寺を建てて葬られた。千代姫は、のちに御三家《ごさんけ》・尾張家の徳川光友の正室となった。

ほかの側室では、お楽の方（宝樹院）が四代将軍となる長男家綱を産み、お夏の方が三男綱《つな》重《しげ》を産んだ。おまさの方（養春院）の産んだ二男亀松は早世し、お玉の方（桂昌院）の産んだ四男綱吉《つなよし》は、のちに五代将軍となった。「玉の輿」という言葉は、このお玉の方から出ているといわれる。桂昌院は、従《じゅ》一位に叙せられ、弟の本庄宗資《むねすけ》は五万石の大名となり、松平の称号を許された。

小石川植物園

小石川養生所

当時の敷地が今もそのまま残る。
広い池と日本庭園が美しい、閑静な庭園。

DATA

【小石川植物園】
文京区白山3-7-1
TEL：03-3814-0138
アクセス 都営地下鉄三田線白山駅より徒歩10分、東京メトロ丸ノ内線茗荷谷駅より徒歩15分

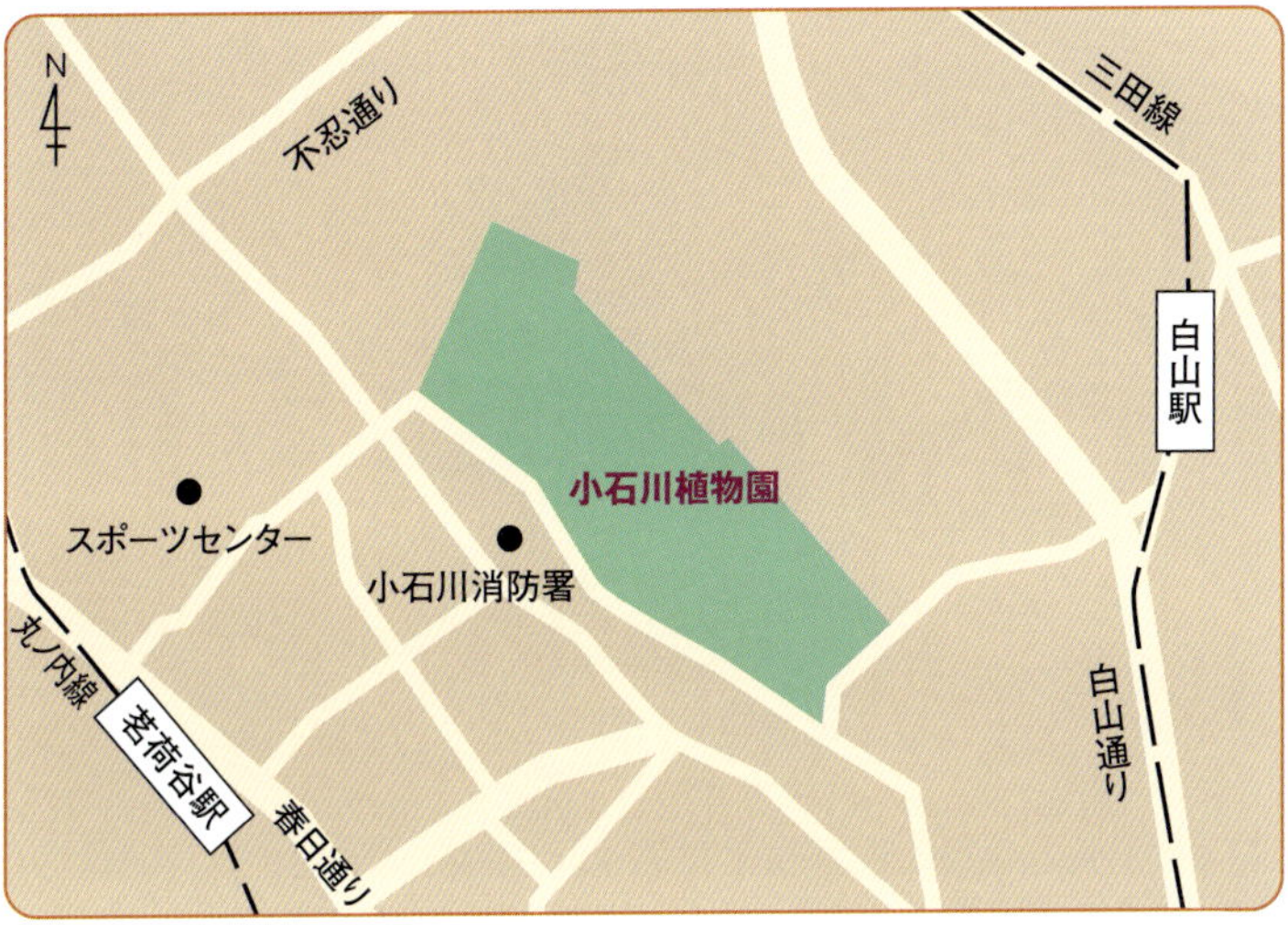

江戸幕府の薬園

小石川植物園は、もとは江戸幕府の薬園で、現在は東京大学大学院理学系研究科の付属施設になっている。山本周五郎の小説『赤ひげ診療譚』（新潮社）の舞台となった小石川養生所があったところである。

小石川の薬園は、五代将軍綱吉《つなよし》が、館林藩主時代に下屋敷にしていた場所に設けられた。

一時縮小されたが、享保六年（一七二一）、約四万坪の敷地に拡張された。現在も当時の敷地のままである。広大な敷地内には広い池と日本庭園があり、旧東京医学校の本館も移築されていて、風情のある雰囲気をかもし出している。

台地のほうに上れば、春は一面の桜で、中にピンク色をしたひときわきれいな桜の木がある。

▲旧東京医学校本館。

養生所の遺構は、井戸の跡が残っているぐらいであるが、甘藷《かんしょ》（サツマイモ）の栽培を始めた「甘藷先生」青木昆陽《こんよう》の碑が立っている。

八代将軍吉宗は、昆陽に命じて甘藷を栽培させただけでなく、朝鮮人参の種を輸入し、国産人参の栽培にも手をつけている。

◎薬草の研究と生薬の製造施設

江戸時代の医療は、西洋医学が入ってくるまでは、診察をして診断を下し、投薬するという内科的診療が中心だった。

もちろん、刀傷《かたなきず》などの治療には「金創医《きんそうい》」と呼ばれた外科医もいたが、臓器の病気に外科的手段はとられなかった。そのため、医療の基本は、薬草の効力の研究と生薬の製造だった。薬

▲「甘藷先生」青木昆陽の碑。

▲養生所の井戸の跡。

園とは、その中心となる薬草の栽培や生薬の製造を行う研究施設である。

◎吉宗に意見書を提出した小川笙船

ここで製造された生薬は、将軍をはじめとする江戸城中の人々の治療に使われた。幕臣も、重い病気にかかったときは、医師の診断書を添えて生薬の下賜《かし》を願い出た。しかし、一般庶民は、その恩恵に浴することができず、市販の効力があるのかどうかわからない薬を使っていた。

享保七年（一七二二）正月二十一日、麴町に住んでいた小川笙船《しょうせん》という町医者が、目安箱に十九カ条にわたる意見書を提出した。目安箱は、庶民の意見を聞くため吉宗が設けた投書箱である。目安箱に入れられた意見書は、吉宗しか見ることができなかった。

笙船の意見書は多岐にわたったが、その中で、施薬院の設

▲小石川植物園内の日本庭園。

置を求める条項が吉宗の目をひいた。当時、身よりのない江戸の下層民は、病気にかかると見殺しにされてしまうことが多かった。笙船の意見書は、そのあたりの事情を訴え、投薬と看護を行う施設をぜひ設立してほしいと訴えていた。

吉宗は、この意見書を採用した。こうして、小石川の薬園内に、江戸時代の病院である養生所が設立されたのである。

庶民のための養生所

養生所は、小普請《こぶしん》医師だった岡丈庵《おかじょうあん》と林 良適《はやしりょうてき》の二名を置き、享保七年（一七二二）十二月十三日に開設された。小普請医師とは、幕府に仕える医師のうち、無役の者である。

養生所に入ることができる者は、薬も服用できない貧乏な病人、看病する者のない独り身の病人、妻子も病気で養生できない病人である。入院中は食事、着衣、寝間着などが支給された。これらは入院患者であるが、通院したい者も、住んでいる町の名主《なぬし》の印鑑を持参すれば、診療を受けることができた。

無料で診療を提供した吉宗

なんと養生所の診療は無料で、投薬も幕府の経費で行われた。

幕府は、当初百人だった定員を百五十人に増やし、八百四十三両（約1億6860万円）もの予算をつけた。庶民の健康に責任を持とうとする吉宗の態度は評価に値する。

当初は、人体実験が行われるのではとのうわさが立ち、入院患者が集まらなかったが、そのうち大勢の入院希望者が押しかけることになる。幕府は、入院期間を短縮することによって、できるだけ多くの者に診療を受けさせるようにした。

医師も増員され、内科二名に加え、外科二名、眼科一名の陣容になった。さらに医療の経験を積むため、見習い医師も置かれた。

医師のほか、看病中間《ちゅうげん》（武士に仕えて雑用を行う奉公人）、女看病人、賄《まかない》中間などの医療補助者も雇用された。前二者は、男女の病人の看病にあたる看護師で、賄中間は食事を作る者である。

給金は、看病中間が年二両一分《ぶ》（約45万円）、女看病人が一両二分（約30万円）である。当時、武家屋敷に奉公する者の給金が二両二分（約50万円）ほどであるので、それほど多い額ではない。ただ、現在と違って特殊技能は必要なかったから、妥当な額ともいえる。

◎役得のあった医療補助者

しかし、彼らには役得があった。最初はお礼の意味で持参されていた干肴《ほしざかな》百枚が、次第に金銭で要求されるようになる。また病人に支給された飯米《はんまい》（男が一日白米五合、女が四合）も、病人には食べきれないとして余りを売り払い着服した。

病人にとって、看病中間の心証を害し、条件の悪い部屋に置かれたりすると、生死にかかわる。そのため、なけなしのお金を看病中間に差し出すことになる。次第に養生所は、ある程度お金がないと入院できない施設になっていった。

監督官庁である町奉行所《まちぶぎょうしょ》は、さまざまな名目での出金や患者への虐待がないよう命じたし、養生所見廻りの与力《よりき》・同心《どうしん》もいた。しかし、いったんできあがったシステムはなかなか改めることができなかった。与力たちも、看病中間たちの不正や患者への虐待を見て見

▲往時はここに養生所の建物が並んでいた。

ぬふりをしていたらしい。

町奉行の中には養生所の改革に努めた者もいるが、看病中間らによって阻まれた。

看病中間らは、入院患者と同じ庶民出身であるにもかかわらず、既得権擁護のため改革に抵抗したのである。

看病中間らにも言い分はあった。苦労の多い業務のわりには、給金が少ないというのである。町奉行所としても、現在勤めている看病中間を辞めさせた場合、補充がむずかしいという弱みがあった。職務に対する倫理性を保証するためには、それなりの給金が必要だったのである。

〔参考文献〕安藤優一郎『江戸の養生所』PHP新書、二〇〇五年

小石川谷中 本郷絵図

合印
御紋御上屋敷
御中屋敷
御下屋敷
神社佛閣
道路并橋
町家
川池
山林土手馬場植溜等
阿部伊豫守
水戸殿
小笠原信濃守
大田備中守
加賀中納言殿
松平伊豆守
不忍池
上野山内
御先手組
大番組
森川金右エ門
光源寺

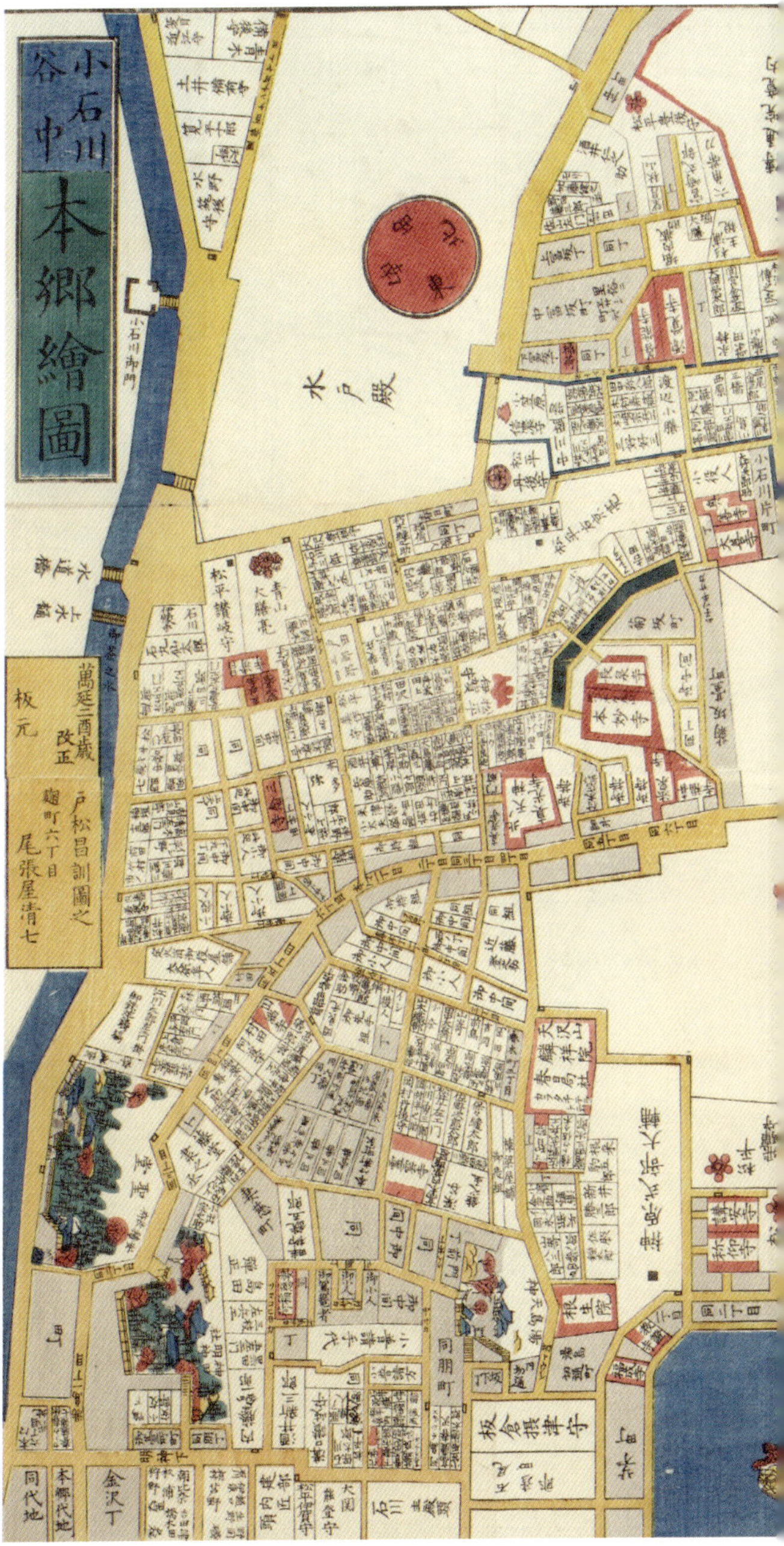

小石川
谷中
本郷繪圖
萬延二酉歳
改正
板元
戸松昌訓圖之
麹町六丁目
尾張屋清七
水戸殿
水道橋
本妙寺
天沢山
麟祥院
霊雲寺
根生院
板倉摂津守
石川主殿頭
金沢丁
本郷代地
同代地

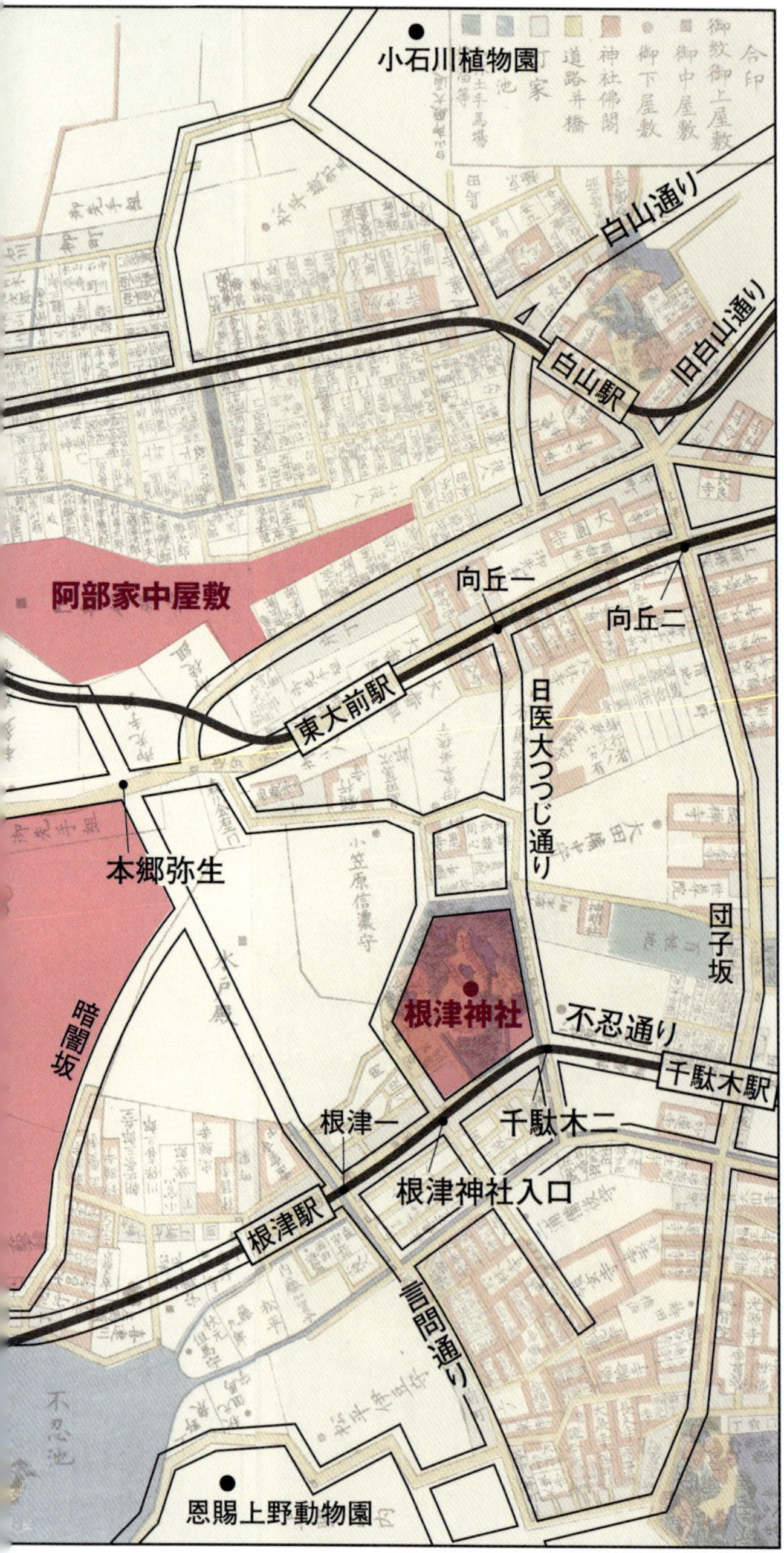
小石川植物園
白山通り
旧白山通り
白山駅
阿部家中屋敷
向丘一
向丘二
東大前駅
日医大つつじ通り
本郷弥生
団子坂
暗闇坂
根津神社
不忍通り
千駄木駅
根津一
千駄木二
根津神社入口
根津駅
言問通り
恩賜上野動物園
合印
御紋御上屋敷
御中屋敷
御下屋敷
神社佛閣
道路并橋
不忍池
小笠原信濃守

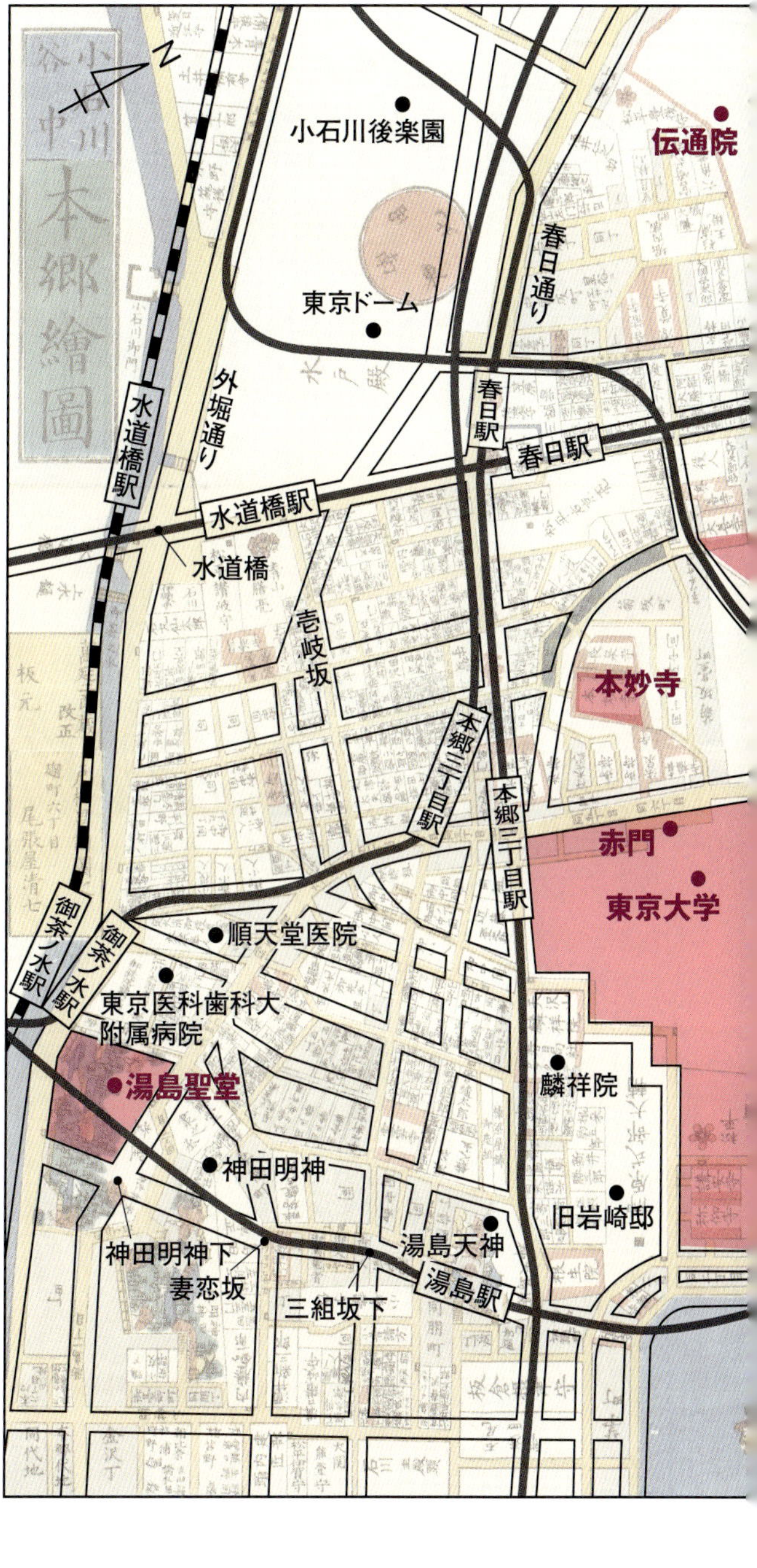
小石川後楽園
伝通院
東京ドーム
春日通り
春日駅
春日駅
外堀通り
水道橋駅
水道橋駅
水道橋
壱岐坂
本妙寺
本郷三丁目駅
本郷三丁目駅
赤門
東京大学
御茶ノ水駅
御茶ノ水駅
順天堂医院
東京医科歯科大
附属病院
湯島聖堂
麟祥院
神田明神
旧岩崎邸
湯島天神
神田明神下
妻恋坂
三組坂下
湯島駅
小石川谷中本郷繪圖

東京大学赤門

加賀藩上屋敷の赤門

最高学府・東京大学を象徴する赤門。
多くの観光客や修学旅行生が、
門の前で集合写真を撮る姿が見られる。

DATA

【東京大学赤門】
文京区本郷7-3-1
TEL：03-3812-2111（代表）
アクセス 都営地下鉄大江戸線本郷三丁目駅より徒歩６分、東京メトロ丸ノ内線本郷三丁目駅より徒歩８分

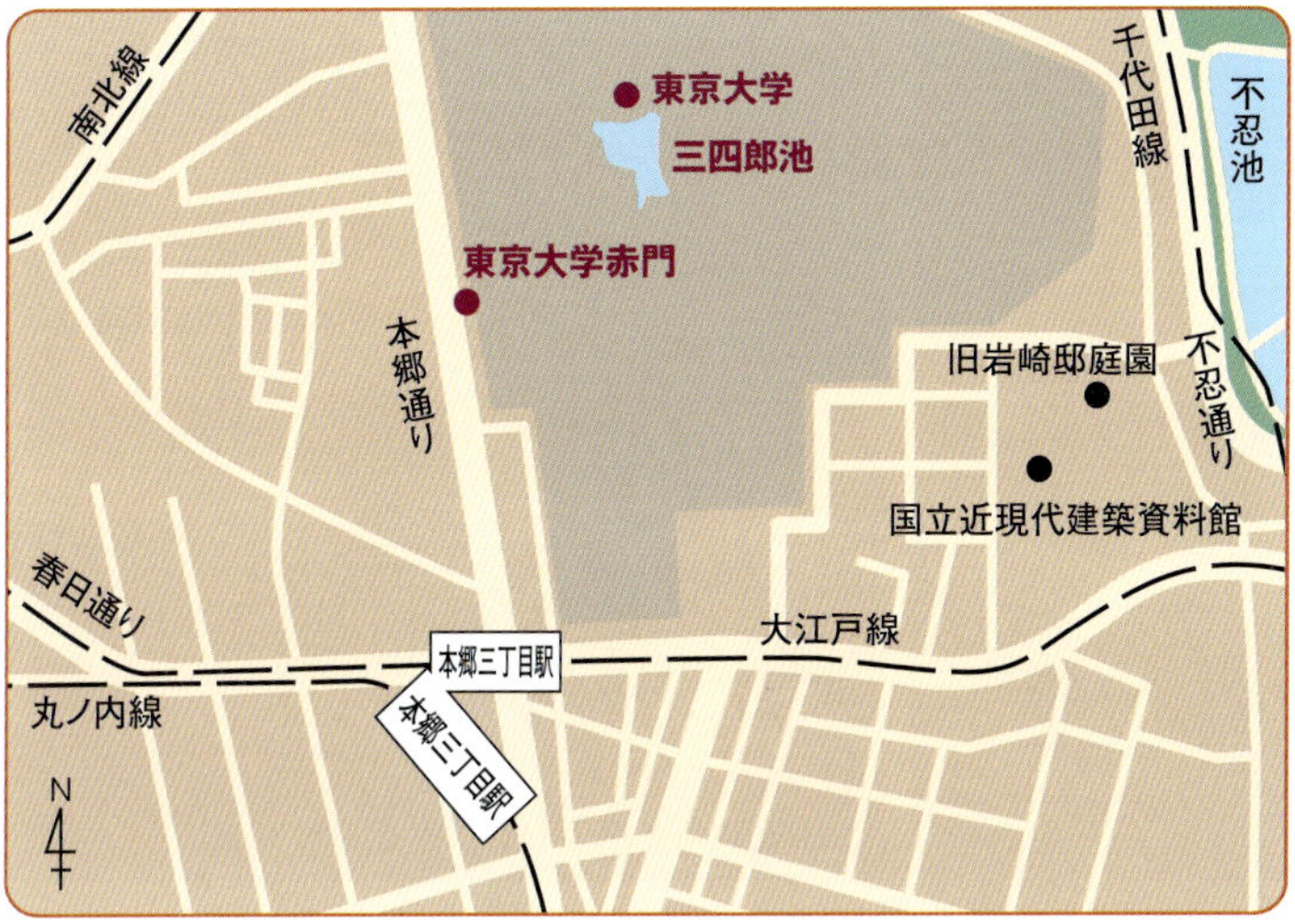

東京大学の象徴・赤門

東京大学は、もと加賀藩前田家の上屋敷である。安田講堂に続く現在の正門が表門であり、本郷三丁目駅寄りの赤門は、十一代将軍徳川家《いえ》斉《なり》の第二十一女溶姫《ようひめ》が加賀藩主前田斉泰《なりやす》に輿入れしたときに建てられたものだった。

三位以上の大名に嫁いだ徳川将軍家の娘は、御守殿《ごしゅでん》と尊称され、朱で塗られた屋敷への門を「御守殿門」と言った。正門が黒漆で塗られた黒門であるのに対し、赤門とも呼ばれた。

加賀百万石《ごく》の御殿の門であるため、両袖に番所がある最高の格式で建てられている。

現在は、東京大学の象徴的存在になっている。門の丸瓦をよく見ると、当時の梅鉢紋のほかに「學」という文字が書かれた丸瓦がある。こ

▼梅鉢紋の丸瓦。

▲「學」という字が入った丸瓦。

▲赤門脇の門番所の裏側（大学側）。

れは、東大の門になってから補修されたものである。

将軍の娘・溶姫

溶姫の生母は、お美代の方と言い、家斉時代に隠然たる権力を持った小納戸《こなんど》頭取・中野石翁《せきおう》（清茂《きよしげ》）の養女として家斉の側室になった。実父は、下総《しもうさ》中山（千葉県市川市）の中山法《ほ》華経《けきょう》寺の子院、智泉院の住職、日啓である。

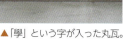

将軍家の娘が大名家に嫁ぐときは、大奥女中が御付きの女中として大名家に出向する。その中で、おおむね表使《おもてづかい》クラスの女中が、大名家の老女となる。

彼女らの給金は、幕府から支給されたほか、大名からも扶持《ふち》をもらう。大名家の女中となっても、身分は大奥女中のままで、気位も高く、主人である大名を呼ぶにも、その官職の呼び捨てだった。溶姫付きの女中たちも同様で、斉泰のことを「加賀守、加賀守」と呼んでいた。それを聞いた溶姫は、驚いて「それは身《み》（私）が殿のことを申すのか」と言ったという。

中山法華経寺は将軍家の祈禱所となり、日啓は多くの大奥女中の帰依を受けた。日啓は、寺に代参に訪れる女中たちを僧侶たちに応接させた。そのため、密通などが行われるようになったという。

家斉の死後、十二代将軍となった家慶《いえよし》の信任を得た老中《ろうじゅう》水野忠邦は、寺社奉行《じしゃぶぎょう》阿部正弘に日啓らの摘発を命じた。正弘は、日啓を「女犯《にょぼん》」の咎《とが》で入牢させ、日啓は牢死することになる。こうして正弘は、大奥女中を傷つけることなく、事態を収めたのである。正弘が若くして老中に抜擢されたのも、こうした功績が評価されたためだろう。

正弘は、備後《びんご》福山藩主である。新幹線の福山駅ホームのすぐ前にある福山城を知っている人も多いだろう。

正弘は、嘉永六年（一八五三）六月、アメリカ使節マシュー・ペリーが浦賀に来航したときの老中首座であり、翌年、日米和親条約を結んだ。ちなみに阿部家の中屋敷は本郷の

▲東大の三四郎池。

西片町にあった。正弘ら阿部家当主が寺社奉行や老中などの幕府の役職を務めたときにつけていた日記は、東京大学史料編纂所に寄贈されている。

◎東大に残る加賀藩の庭園

周知のことだが、東大の中には、加賀藩邸だった頃の庭園の一部が残っている。その中心となる池は、正式には「育徳園心字《いくとくえんしんじ》池《いけ》」という名称があるが、夏目漱石の小説『三四郎』で、主人公の三四郎がマドンナに出会う場所であることから、「三四郎池」と呼ばれている。

加賀藩邸と本郷通りを隔てて西には、明暦の大火の火元となった本妙寺があった。持ち主の若い娘が次々と亡くなる振袖があり、この寺で

▲遠山の金さんの墓。

▲明暦の大火犠牲者の供養塔と鎮魂の仏像。

供養のため燃やしたところ、振袖が舞い上がって大火事になったという。

本妙寺は、明治四十三年（一九一〇）に巣鴨に移転した。現在の本妙寺には、明暦の大火の犠牲者を鎮魂する仏像と供養塔がある。また、町奉行《まちぶぎょう》として活躍した遠山左衛門尉景元《とおやまさえもんのじょうかげもと》（遠山の金さん）や幕末の剣豪千葉周作の墓もある。

▲千葉周作の墓。

湯島聖堂

江戸幕府の最高学府

幕府の大学頭だった林家。
林家の私塾は昌平坂学問所となり、
多くの人材を輩出した。

DATA
【史跡湯島聖堂】
文京区湯島1-4-25
TEL：03-3251-4606（代表）
アクセス 東京メトロ丸ノ内線御茶ノ水駅より徒歩１分、東京メトロ千代田線新御茶ノ水駅より徒歩２分、JR御茶ノ水駅より徒歩２分

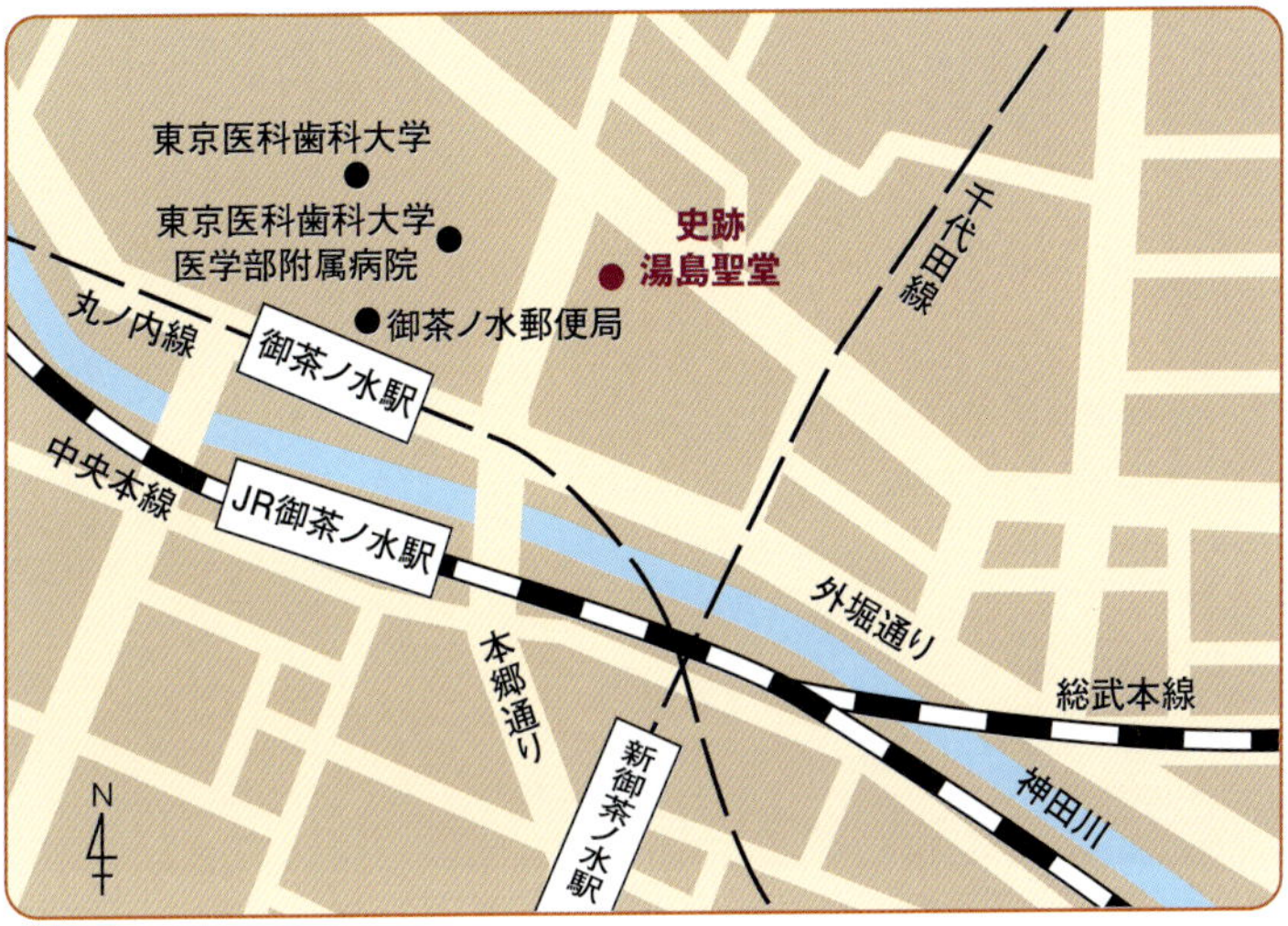

もともと孔子廟だった聖堂

湯島に聖堂が建設されたのは、元禄三年（一六九〇）、五代将軍徳川綱吉《つなよし》のときである。もともと上野忍ヶ岡の林羅山邸にあった孔子廟を、湯島に移したのである。

「聖堂」とは、孔子・孟子らの聖人の像を収めることからついた名前であるが、像を安置した建物は大成殿と言い、付属の建物を合わせて聖堂と称している。

寛政九年（一七九七）、幕府は、聖堂の学舎の敷地を拡張し、幕府の官学である昌平坂学問所を設けた。「昌平黌《しょうへいこう》」とも言う。現在で言えば幕府の大学である。

教材は、初学者は『小学』『孝経《こうきょう》』から学びはじめ、『大学』『中庸』『論語』『孟子』の四書

▲湯島聖堂の東側に昌平坂がある。

に進む。上級者になると、『詩経』『書経』『易経』『春秋』『礼記』の五経のほか、『漢書』や『後漢書』などの中国の歴史書も学んだ。

初学者は、稽古所で講義を聞き、次第に会読《かいどく》(現在で言えば自主ゼミ)や輪講《りんこう》(交代で講義する)を行うようになる。

幕臣の登用試験となっていった学問吟味

昌平坂学問所に学んだ者は、幕臣とその子弟であるが、諸藩の藩士も望めば入学することができた。学問所では、朱子学を公認の学問とし、荻生徂徠《おぎゅうそらい》の始めた徂徠学などは異端として排した。「寛政異学の禁」である。

また、ここでは、寛政四年(一七九二)から「学問吟味」という試験が行われた。第一回の試験は、採点基準などが決まらず、失敗したが、第二回には甲種合格、乙種合格などの受験生を出し、以後、三年ないし五年に一度実施され、幕臣の登用試験として定着していった。

学問吟味で合格しても、即座に役職に登用されたわけではない。しかし、第二回の試験で、旗本の部で甲種合格となった遠山景晋《とおやまかげみち》（遠山の金さんの父）はのち長崎奉行《ぶぎょう》に昇進し、御家人《ごけにん》の部で甲種合格となった狂歌で有名な大田南畝《おおたなんぽ》は、支配勘定に登用された。

学問所のほうでも、合格者を優遇するよう幕府に求めたので、学問吟味は次第に幕臣の資格試験のようになっていった。出世をめざす幕臣やその子弟は、学問に励み、試験が近づくと勉強ばかりをするようになったという。

大成殿では、釈奠《せきてん》という儀式が行われている。これは「孔子祭」とも言い、孔子を祀《まつ》るお祭りである。「儒学」は「儒教」とも呼ばれ、こうした宗教的儀式もあるのである。

◎師範学校や大学へと姿を変えた学問所跡

明治五年（一八七二）には、学問所跡に、東京師範学校が設置された。現在の筑波大学の前身である。そのもとの敷地には、現在は東京医科歯科大学が建っている。

▲湯島聖堂仰高門。

ちなみに、女子師範学校も高等師範学校に隣接して建てられた。こちらは現在のお茶の水女子大学の前身である。お茶の水女子大学は、地下鉄丸ノ内線の茗荷谷駅にあるが、もとはお茶の水駅の近くにあったのである。

大成殿は、江戸時代に火災で何度も焼失しているが、松平定信が建てた大成殿は近代まで残った。しかし、大正十二年（一九二三）九月一日の関東大震災で全焼した。その後、鉄骨鉄筋コンクリート造りで建て替えられ、昭和二十年（一九四五）四月十三日の東京の空襲にも耐えた。

現在、湯島聖堂は、文化財保護委員会の所管で、財団法人斯《し》文会《ぶんかい》に管理を委託されている。

▲湯島聖堂の孔子像。

▼大成殿。

根津神社本殿

甲府宰相綱豊の屋敷

日本武尊が創祀したと伝えられる根津神社。その敷地は甲府宰相綱豊の屋敷だった。門前には岡場所ができ、にぎわった。

DATA

【根津神社】
文京区根津1-28-9
TEL：03-3822-0753
アクセス 東京メトロ千代田線根津駅・千駄木駅より徒歩５分、東京メトロ南北線東大前駅より徒歩５分、都営三田線白山駅より徒歩10分

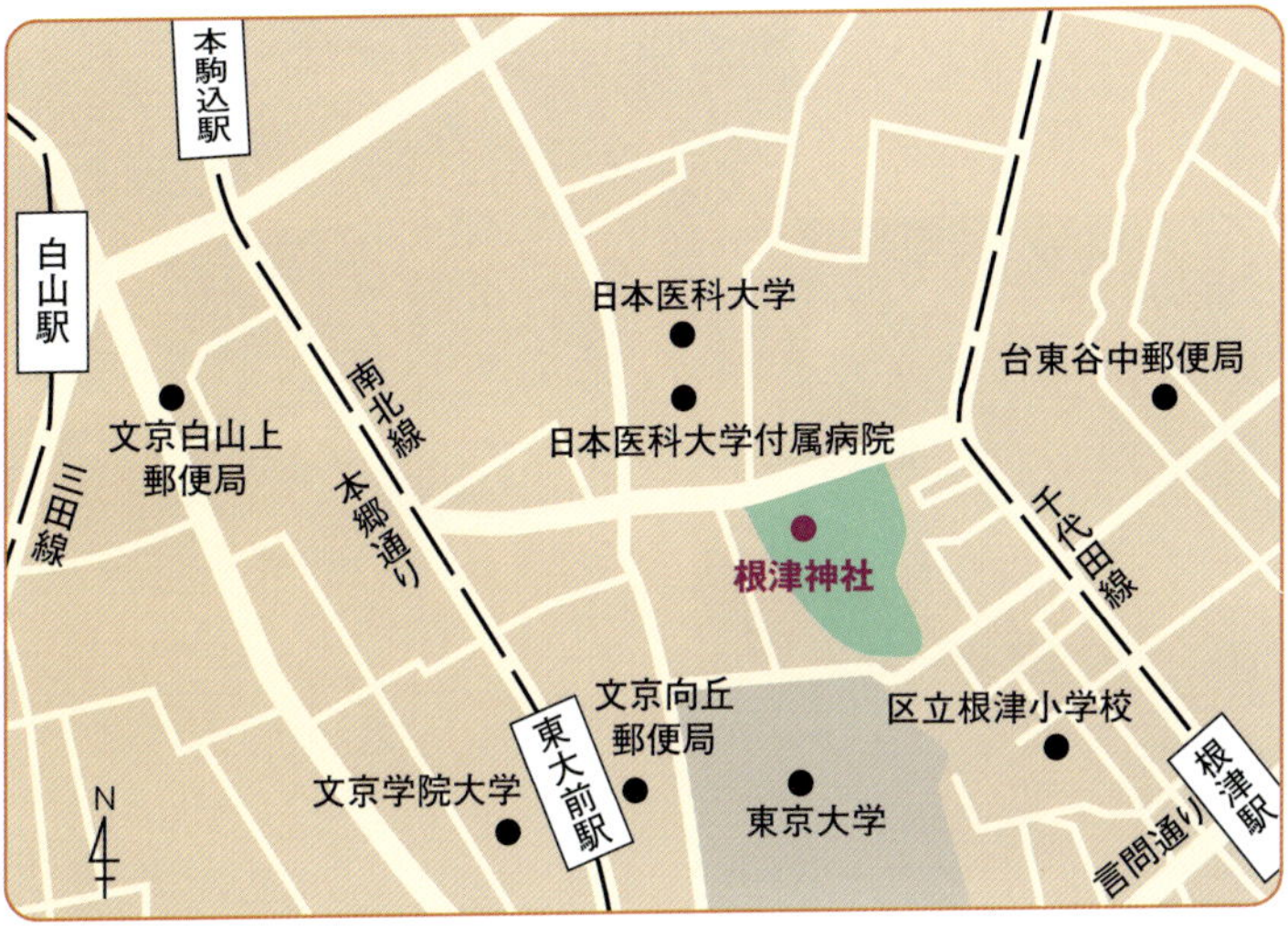

◎人気スポット「谷根千」の中心

根津から千駄木、谷中にかけては寺や神社が多く、昭和三十年代頃の街並みが残っていることから、「谷根千」と呼ばれ、平日でも観光客が絶えない。その中心となるのが、根津神社である。

根津神社は、もとは日本武尊《やまとたけるのみこと》が千駄木に創祀したという伝説があり、戦国時代に江戸を領した太田道灌《どうかん》によって社殿が建てられている。主祭神は、須佐之男命《すさのおのみこと》など三柱である。つまり、徳川家が江戸に入る前からの神社だった。

江戸時代前期には、現在も名前が残る団子坂上に社殿があった。その南西にあたる現在の根津神社の敷地は、三代将軍の孫で甲府藩主だった徳川綱豊《つなとよ》（甲府宰相と呼ばれた）の屋敷地だ

▲根津神社山門。

▲根津神社神楽殿。

った。宝永元年（一七〇四）、綱豊は五代将軍徳川綱吉《つなよし》の養嗣子《ようしし》（跡継ぎ）となって江戸城西の丸に入り、家宣《いえのぶ》と改名した。

綱豊が宗家を継ぐことになったため、甲府藩は消滅した。その江戸屋敷の地は、産土《うぶすな》である根津神社に献納され、宝永三年、現在の社殿が建立された。

同六年、綱吉が没すると、家宣は六代将軍となった。家宣は、儒学者の新井白石を重く用い、「正徳の治」と呼ばれる善政を敷いた。

江戸の人気遊廓だった「岡場所」

根津神社の門前には岡場所ができ、多くの客でにぎわった。切絵図に「根津門前町」と書いてあるのがそれである。幕府公認の遊廓《ゆうかく》は吉原

▲根津神社内にある乙女稲荷神社。

▲徳川家宣胞衣塚。

だけのため、岡場所と呼ぶが、根津神社門前の岡場所は規模が大きく、実質的には遊廓だった。

明治時代になり、東京大学が加賀藩上屋敷跡に移転することが決定すると、教育の地にふさわしくないということで根津遊廓は江東区の洲《す》崎《さき》に移されることになる。三浦哲郎の代表作『忍ぶ川』（新潮文庫）は、映画化されて加藤剛と栗原小巻が演じたが、その舞台は洲崎遊廓である。

東京大学に近いことから、文豪・夏目漱石や森鷗外らの住居もこの近くにあった。漱石が暮らした借家の一軒が、現在、明治村に移築されている。

染井王子　巣鴨辺絵図

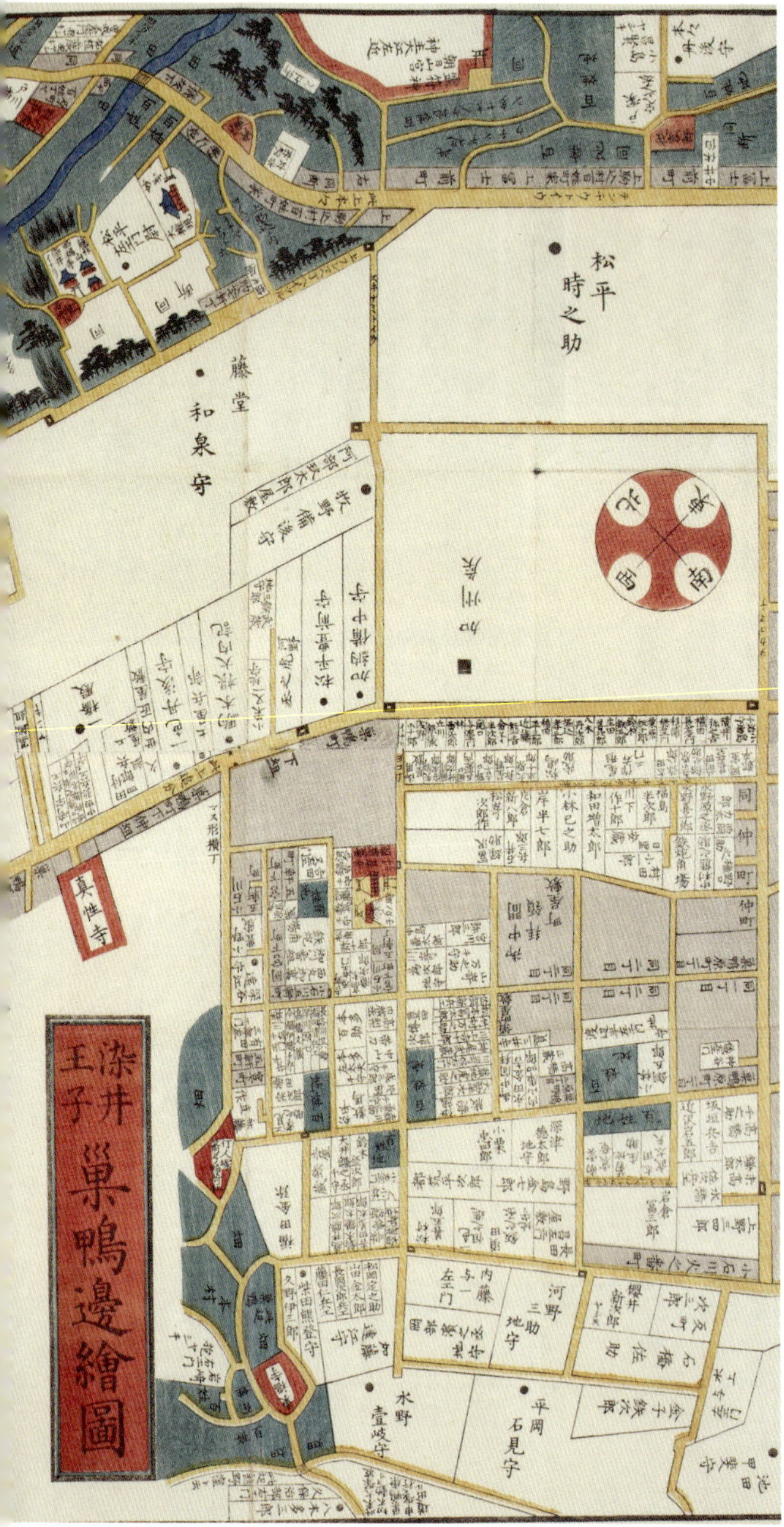

嘉永七寅歳新刻
戸松昌訓図之
麹町六丁目
尾張屋清七板
御紋
御上屋敷
御中屋敷
御下屋敷
神社仏閣
道路并橋
町家
川堀池
山林土手馬場
原植溜等
此所ヨリ筑波山見ユ
飛鳥山
一本松神明宮
此辺西ケ原村
此辺滝野川村
此辺巣鴨村

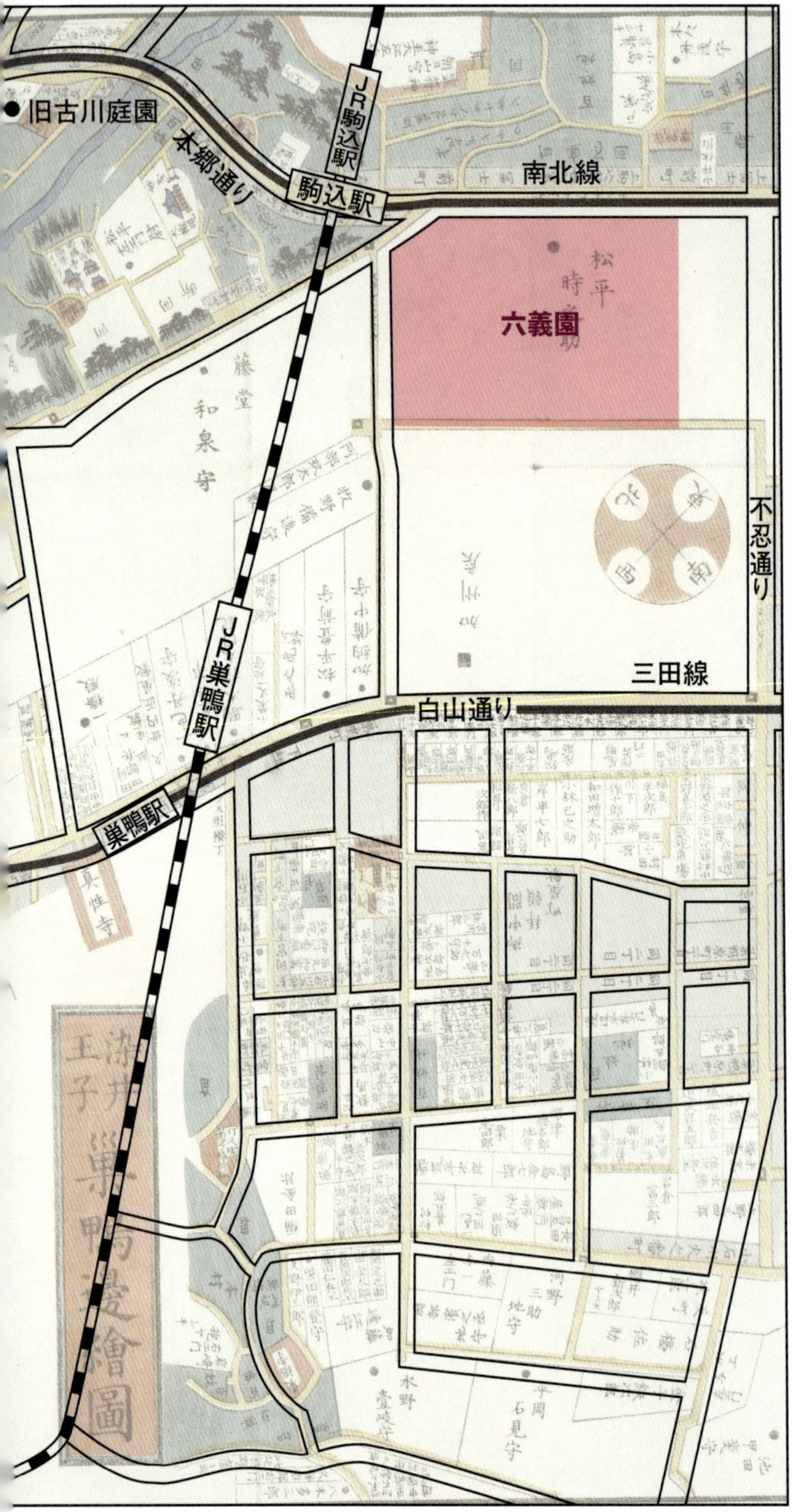
旧古川庭園
JR駒込駅
本郷通り
駒込駅
南北線
松平
六義園
藤堂
和泉守
不忍通り
三田線
白山通り
JR巣鴨駅
巣鴨駅
真性寺
染井
王子
巣鴨邊繪圖

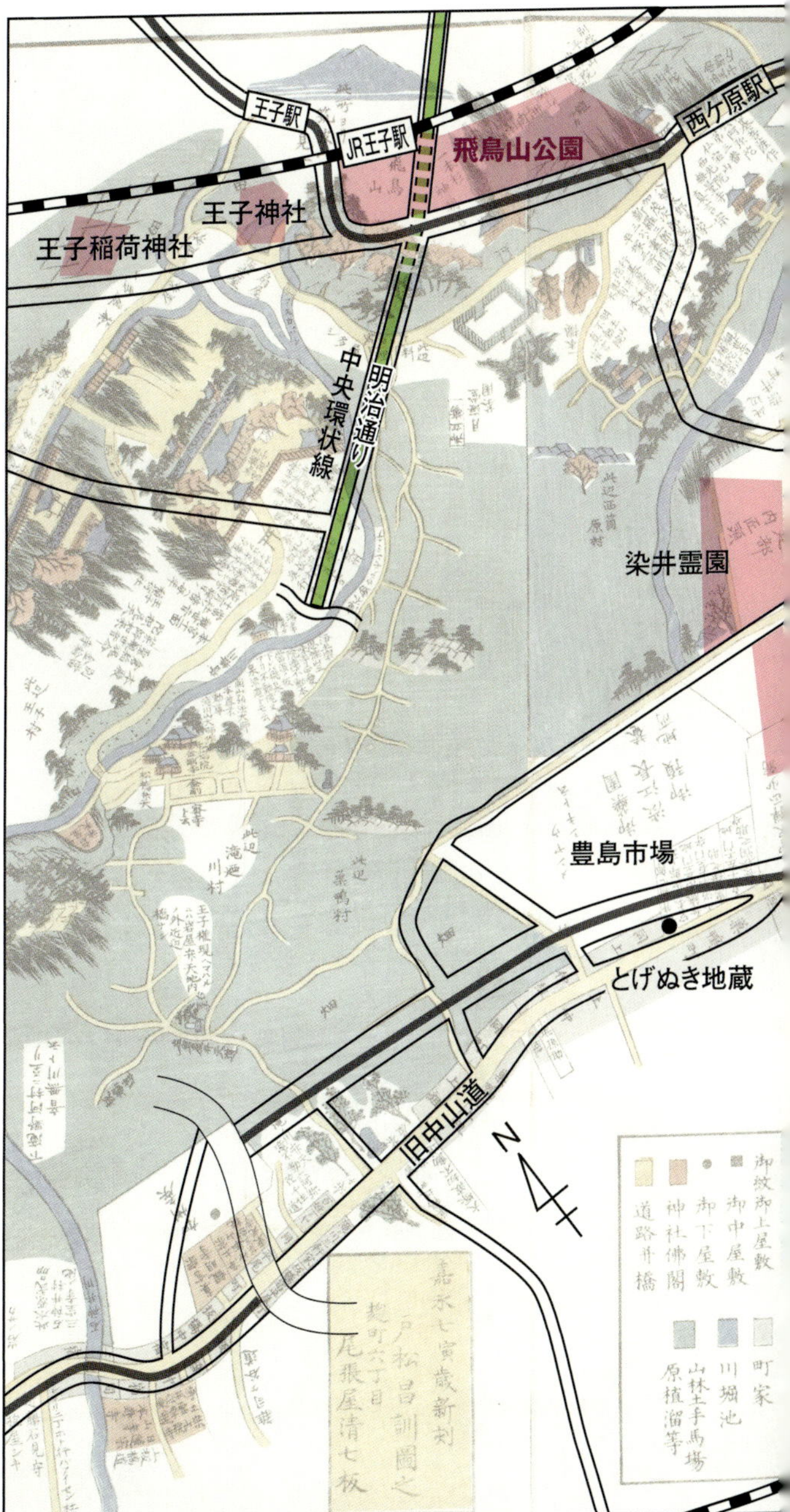

王子駅
JR王子駅
飛鳥山公園
西ケ原駅
王子神社
王子稲荷神社
明治通り
中央環状線
染井霊園
豊島市場
とげぬき地蔵
旧中山道
N
嘉永七寅歳新刻
戸松昌訓図之
麹町六丁目
尾張屋清七板
御紋御上屋敷
御中屋敷
御下屋敷
神社仏閣
道路并橋
町家
川堀池
山林土手馬場
原植溜等

六義園

柳沢吉保自慢の庭園

将軍綱吉も何度も御成したという美しい庭園。
度重なる災禍もくぐり抜け、今に美しい姿を残す。

DATA

【六義園】
文京区本駒込6-16-3
TEL：03-3941-2222
アクセス JR・東京メトロ南北線駒込駅より徒歩7分、都営地下鉄三田線千石駅より徒歩10分

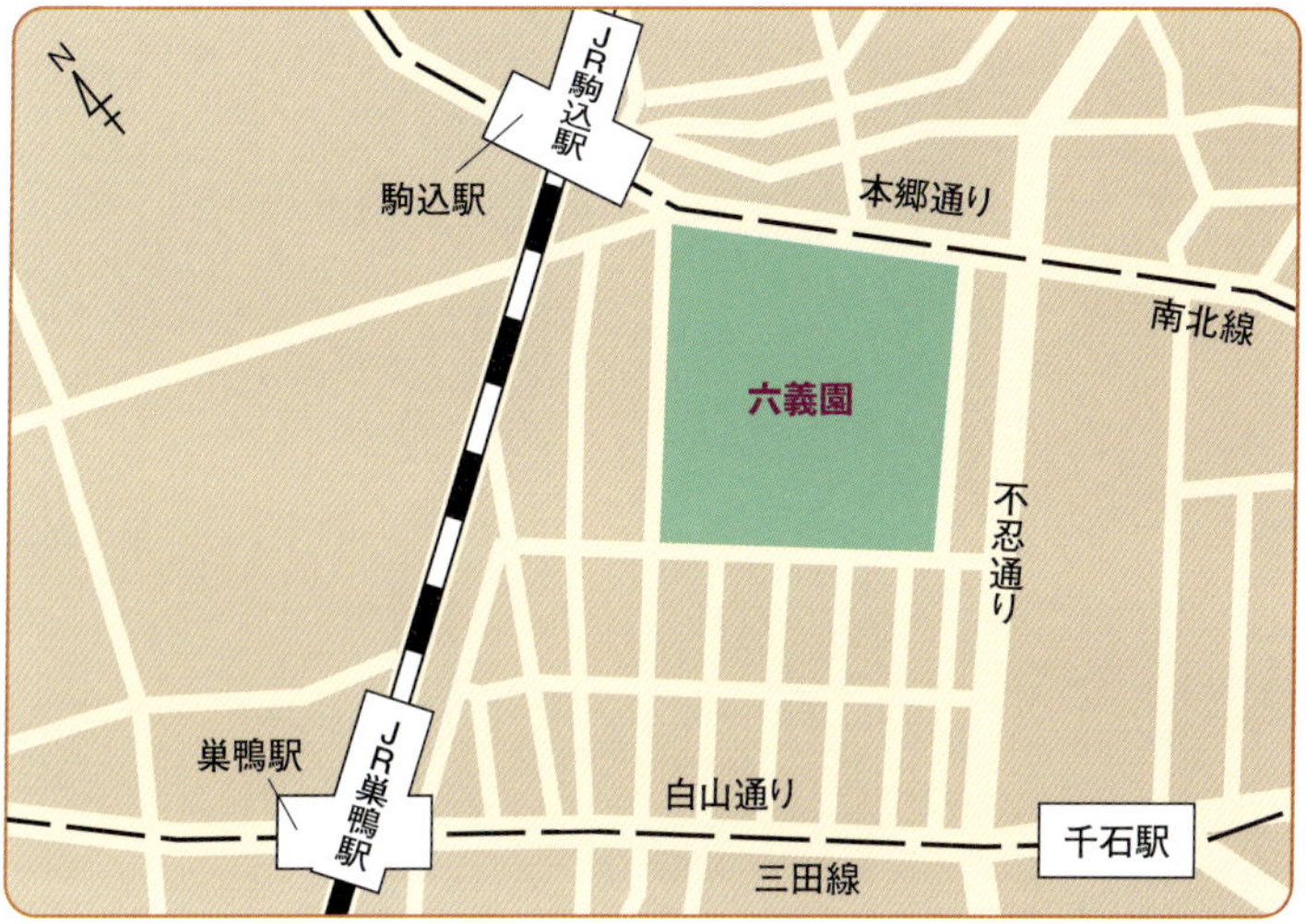

綱吉に取り立てられた吉保

駒込にある六義園《りくぎえん》は、五代将軍綱吉《つなよし》の側用人《そばようにん》（将軍の側近で老中《ろうじゅう》との連絡役）であった柳沢吉《やなぎさわよし》保《やす》が、下屋敷として造営した大名庭園である。

吉保は、五百石《こく》ほどの館林藩士だったが、館林藩主だった綱吉が将軍になると幕府小納戸《こなんど》（将軍の身の回りの品物を調達する役人）となり、側用人となり、大老《たいろう》（幕府の最高職）格にまで昇進した。

早くに大名に取り立てられたが、その後も加増を重ね、ついには十五万石の大名となった。

吉保が思い入れた庭園

元禄八年（一六九五）、吉保は加賀藩の下屋敷跡地を綱吉から拝領した。敷地は約二万七千

▲往時はこの池に舟を浮かべて楽しんだ。

坪で、比較的平坦な土地だった。

吉保は、土を盛って丘を築き、千川上水を引いて池を掘り、七年の歳月をかけて起伏のある景観を持つ回遊式築山泉水《つきやませんすい》庭園を造営した。

ただし、側用人を務めていて暇のなかった吉保は、家臣を毎日遣わし、造営の様子を絵に描かせ、それを明け暮れ眺めて、指示したという。

当時、並びない権勢を誇る吉保が、それほど力を入れて造営していた下屋敷だけに、諸大名は、おもしろい形をした石や、樹木などを吉保に進呈した。このため、毎日、石や樹木を載せた荷車を引く男たちが、大騒ぎで駒込への道を通った。

▲巨石を渡した渡月橋。

▼東日本大震災で頭部が崩れた臥龍石。

『古今和歌集』の分類法より命名

元禄十五年（一七〇二）十月二十一日、吉保は、完成した下屋敷を訪れ、庭園を『古今和歌集』序の和歌分類法によって「六義園」と名づけ、屋敷は「六義館」と名づけた。

また、庭園を散策し、射場を「観徳場」、馬場を「千里場」、毘沙門山を「久護山」など、八十八カ所の名所を選定し、名づけた。

将軍綱吉の柳沢邸御成

将軍綱吉は、柳沢吉保邸に頻繁《ひんぱん》に御成《おなり》している。その回数は記録されているものだけでも、じつに五十八回もあって、綱吉の吉保に対する寵愛ぶりを伝えている。多くは神田橋の上屋敷御成で、残念ながら六義園を見たかどうかはわからない。

綱吉は、吉保邸に御成して、何をしていたのだろうか。吉保の側室だった正親町町子《おおぎまちまちこ》の日記『松蔭日記』（岩波文庫、二〇〇四年）を見てみよう。

元禄四年（一六九一）三月二十二日、綱吉は大久保忠朝《ただとも》、戸田忠昌《ただまさ》、土屋政直《まさなお》らの老中、側用人牧野成貞《なりさだ》を連れ、午前十時頃、吉保邸に御成した。門まで出迎えた吉保は、まず綱吉への拝礼があり、その後、吉保の家族が綱吉に拝謁する。そして綱吉は、『大学』の講義を行い、吉保や老中たちはみな聴聞した。次に、能があり、綱吉は、「難波《なにわ》」「橋弁慶」「羽衣」「是界《ぜがい》」「乱《みだれ》」の五番すべてでシテを演じ、相手は家臣が務めた。町子は、綱吉は能が好きなだけあって「いと御上《おじょう》ずにおはす」と感じ入っている。その後、食事が饗され、吉保邸を出たのは午後八時頃だった。

元禄十年十一月十四日の御成では、吉保邸で裁判を行わせ、みなで上覧している。寺社《じしゃ》奉行《ぶぎょう》四人・町奉行二人・勘定奉行四人が顔を揃え、商人たちの争いや人に物をとられたなどの案件を次々に裁くのを見たのである。全部で十五件あり、借金返済の滞り、使用人の横領、不動産の争いなどだが、中には妻の不倫を訴えたものもあった。

儒学の講義や能などは、綱吉にとってまたとない楽しみの機会だっただろうし、裁判は柳沢家の者にとっても珍しく、おもしろい催しだっただろう。

吉保の実像

吉保の側室染子《そめこ》は、綱吉から与えられた妻だが、吉保は染子を主人扱いしており、嫡子《ちゃくし》（跡取りの子ども）吉里《よしさと》は綱吉の落胤《らくいん》（ひそかに産ませた子ども）だったともいわれている。綱吉が頻繁に吉保邸を訪れたのは、染子に会うことも目的のひとつだったのかもしれない。

悪役として描かれることの多い吉保だが、その実像は意外に実直で、諸大名に対して権威がましい振る舞いをすることはなかった。また家臣たちにも、賄賂《わいろ》などをとることがないようにと、厳しく戒めていた。

ただ、どうしても知り合いやってを頼んで何事かを依頼しようとする人は出てくる。吉保は、誰かに便宜を図ると、ほかの人にも便宜を図らなければならなくなるので、そうした人には私的に会わなかった。どうしても会わなければならないときは、ただ公的な立場で応対し、相手が私的な頼み事などができないような雰囲気にしたという。

ただこうした配慮が、逆に吉保の権勢ぶりを印象づけることになったかもしれない。

終の棲家となった六義園

宝永六年（一七〇九）正月十日、綱吉が死去した。吉保は、すぐに致仕《ちし》（隠居）の願い

▲深山の雰囲気をかもし出す庭内。

を、新将軍家宣《いえのぶ》に提出した。

家宣は、将軍になったからといって、すぐに前代の寵臣に隠居を言い渡すのは外聞が悪いとして、しばらく隠居の許可を出さなかった。

同年六月三日、ようやく家宣は、吉保を御前に呼び、隠居を許した。

吉保は、六義園に引きこもり、十月十日に入道（仏門に入ること）して保山《ほざん》と号した。正徳四年（一七一四）十一月二日、吉保はこの下屋敷で死去した。享年五十七であった。

吉保の跡を継いだ吉里は、大和郡山に転封《てんぽう》（国替え。領地を移されること）となるが、六義園は柳沢家の下屋敷として幕末まで使用された。江戸ではたびたび火災が起こったが、類焼することもなかった。

▲曲がった自然の木を柱にした東屋。

多くの人に拝見を許した孫の信鴻

吉保の孫にあたる柳沢信鴻《のぶとき》は、安永二年（一七七三）に隠居し、駒込下屋敷に移った。それから二十年近くにわたってここに住むが、その間、六義園の整備に力を尽くしている。

自慢の庭だったせいか、信鴻は、家臣たちに六義園の拝見を許している。特に江戸勤番で郡山から出てきた藩士に庭を見せ、土産《みやげ》なども持たせている。そのうち、幕臣や他家の藩士たちにも拝見を許すようになる。信鴻の日記『宴遊《えんゆう》日記《にっき》』を読むと、柳沢家に出入りする町人や江戸近郊の農民までが庭を拝見している。

維新後、岩崎弥太郎に引き継がれた庭園

明治になると、三菱財閥の創業者・岩崎弥太

▲岩崎弥太郎時代に造られた煉瓦造りの門。

郎が六義園を購入し、荒れていた庭園を整備した。現在も残る周囲の赤煉瓦《れんが》の塀は、このとき造られたものである。関東大震災（一九二三）のときも、庭はそれほどの被害を受けなかった。

昭和十三年（一九三八）、東京市（現在の東京都）に寄贈され、以後一般に公開されるようになった。昭和二十年（一九四五）三月の東京大空襲でも被害を受けず、今にいたるまで造園時の面影を残している。

ただし、敷地はもとの庭園に比べ三分の一ほどに縮小している。

〔参考文献〕安藤優一郎『大名庭園を楽しむ』朝日新書、二〇〇九年
福留真紀『将軍側近　柳沢吉保』新潮新書、二〇〇一年

台東区・墨田区・江東区

東都下谷繪圖
不忍池
御本坊
東叡山圓頓院寛永寺
本覚院
凌雲院
常照院
顕性院
住心院
修善院
一乗院
吉祥院
寳勝院
泉龍院
現龍院
寿昌院
明王院
護國院
高岩寺
大久寺
廣徳寺
宗延寺
善立寺
法養寺
成就院
合印
御紋御上屋敷
■中屋敷
●下屋敷
神社佛閣
道路土橋
町家
山林土手明地
川池堀溝等
嘉永四辛亥歳新鐫
戸松昌訓著之
板元
江戸麹町六丁目
尾張屋清七

東都下谷絵図

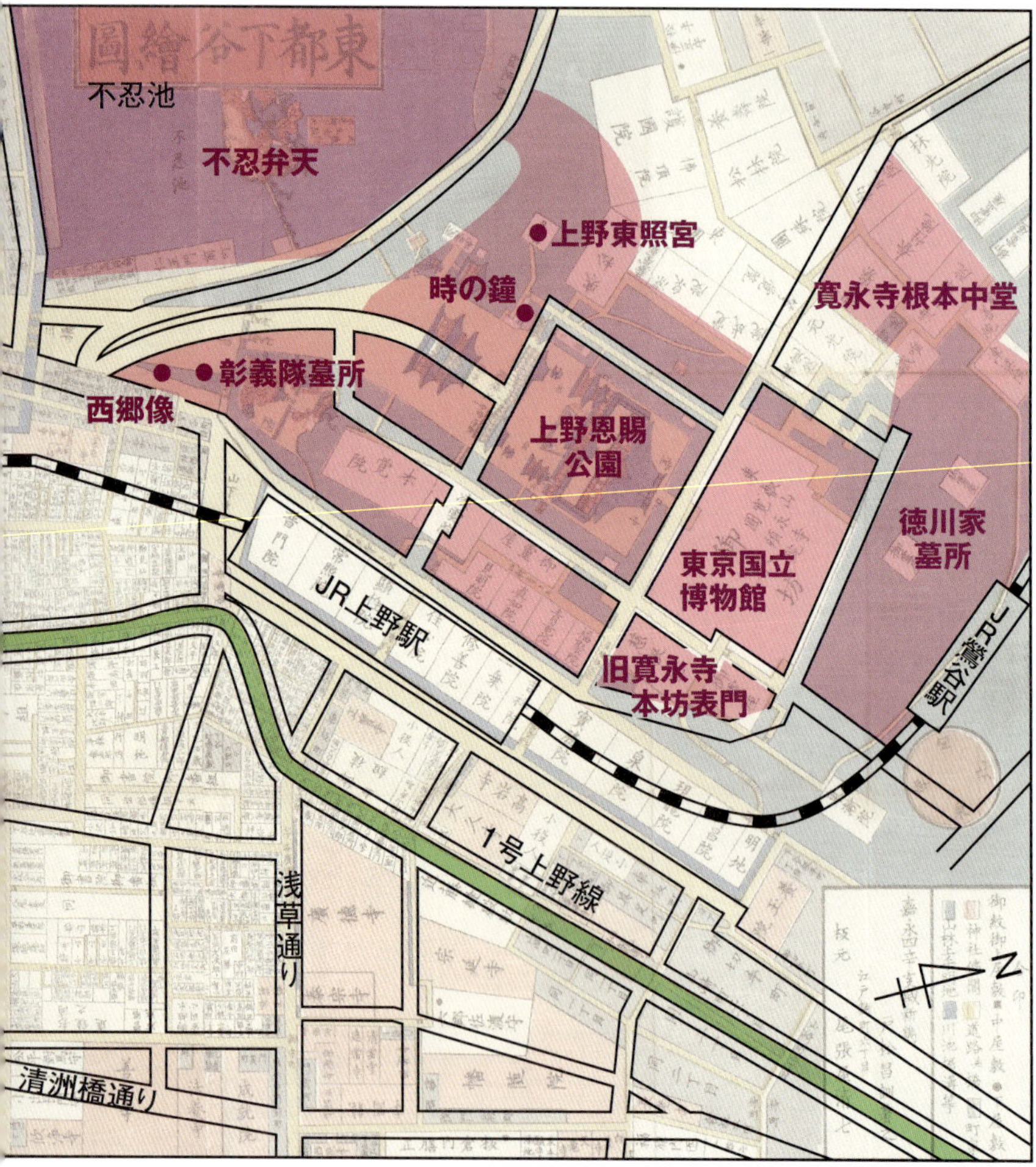
東都下谷絵図
不忍池
不忍弁天
上野東照宮
時の鐘
寛永寺根本中堂
彰義隊墓所
西郷像
上野恩賜
公園
徳川家
墓所
東京国立
博物館
JR上野駅
旧寛永寺
本坊表門
JR鶯谷駅
1号上野線
浅草通り
清洲橋通り

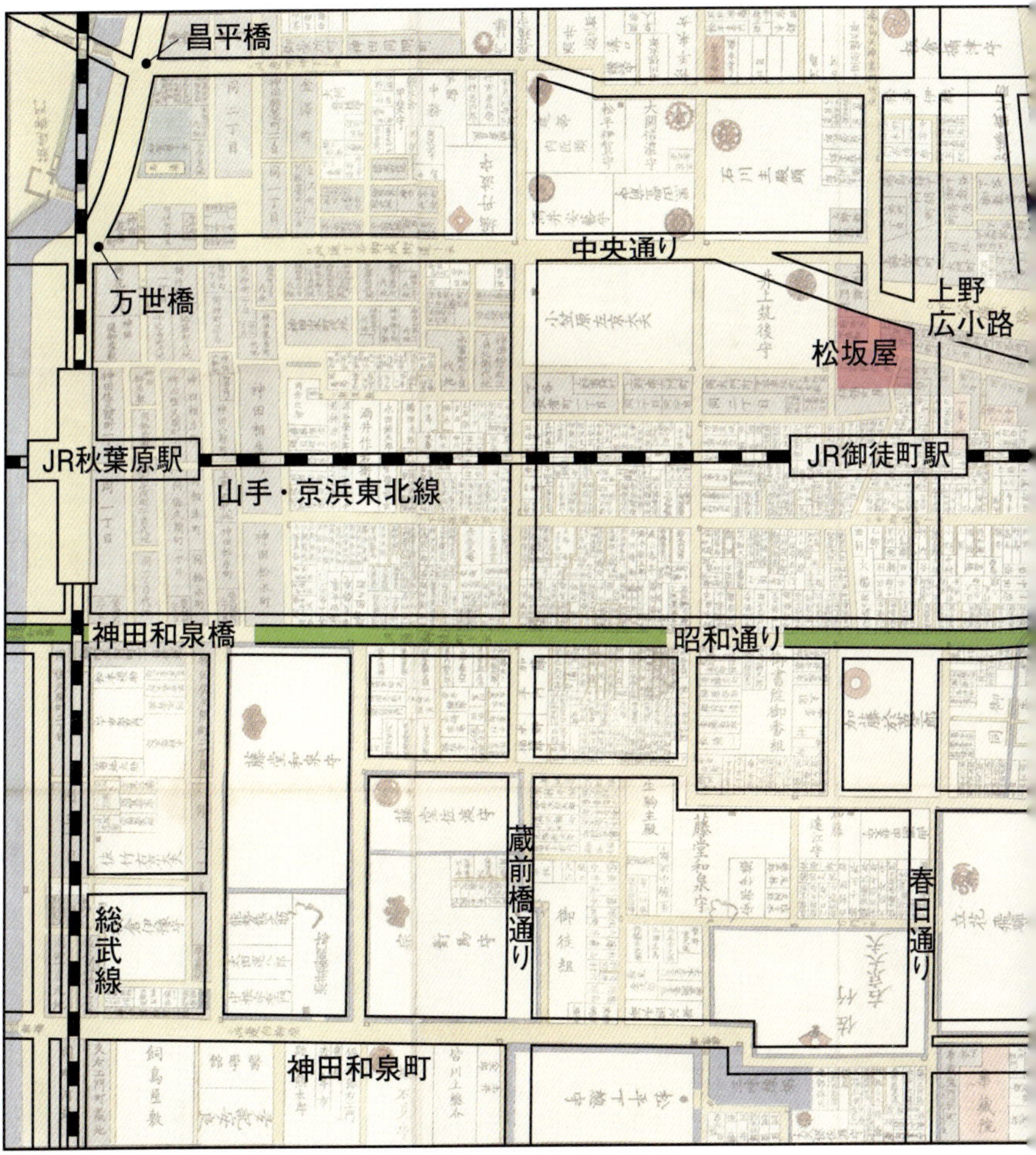
昌平橋
万世橋
中央通り
上野広小路
松坂屋
JR秋葉原駅
JR御徒町駅
山手・京浜東北線
神田和泉橋
昭和通り
蔵前橋通り
春日通り
総武線
神田和泉町

東叡山寛永寺根本中堂

東の比叡山として建立された寛永寺

十六万坪という広大な寺域の中に歴史を刻む。
現在は、人々が集まる文化の町に。

DATA

【東叡山寛永寺】
台東区上野桜木1-14-11
TEL：03-3821-1259
アクセス JR鶯谷駅より徒歩5分、JR上野駅より徒歩10分

【上野東照宮】
台東区上野公園9-88
TEL：03-3822-3455
アクセス JR・東京メトロ銀座線・日比谷線上野駅、京成電鉄京成上野駅より徒歩5分、東京メトロ千代田線根津駅より徒歩10分

【黒門】
円通寺
荒川区南千住1-59-11
TEL：03-3891-1368
アクセス 東京メトロ日比谷線三ノ輪駅より徒歩5分、JR南千住駅より徒歩10分

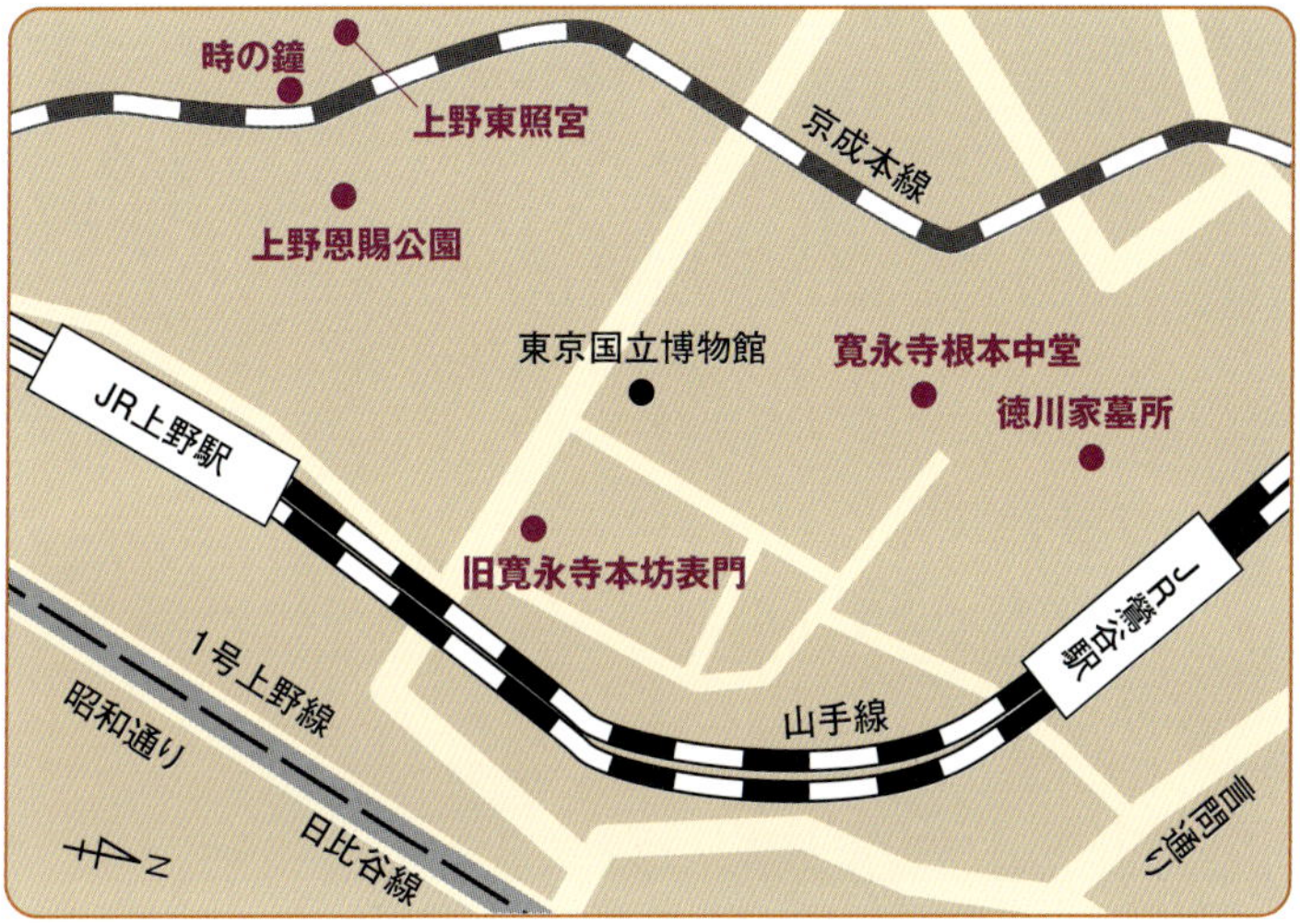

天海に建てさせた寺

現在の上野は、文化の町である。東京国立博物館、国立科学博物館、国立西洋美術館、東京文化会館などの諸施設があるほか、東京藝術大学もあり、広大な上野動物園がある。

これらすべては、かつて東叡山寛永寺の寺域で、十六万坪もあった。

寛永寺は、元和八年（一六二二）、二代将軍秀忠が、上野の台地を天海に寄進し、寺を建てさせたことに始まる。

三代将軍家光もそれを受け継ぎ、寛永二年（一六二五）に本坊が完成した。

天海は、比叡山延暦寺を模して寺を建てた。そのため、山号は東の比叡山ということで「東叡山」とし、後《ご》水尾《みずのお》天皇から当時の年号を使う

▲群馬県の世良田東照宮に移築された日光東照社の奥社拝殿。

ことを許され、「寛永寺」とした。

◎増上寺か寛永寺に葬られた歴代将軍

初代将軍家康は、当初、駿河の久能山《くのうざん》に葬られたが、天海の意見によって日光に改葬され、東照社が建立された。当初はそれほどの建物ではなかったが、三代将軍家光によって大造営がなされ、勅許を得て東照宮となった。

二代将軍秀忠は、正室お江《ごう》の眠る芝の三縁山《さんえんざん》増上寺に葬られたが、祖父家康を崇敬していた三代将軍家光は、自分は日光に葬るよう命じ、大猷院廟《たいゆういんびょう》が建設された。

日光は、寛永寺の管轄だったから、増上寺にも供養塔と位牌所が設けられていた。

そして、四代将軍家綱《いえつな》、五代将軍綱吉《つなよし》は、こ

▲四代将軍家綱霊廟の門。

の寛永寺に葬られた。

ところが、六代将軍家宣《いえのぶ》、七代将軍家継《いえつぐ》は増上寺に葬られた。

八代将軍吉宗は、自分を取り立ててくれた綱吉を崇敬しており、寛永寺に葬るように遺言を残した。

このように、歴代将軍の葬地は決まっていたとは言い難いのだが、四代将軍以降は寛永寺か増上寺に葬られることになった。

江戸一番の桜の名所

今でも上野は桜の名所だが、江戸時代も同様だった。

上野の桜が有名になり、庶民が花見に行くようになったのは、四代将軍家綱の頃だとされる。

多くの武士や庶民が群集し、それぞれに幕を張って酒宴し、飲めや歌えの大騒ぎとなった。

これは元禄期にも引き継がれ、上野は江戸一番の桜の名所となった。

しかし、八代将軍吉宗のとき、将軍の廟所近くで酒乱の者が出るのはいかがなものかということで、上野での酒宴は禁止し、上野の代わりに飛鳥山（現在の北区王子一丁目）に桜を植え、飛鳥山を庶民の花見の地とした（現在の写真は374ページ）。

◎激動の幕末期の寛永寺

幕末、鳥羽伏見《とばふしみ》の戦い（一八六八）で敗れ、江戸に逃げ帰った十五代将軍慶喜《よしのぶ》が、寛永寺に謹慎したことによって、上野が歴史の表舞台に登場する。

慶喜が謹慎した大慈院の部屋は、現在でも寛永寺内に残されている。

その後、新政府軍が江戸に入ると、旧幕府の旗本の一部が慶喜の護衛を名目に上野の山に参集し、新政府軍に抵抗する。彰義隊である。

江戸城の明け渡しは、新政府軍の総参謀である薩摩藩の西郷隆盛《さいごうたかもり》と旧幕府軍の陸軍総裁勝海舟《かつかいしゅう》の間で合意されていた。対談の場所は、芝の薩摩藩蔵屋敷で、現在は三菱自動車本社がある。この突然の江戸占領に、これまで何もしてこなかった旗本たちはいきり立ち、

▲上野寛永寺の黒門（円通寺）。多くの銃弾の痕が残っている。

彰義隊を結成して新政府軍と対抗しようとした。

この事態を打開することを命じられた新政府の軍防事務局判事の大村益次郎《おおむらますじろう》（長州藩士）は、彰義隊の本拠である上野寛永寺を五月十五日に追討する、という布告を出した。こうして、新政府軍と彰義隊の決戦が行われることになったのである。

最大の激戦となることが予想されたのは、寛永寺の正門にあたる黒門口だった。

ここは、黒漆塗りの門があることで黒門口と呼ばれていた。その外側の町屋の地域が黒門町で、テレビドラマでおなじみの「伝七捕物帳」の主人公、岡っ引きの伝七は、この黒門町に住んでいたと設定されている。

益次郎は、この攻め口の担当を薩摩藩に命じ

▲西郷隆盛の銅像。腰に藁の兎罠をはさんでいる。

▲上野恩賜公園に残る黒門の礎石。

た。西郷は、「おまんは、薩摩の兵をみな殺しにするおつもりか」と言い、益次郎は、「その通り」と答えたという。

五月十五日の戦いでは、佐賀藩の持ち込んだアームストロング砲の威力などで、彰義隊は潰滅することになった。黒門口の戦いは、予想通り両者に多くの犠牲者が出た。現在、荒川区の円通寺に移築されて現存する黒門には、多数の銃痕が残っている。

敗北した彰義隊士の遺体は、しばらく放置されたままだった。神田の商人三《み》河屋《かわや》幸三郎《こうざぶろう》は、これを悼んで円通寺の住職・仏磨《ぶつま》と遺体の火葬を願い出、許可された。

そこで、現在、彰義隊の墓が建っている山王台で焼き、一部を円通寺に運んで墓を作った。

▲上野公園に残る彰義隊の墓。「戦死の墓」の墓碑銘は元幕臣の山岡鉄舟の筆。

黒門は、上野の大仏脇に移された。

　山王台にも、小さな墓が建てられた。現在、この地にあるのは、明治十四年（一八八一）に建立された三代目の墓で、その前に最初に作られた墓も置かれている。黒門は、明治四十年、そうした縁故のある円通寺に移築された。

　このほか、上野は高村光雲作の犬を連れた西郷隆盛の銅像で有名である。

　銅像の除幕式は明治二十六年（一八九三）であるが、じつは最初は皇居前広場に建てられることになっていた。

　この出願はいったんは認可されたが、西南戦争の賊徒の首領だったことで政府からクレームがつき、上野に変更されたという（浦井正明『上野寛永寺　将軍家の葬儀』吉川弘文館、二〇〇七年)。

◎失われた多くの霊廟

現在の上野恩賜公園の噴水がある場所に、もとは勅額門と根本中堂があった。

それをさらに進んで東京国立博物館のある場所に、もと寛永寺の本坊があった。

現在の寛永寺の根本中堂(276ページ写真)は、綱吉、吉宗、十三代将軍家定の霊廟のあった場所の近くに移っている。この建物は、天海が住持を務めた川越(埼玉県川越市)の喜多院から移築されたものである。喜多院には、天海が帰依した家光により江戸城の建物が移築され、現在でも家光誕生の間や春日局《かすがのつぼね》(家光の乳母)の間が現存している。

歴代将軍家の宝塔は現在でも残っているが、霊廟はすでになく、多くの部分が霊園として、墓地に分譲されている。

これは、寛永寺が永代にわたって徳川家歴代将軍とその近親者の法要を行う代わりに、一部を霊園とすることを許可されたものだという。

▲上野恩賜公園に残る寛永寺の「時の鐘」。

▲不忍池と弁天堂。

◎江戸の町に時を知らせた「時の鐘」

不忍池《しのばずのいけ》のほうから上野動物園に上って行く道のわきに、「時の鐘」がある。これは、江戸の町に時を知らせた鐘である。

この鐘は、松尾芭蕉の名句「花の雲　鐘は上野か　浅草か」で有名である。深川の庵にいた芭蕉が、桜が満開の頃、鐘の音を聞き、上野の東叡山寛永寺の鐘か、浅草の浅草寺の鐘か、と思いをはせた句である。

江戸の人は、鐘で時刻を知った。町々の木戸（町の境界に設けられた木の扉）の開閉や、処刑の執行なども、すべて時の鐘が合図だった。

鐘を突くのは、当初は明六《あけ》つ（夜明け時）と暮《くれ》六つ（日没時）の一日二回だったが、やがて一日を十二に割り、鐘を突いて時を知らせるようになった。

時間を明六つ、五つ、四つ、九つ、八つ、夕七つ、暮六つ、と数字で表すのは、その時刻に突かれた鐘の数による。

江戸時代前期には、時の鐘を突くのは日本橋本石町《ほんこくちょう》だけだったが、明暦の大火後、上野寛永寺でも鐘を突くようになり、そのほか、市ヶ谷八幡、赤坂円通寺、芝切通し、目白不動尊、本所横堀、浅草寺、四谷天龍寺の九カ所で突くようになった。

このほかにも数カ所あったが、全貌は明らかでない。

時の鐘の突き方は、まず、捨て鐘を三つ、一打目は長く、二、三打目は続けて突く。それから辰《たつ》の刻（五つ、午前八時頃）なら、五回鐘を突くが、次第に短く突くようにする。

このため、聞く者は最初の鐘に気づくことができ、途中から聞いても見当がついたという（浦井祥子『江戸の時刻と時の鐘』岩田書院、二〇〇二年）。

上野恩賜公園を出たところは、「下谷《したや》広小路」で、火災を防ぐために設けられた広い道路である。現在のＪＲ上野駅の広小路口は「山下《さんげ》」と呼ばれ、これも火除《よ》け地（延焼防止のための空地）だった。

これらはほとんど広場のようなものだったから、見世物小屋や床見世が並び、盛り場と

▲清水観音堂。京都の清水寺を模して建てられた。

なっていた。周辺の町家には料理屋が並び、芸者を置く岡場所もあった。

また、不忍池の中には弁天島があるが、池の周囲には現在のラブホテルにあたる出会茶屋が立ち並び、宿下がりをした奥女中などが、恋人と密会していたともいう。

上野公園に現存する建物

上野公園の清水観音堂は、天海が京の清水寺を模して建立したものである。ここには、浮世絵師・歌川広重の「名所江戸百景」で描かれた「月の松」が復活している。松の向こうに見える不忍池は琵琶湖を、弁天島は琵琶湖の名所・竹生島を模している。

上野動物園に隣接して、上野東照宮がある。

▲清水観音堂の前に復活した「月の松」。松の向こうには不忍池と弁天島が見える。

元和二年（一六一六）二月、津藩主の藤堂高《とうどうたか》虎《とら》は、病床の家康を見舞うため駿府城に赴いた。家康は、ブレーンだった高虎と天海を病床に呼び、「三人一緒に魂鎮まるところを作ってほしい」と遺言した。寛永四年（一六二七）、高虎は、完成したばかりの寛永寺の傍らの屋敷地に、家康を祀る社殿を創建した。これが上野東照宮の始まりである。

現在見られる金の金具や金箔をふんだんに使った華麗な権現造りの社殿（拝殿・幣殿《へいでん》・本殿）や唐門は、慶安四年（一六五一）、三代将軍家光がそれまでの社殿を造り替えたものである。唐門周辺や参道に立ち並ぶ灯籠は、御三家を始めとする諸大名が寄進したものである。

▲上野東照宮唐門。

▲上野東照宮に並ぶ諸大名寄進の灯籠。

▼修復工事が終わった上野東照宮拝殿。

今戸箕輪　浅草絵図

上野山内
東本願寺添地
天龍寺
白泉寺
板倉内膳正
伝法院
田原町三丁目
嘉永六丑年新鐫
戸松昌訓著
麹町六丁目
板元 尾張屋清七

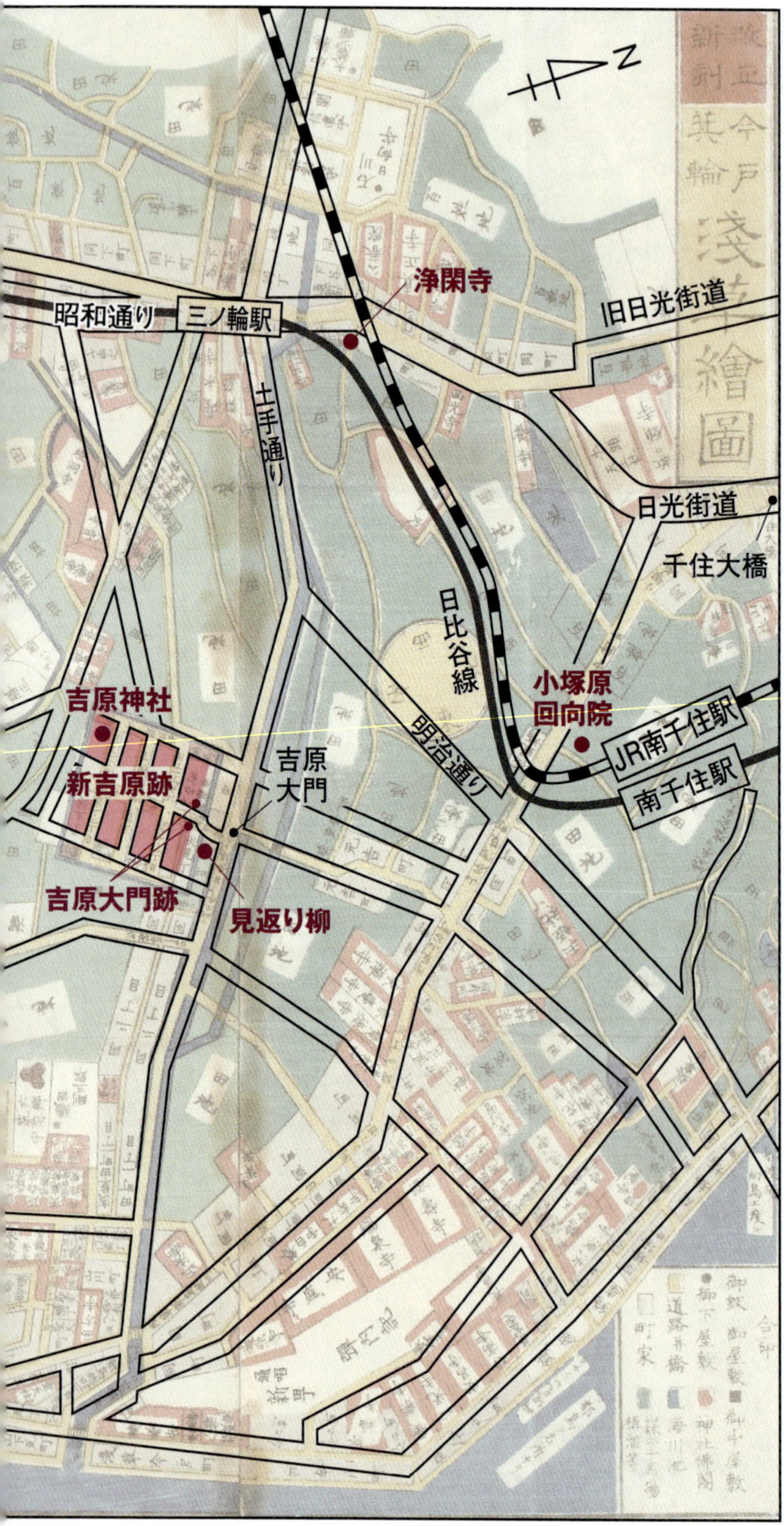
新刻 改正 今戸 箕輪 浅草絵図
浄閑寺
旧日光街道
昭和通り
三ノ輪駅
土手通り
日光街道
千住大橋
日比谷線
小塚原
回向院
JR南千住駅
南千住駅
明治通り
吉原神社
新吉原跡
吉原
大門
吉原大門跡
見返り柳

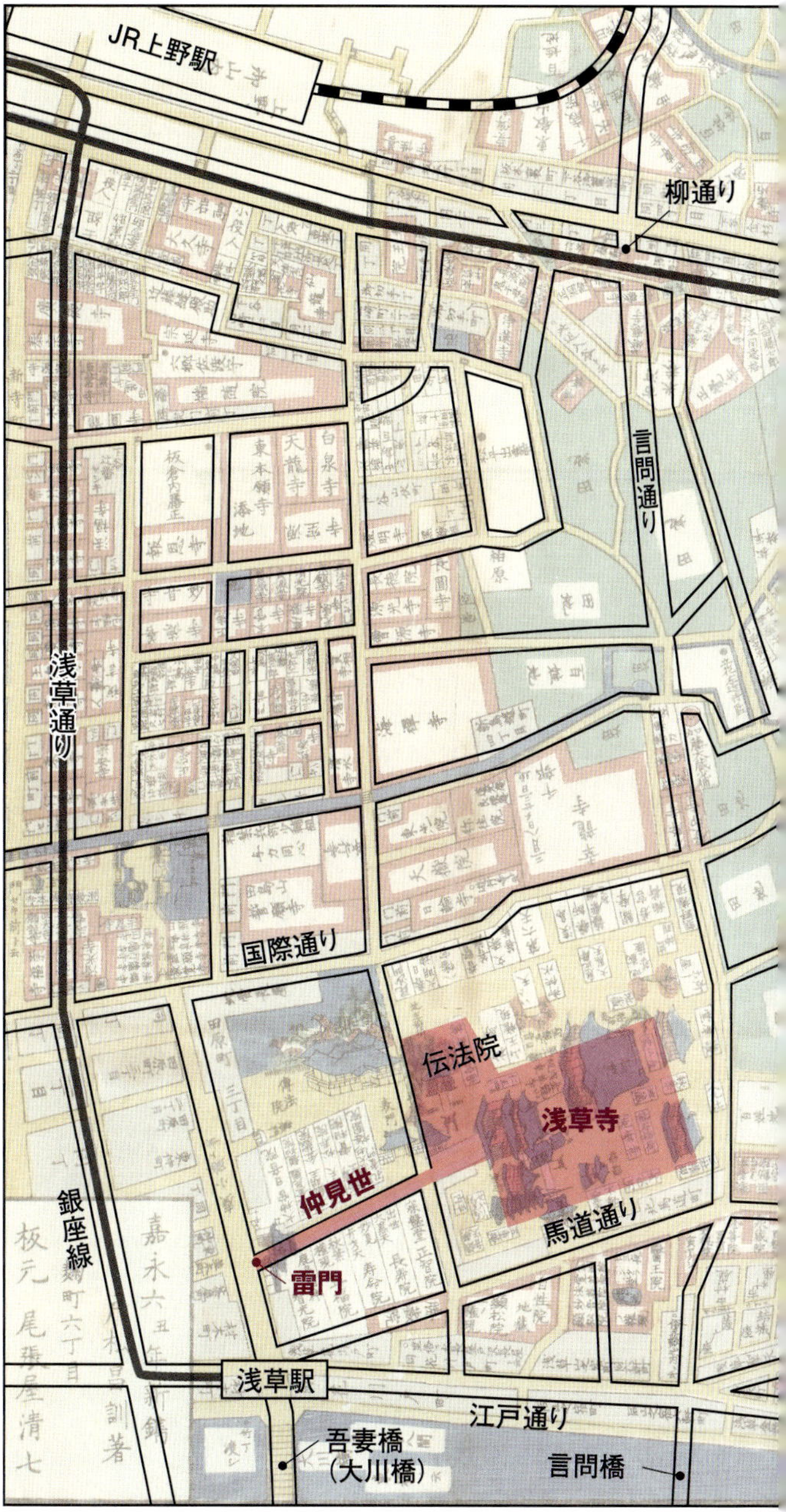
JR上野駅
柳通り
言問通り
浅草通り
国際通り
伝法院
浅草寺
仲見世
馬道通り
雷門
銀座線
浅草駅
江戸通り
吾妻橋
(大川橋)
言問橋
嘉永六丑年新鐫
板元 尾張屋清七
麹町六丁目
景山訓著

金龍山浅草寺

古くから江戸庶民の信仰を集めた寺

江戸幕府が開かれる前から続く歴史ある名刹。
江戸から東京に変わっても、そのにぎわいは変わらない。

DATA

【金龍山浅草寺】
台東区浅草2-3-1
TEL：03-3842-0181
アクセス 東武伊勢崎線・東京メトロ銀座線・つくばエクスプレス浅草駅より徒歩5分、都営地下鉄浅草線浅草駅より徒歩7分

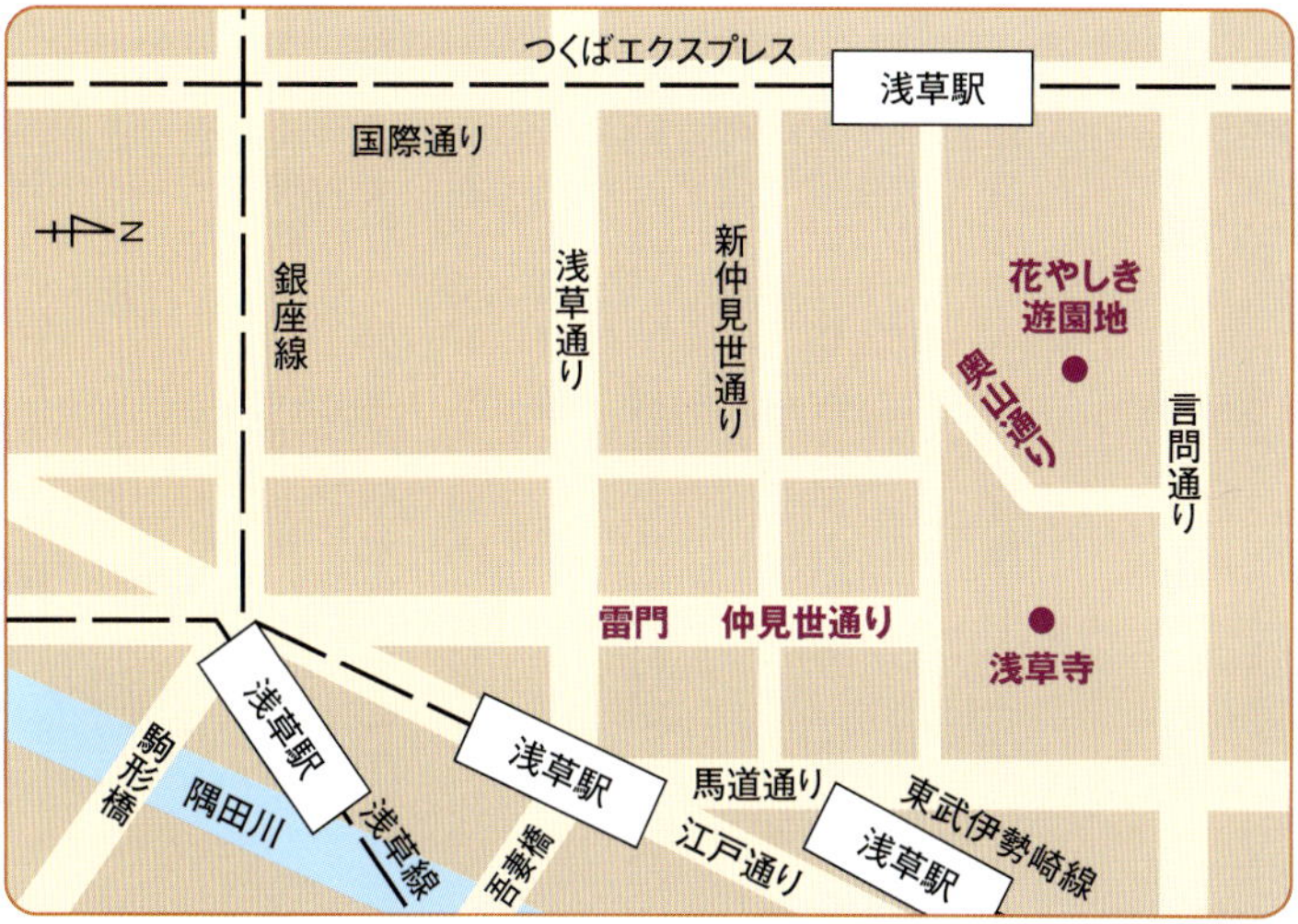

隅田川から現れた本尊

古くから庶民の信仰を集めていたのが、浅草にある金龍山浅草寺《せんそうじ》である。

雷門は大提灯《ちょうちん》で有名だが、この名は門に雷神が安置されていることによる。

寺伝《じでん》によれば、飛鳥時代に始まる。本尊は隅田川で漁をしていた檜前浜成《ひのくまのはまなり》・竹成《たけなり》兄弟の網にかかったとされる聖観音菩薩である。これは「秘仏」とされ、公開されていない。

平安時代初期には、延暦寺の僧・慈《じ》覚大師《かくたいし》円《えん》仁《にん》が、秘仏の代わりに拝む「お前立ち」の観音像を作り、中興開山とされている。

鎌倉幕府ができると、源頼朝や北条氏が保護し、庶民の信仰を集めた。何度も火災で焼失したが、その都度、再建されている。

浅草寺を祈願所とした家康

天正十八年（一五九〇）、江戸に入府した徳川家康は、浅草寺を祈願所とし、寺領五百石《こく》を与えた。

寛永八年（一六三一）と同十九年（一六四二）の火災でも焼失したが、三代将軍家光の援助により、五重塔や本堂などが再建された。

寛永寺が将軍家の墓所として、荘厳な雰囲気を保っていたのに対し、浅草寺は庶民の信仰を集める寺であった。

寺領には、門前町と千束村があった。門前町は、町高に応じて年貢を納め、間口などに応じて役を負担した。

千束村は年貢を上納したが、明暦の大火（一六五七）後、遊廓《ゆうかく》吉原が千束村に移転してきて、次第に町屋化していった。

浅草寺がにぎわいを極めた一因には、吉原が近くにあったことも大きかった。

仲見世での営業権は「株」に

雷門から仁王門にいたる参道の「仲見世《なかみせ》」は、「掛見世《かけみせ》（仮設店舗）」が立ち並んだもの

▲雷門から仲見世を見る。

である。

地所は、背後にある子院の一部で、地代を払って借りた者が家作《かさく》を建て、店賃《たなちん》をとって貸し出していた。

掛見世は、間口が一丈《じょう》（約3メートル）からせいぜい二間《けん》半（約4・5メートル）、奥行きが九尺（約2・7メートル）という小さなものだが、それなりの店賃がかかり、営業権も「株」となり、売買された。

浅草寺がにぎわうにつれ、家作を建てた家主は、店を借りる店借に対して高額な権利金を要求した。地所を所有したのは各子院だったが、営業権は地主の子院の手を離れ、家主が勝手に売買するようになったのである。

▲浅草奥山。木馬館などの芝居小屋もある。

見世物や芝居が行われた「奥山」

江戸時代中期には、境内西側奥の「奥山」と呼ばれる区域で、さまざまな見世物の興行が行われるようになった。小屋掛けで行われる芝居のほか、ヒョウなどオランダ人が持ち込んだ動物の見世物、生き人形、今でいうストリップ、各種の大道芸など、毎日、さまざまな催しがあって、人を集めた。現在は、浅草花やしきと芝居小屋などが立っている。

水野忠邦の天保の改革（一八四一〜四三）のときには、仲見世に権利を持つ子院が連合して、家主に立ち退きを要求している。家主側は、それでは困窮すると町奉行所《まちぶぎょうしょ》に訴え、従来の権利を認めてくれるよう嘆願した。

これに対し子院側は、家主たちは裕福であり、訴訟によって貧乏な寺を困らせている、と主張している。

土地や営業権の利権をめぐって、寺と町人が互いに争ったのである。

なお、天保の改革では、江戸三座の芝居小屋が浅草猿若町《さるわかちょう》（現在の台東区浅草六丁目）に移転してきた。江戸三座としては不本意だっただろうが、これによって浅草は、芝居の町としても発展していった。浅草寺の境内には、劇聖と謳われた明治の歌舞伎役者・九代目市川團十郎《だんじゅうろう》の銅像がある。これは、大正時代に作られたが、昭和十九年に供出し、昭和六十一年に再び作られた。

廃仏毀釈で寺領は公園地に

近代になっても浅草は、庶民の盛り場、娯楽場として発展を続ける。

明治六年（一八七三）、廃仏毀釈《はいぶつきしゃく》（仏教の排斥《はいせき》運動）の影響で、浅草寺の寺領は没収されて公園地となった。公園地は七区に区画され、一区は浅草寺、二区が仲見世、そして六区が、興業・飲食・遊戯場の許可地となった。

明治二十三年（一八九〇）には、六区に商業施設と展望塔を兼ねた十二階建ての「凌雲閣《りょううんかく》」（通称「浅草十二階」）が建設され、庶民の人気を集める。

▲「暫（しばらく）」を演ずる九代目市川團十郎の像。

明治末期になると活動写真館が何軒も建ち、のち映画の中心地となっていく。大正期には日本語のミュージカルを誘致し、「浅草オペラ」として一世を風靡《ふうび》し、少女歌劇の上演も行われた。このように、戦前を通じて浅草は、娯楽の中心だった。

昭和二十年（一九四五）三月十日の東京大空襲では、旧国宝の本堂（観音堂）、五重塔などが焼失。戦後の浅草は、娯楽の場としては衰退するが、江戸や戦前の下町の様子を伝える観光地として人気の町となっている。羽子板市、ほおずき市なども、多くの人出がある。

〔参考文献〕吉田伸之「寺社をささえる人びと――浅草寺地域と寺中子院」吉田伸之編『身分的周縁と近世社会6 寺社をささえる人びと』吉川弘文館、二〇〇七年

▲歌川広重「浅草金龍山」(『名所江戸百景』)。

吉原の見返り柳

遊廓・吉原と浄閑寺

華やかで悲しい記憶の残る町。
今でもその面影を残す。

DATA

【見返り柳】
台東区千束4-10-8
アクセス 東京メトロ日比谷線三ノ輪駅より徒歩10分

【浄閑寺】
荒川区南千住2-1-12
TEL：03-3801-6870
アクセス 東京メトロ日比谷線三ノ輪駅より徒歩1分、都電荒川線三ノ輪橋駅より徒歩5分

【吉原神社】
台東区千束3-20-2
アクセス 東京メトロ日比谷線三ノ輪駅・入谷駅より徒歩15分

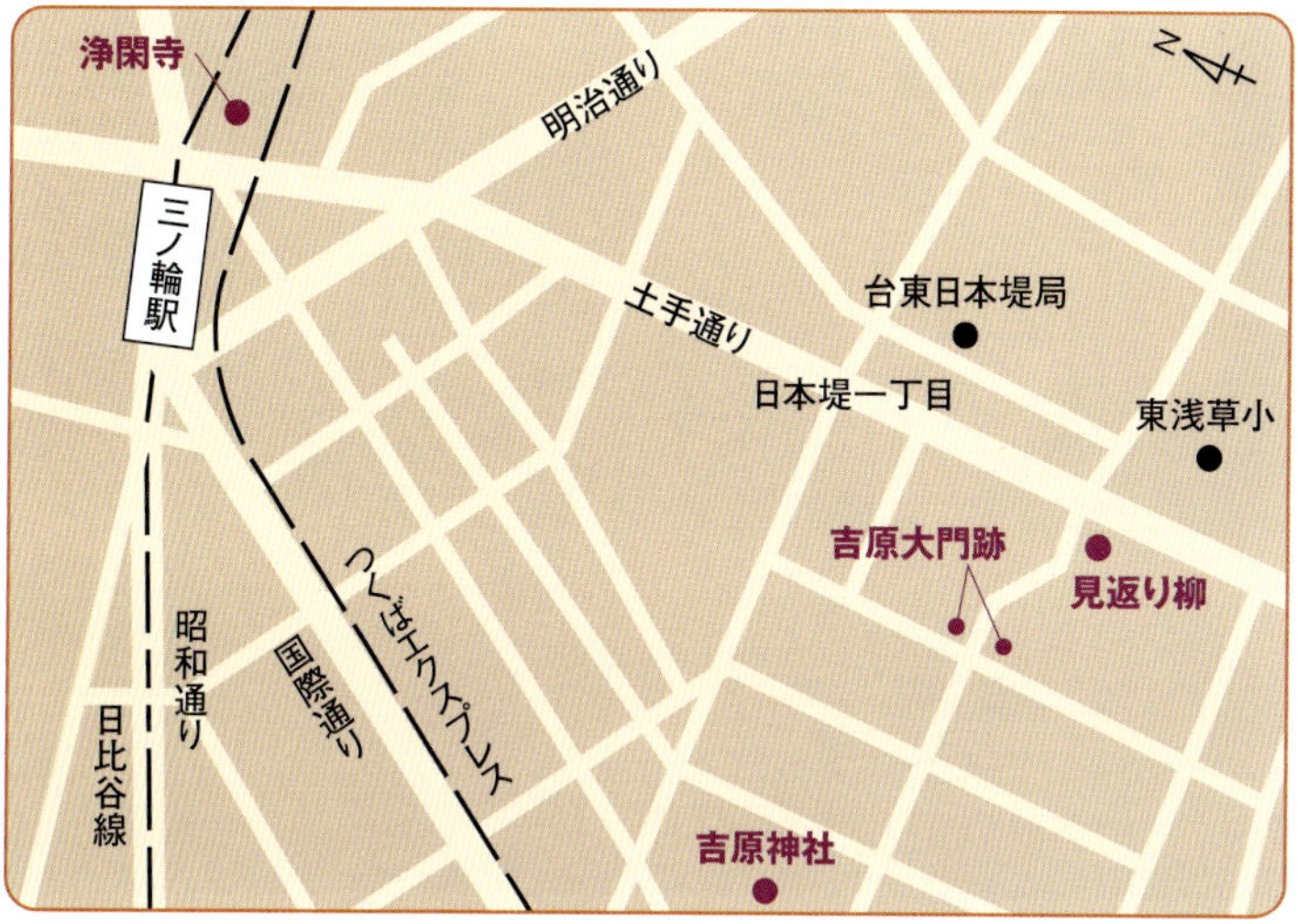

唯一の幕府公認の遊廓

吉原は、幕府が江戸に唯一公認した遊廓《ゆうかく》である。

江戸市中に自然発生的に営業を始めていた遊女屋を一カ所にまとめたもので、元和八年（一六二二）の開業と伝えられる。

江戸初期は、湯女《ゆな》を置いた湯女風呂、中期以降は深川、根津、赤坂、音羽などの岡場所、品川、内藤新宿など江戸近郊の宿場が色街として栄えたが、やはり公認の遊廓である吉原が格式も高く、規模も大きかった。

元吉原から新吉原へ

江戸時代初期、吉原は、日本橋の葺屋町《ふきやちょう》の東側、現在の中央区堀留二丁目のあたりにあった

▲新吉原大門跡。道の両端に場所を示す柱が立っている。

（80ページ参照）。

これを「元《もと》吉原」といい、浅草寺裏手の日本堤付近に移ってからは、「新吉原」といわれた。ふつうに吉原といえば、この新吉原のことである。

現在、「吉原」という地名はなく、台東区千束四丁目となっている。

もちろん遊廓はないが、歓楽街となっており、風俗街としての連続性はある。

現在は、その中にマンションなども立ち、新宿歌舞伎町のようなにぎわいや猥雑《わいざつ》さはない。昼間なら、女性でも一人で歩くことができるだろう。

それでも、吉原の地図と現在の地図を見比べてみると、往時をしのぶことはできる。

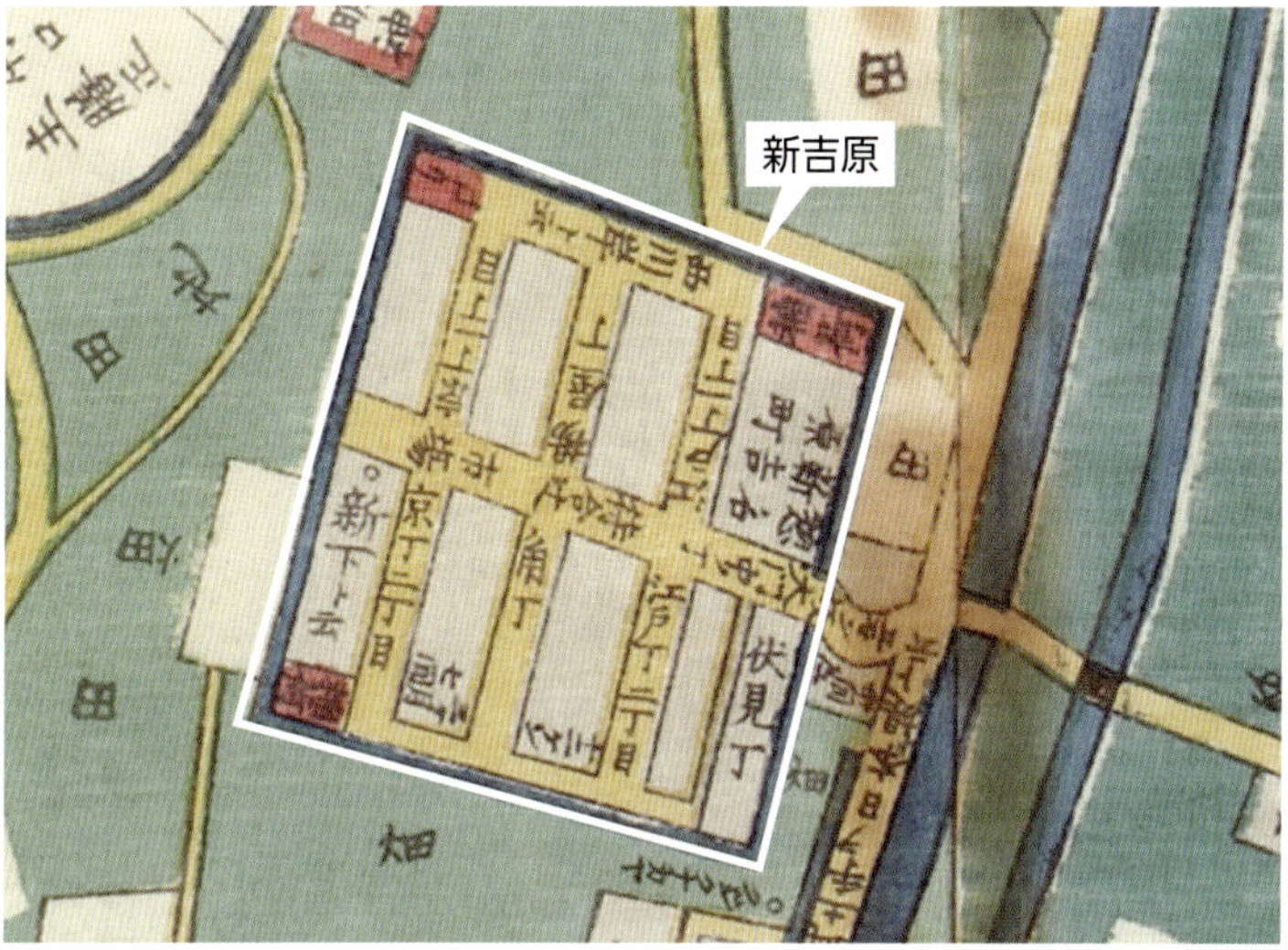

お堀で囲まれた吉原

吉原は、大門《おおもん》を入ると仲之町と呼ばれたメインストリートがあり、右手に江戸町一丁目、揚屋町、京町一丁目が、左手に江戸町二丁目、角町、京町二丁目があった。

吉原は、これら六つの町からなり、その周囲を「お歯黒どぶ」と呼ばれた堀で囲まれていた。現在は堀は埋められているが、細い小道となっており、その跡がわかる。

石井妙子氏によれば、かつて大見世があった場所には大きな風俗店が立ち、小見世の跡には小さな風俗店が立ち、芸人たちが住んでいたところは今はアパートになるというように、江戸時代との連続性が見えるという（「遊女の残り香を探して」『東京人』二三七号、都市出版、二〇〇七年）。

たしかに仲之町通りは、五分もあれば抜けられるほどの距離で、たいして広い場所ではない。

しかし、『吉原考証』という江戸時代の随筆によれば、享保五年（一七二〇）に散茶女郎（誰でも相手にする遊女）が二千人ほど、太夫《たゆう》（最高位の遊女）、格子《こうし》（高級遊女）、新造《しんぞう》（新米の遊女）、禿《かむろ》（見習い・世話係の幼女）、大小の局女郎《つぼねじよろう》（部屋持ちの遊女）を加えれば四、五千人ほどの遊女がいたとされ、川柳によると一日で千両（約2億円）ものお金が落ちたとうたわれた。

◎大名さえも夢中になった太夫

元吉原の時代は昼間の営業で、旗本を中心とする武士たちの世界だった。

遠い日本堤に移ると、夜間の営業も許されるようになったが、やはり武士たちが通った。吉原の最高位の遊女である太夫の相手には大名もいた。

太夫になる女性は、禿のときから太夫につけられ、茶・花・香・書・画をはじめ、歌や三味線にいたるまでの教育を受けた。新造として遊女になるのは十四歳だが、さらに伝統

▲歌川広重「よし原仲の町桜の紋日」（『江戸名所』）。

的遊芸の修業に励み、大名でさえその魅力に夢中になるような太夫に育っていった。

◎時代によって移り変わった上客

元禄期になると、紀文（紀伊国屋《きのくにや》文左衛門《ぶんざえもん》）や奈良茂（四代目奈良屋茂左衛門《ならやもざえもん》）ら新興の御用商人が吉原の上客となった。

吉原で豪遊し、世間の評判になれば豪商としての名声が得られ、事業を有利に展開できる効果もあった。

大名や新興の大商人が吉原を去ると、遊ぶのに高額なお金がかかる太夫の需要が少なくなる。また、太夫を育てる余裕もなくなり、宝暦（一七五一～六四）頃には吉原から太夫が消え、「昼三《ちゅうさん》」（昼間の揚げ代〈料金〉が金三分〈約15万円〉の遊女)」に代わった。

この頃になると、吉原の上客も変わってくる。旗本・御家人の蔵米受け取りを代行する札差《ふださし》が、金融業によって羽振りがよくなり、吉原に通うようになる。

また一方では、大名の江戸留守居役《るすいやく》が吉原の上客となっている。主家から多額の交際費を認められた留守居役たちは、留守居組合の寄合を吉原で開くこともあった。

享和二年(一八〇二)には、吉原を総揚げにしてどんちゃん騒ぎをし、幕府大目付《おおめつけ》(大名を監察する役)から叱責《しっせき》されている。

このように、吉原の主役も、時代によって変遷があったのである。

◎遊女の人生

遊女の年齢は、驚くほど若い。十歳ぐらいで売られてきて、十四、五歳で遊女になった。今でいえば中学生ぐらいの年齢であるが、当時の結婚年齢はそのくらいで、二十歳を過ぎると年増女とされていたので、当時の一般社会と同様であった。

年季(奉公する約束の年限)はおおむね十年と決まっており、年季が明ける前に望まれて身請《みう》けされることもあったが、前借りがかさんで、長く遊廓にとどまらざるをえない者もいた。

運悪く病気にかかると、満足な治療は受けられず、死んでいく者が多かった。今でも箕《みの》輪《わ》（三ノ輪）にある浄閑寺は、吉原遊女を埋葬した寺として有名である。

西山松之助氏の浄閑寺『過去帳』の分析によれば、死亡平均年齢は二十二・七歳で、最高齢は四十歳である。

過酷な勤めの中で、二十歳そこそこで命を落とす遊女が多かったことがわかる。また、いつまでも年季が明けず、またほかに行く場所もなく、長く遊廓にとどまる者がいたこともわかる。

遊女が死ぬと、浄閑寺に知らせが来る。寺では、戒名を与えて『過去帳』に記し、寺男に埋葬のための穴を掘らせておく。

早桶《はやおけ》に入れられた遺体が運ばれてくると、読経や供養もなく、そのまま穴の中に投げ込まれ、埋葬する。

こうしたことから、浄閑寺は「投げ込み寺」という別名もある。

〔参考文献〕西山松之助『西山松之助著作集第五巻　近世風俗と社会』吉川弘文館、一九八五年

▲浄閑寺の表門。

▼遊女の供養碑。現在でも口紅、櫛、バレッタなどが奉納されている。

▲吉原遊廓の四隅に祀られていた四稲荷と地主神である玄徳（よしとく）稲荷を合祀して建立された吉原神社。

◀歌川広重「新吉原衣紋阪秋月」（『東都名所』）。吉原帰りの客が、見返り柳の下でふり返り、なじみの遊女に思いをはせている。

▲山谷堀公園。山谷堀は隅田川から吉原遊郭への水上路で、猪牙舟が客を乗せて行き来した。

本所絵図

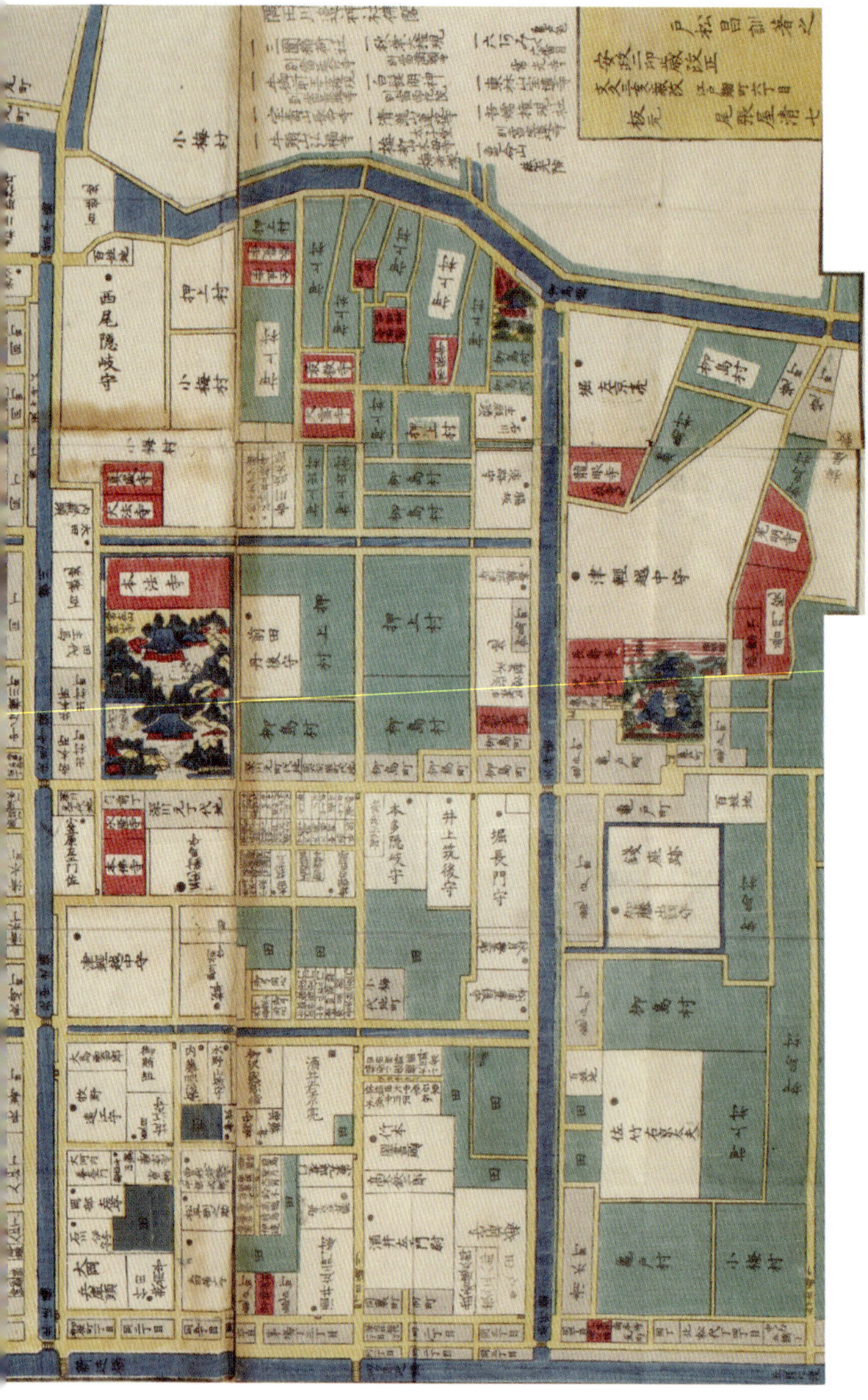
戸松昌訓著之
安政二卯歳改正
文久三亥歳改
江戸麹町六丁目
板元
尾張屋清七
西尾隠岐守
津軽越中守
本多隠岐守
井上筑後守
堀長門守
佐竹右京大夫
本法寺
小梅村
押上村
柳島村
亀戸村

本所繪圖
合印
御紋御上屋敷
中屋敷
下屋敷
神社仏閣
町家
道并橋
川池海
山林土手馬場田畑

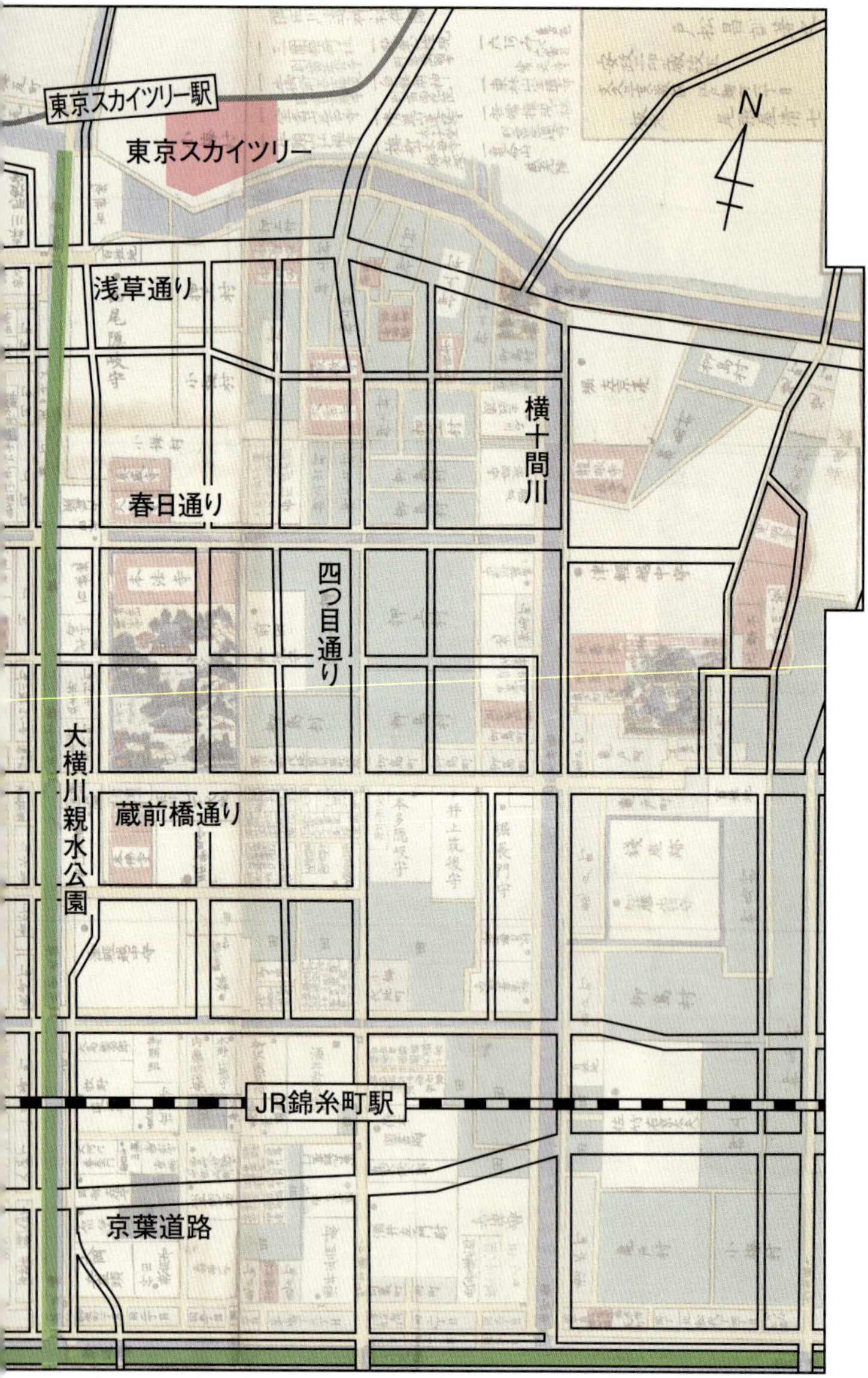
東京スカイツリー駅
東京スカイツリー
浅草通り
横十間川
春日通り
四つ目通り
大横川親水公園
蔵前橋通り
JR錦糸町駅
京葉道路
N

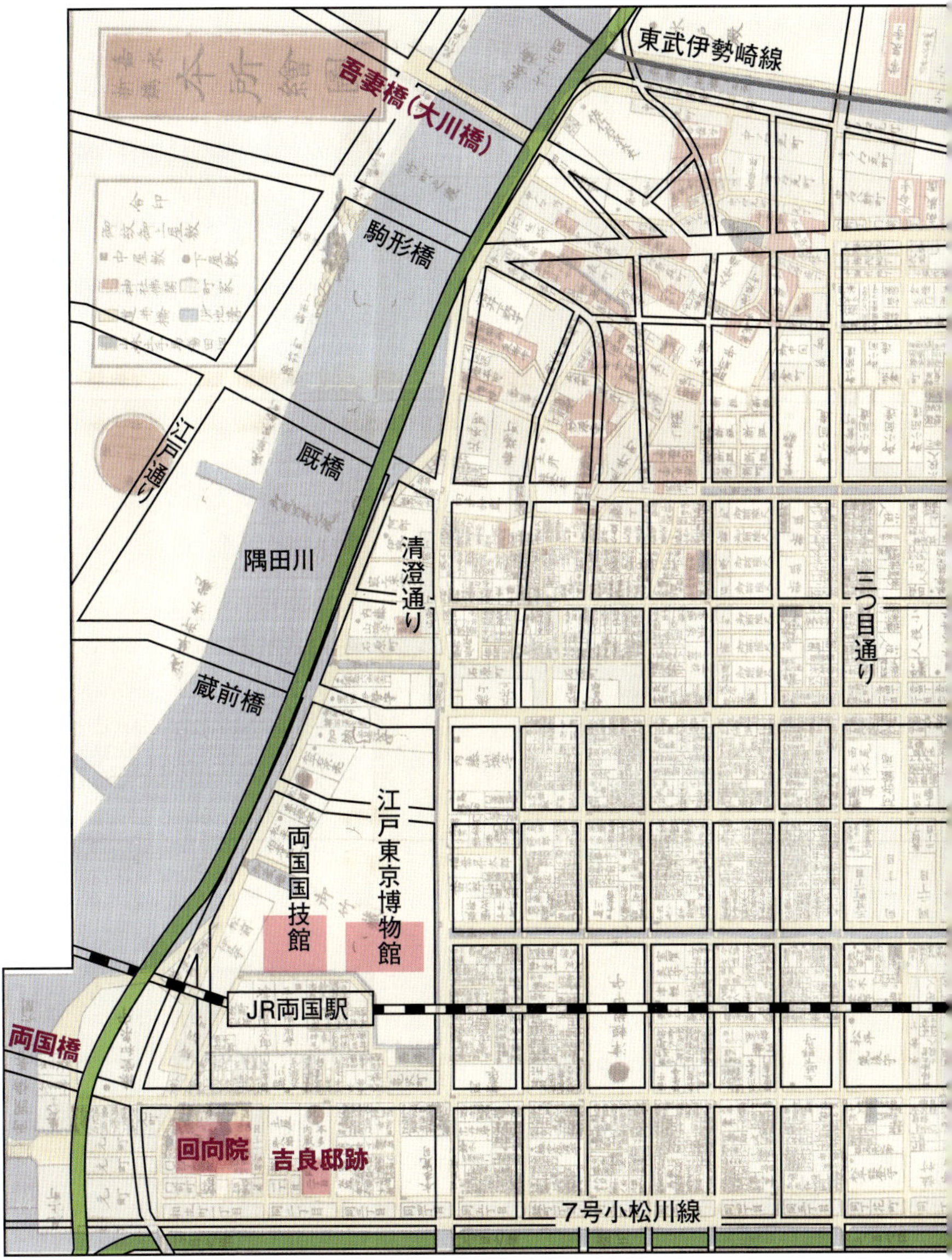
東武伊勢崎線
吾妻橋(大川橋)
駒形橋
江戸通り
厩橋
隅田川
清澄通り
三つ目通り
蔵前橋
江戸東京博物館
両国国技館
JR両国駅
両国橋
回向院
吉良邸跡
7号小松川線

本所深川絵図

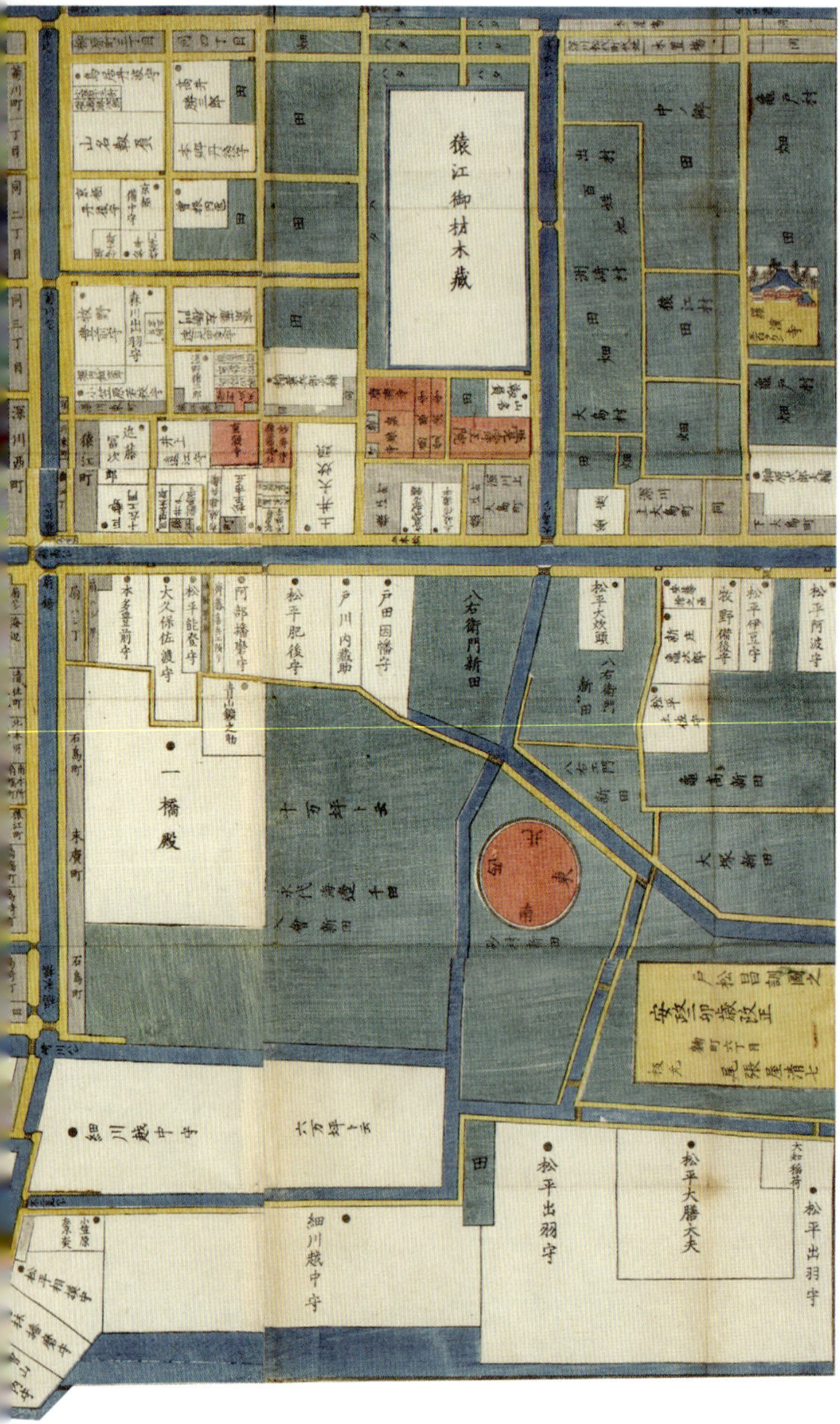

猿江御材木蔵
一橋殿
八右衛門新田
松平肥後守
戸川内蔵助
戸田因幡守
阿部播磨守
松平能登守
大久保佐渡守
松平大炊頭
牧野備後守
松平伊豆守
松平阿波守
大塚新田
細川越中守
松平出羽守
松平大膳大夫
亀戸村
大島村

本所深川繪圖

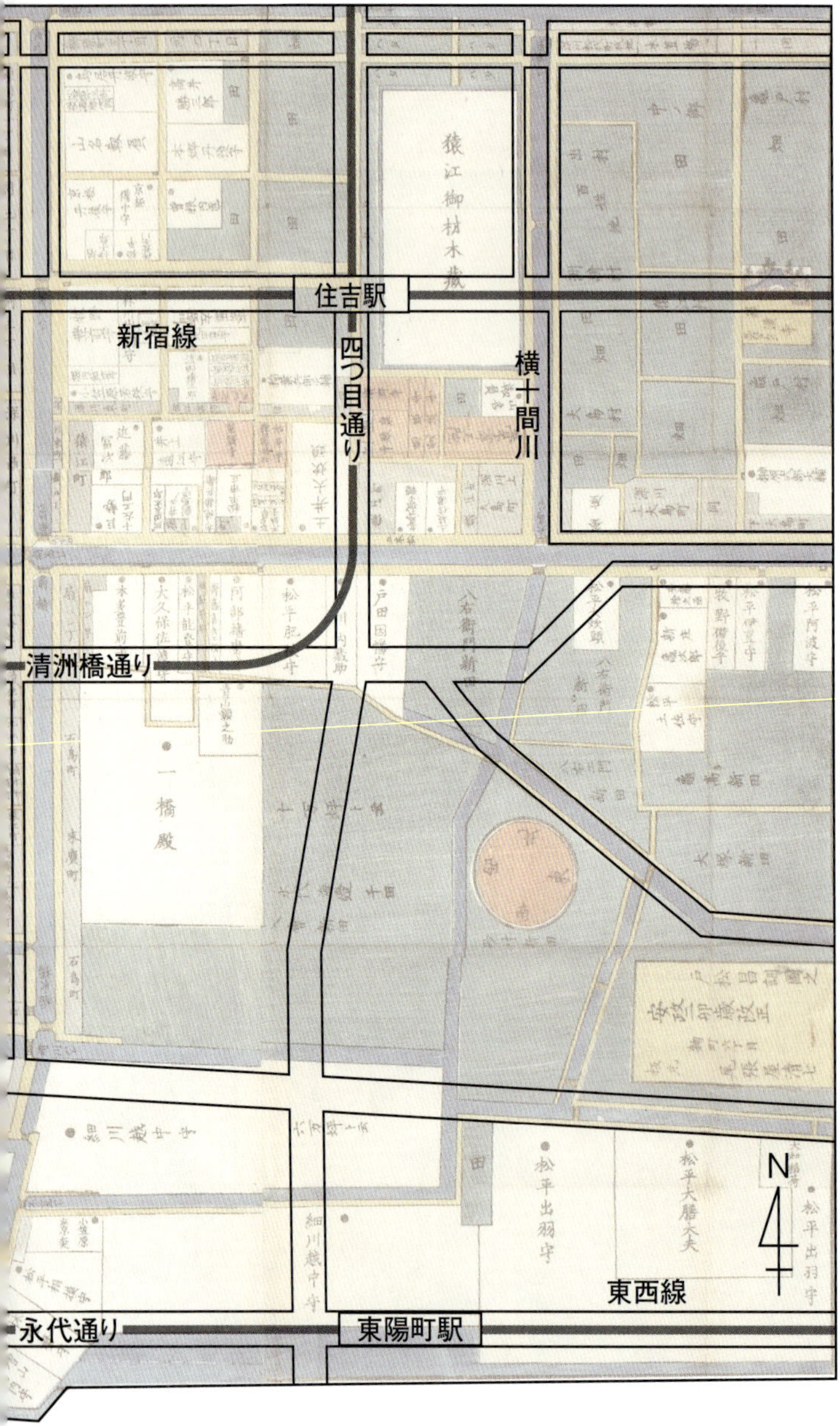
住吉駅
新宿線
四つ目通り
横十間川
猿江御材木蔵
清洲橋通り
一橋殿
永代通り
東陽町駅
東西線
N

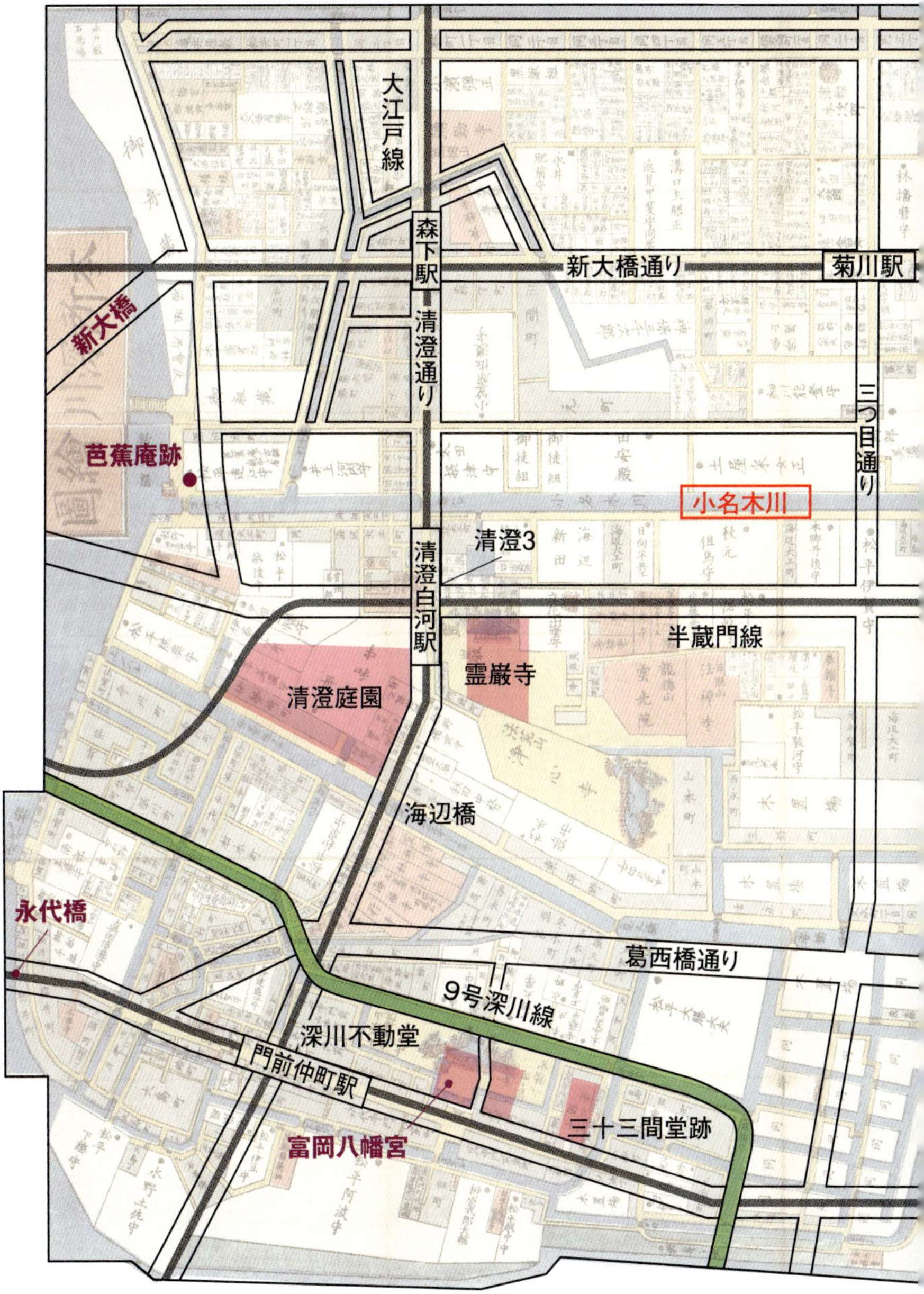
大江戸線
森下駅
新大橋通り
菊川駅
新大橋
清澄通り
三つ目通り
芭蕉庵跡
小名木川
清澄3
清澄白河駅
半蔵門線
霊巌寺
清澄庭園
海辺橋
永代橋
葛西橋通り
9号深川線
深川不動堂
門前仲町駅
三十三間堂跡
富岡八幡宮

回向院

江戸の町民の生活と命を支えた橋

江戸の庶民にとって欠かすことのできなかった橋。
隅田川の両岸には、多くの歴史が残る。

DATA

【回向院】
墨田区両国 2-8-10
TEL：03-3634-7776
アクセス JR両国駅より徒歩3分、都営地下鉄大江戸線両国駅より徒歩5分

【芭蕉庵史跡】
江東区常盤1-1-3
アクセス 都営地下鉄大江戸線・新宿線森下駅より徒歩10分

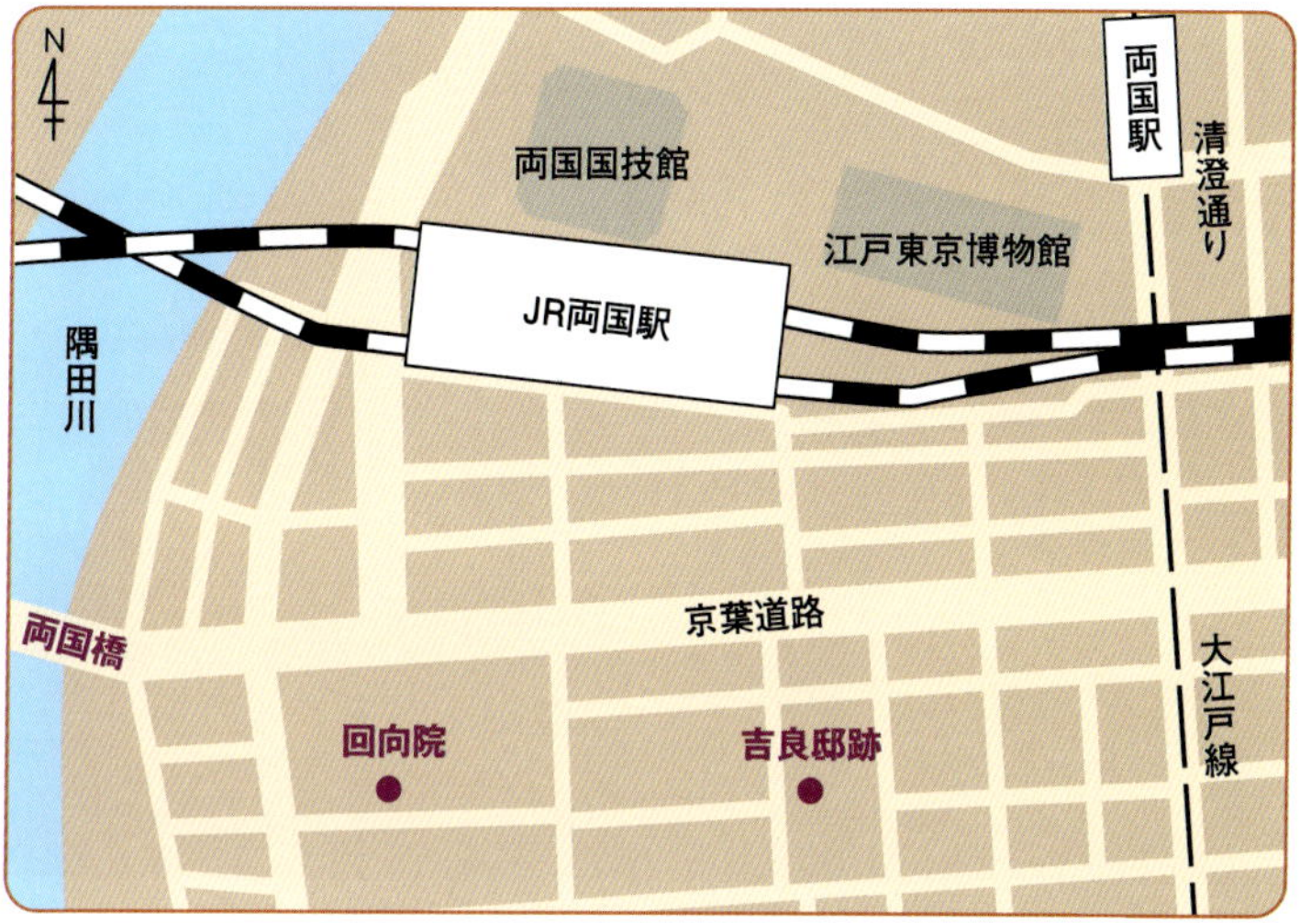

明暦の大火が機に

江戸時代、隅田川には五つの橋があった。最初にかけられた橋は、千住大橋である。

文禄三年（一五九四）のことだから、徳川家康が江戸に入府して間もない頃である。

千住大橋ができたことで、奥州街道はこの橋を通る道筋になった。その頃は、単に「大橋」と呼ばれた。

それまで、江戸から北東方面に行くときは、戸田の渡しなどを使っていたが、歩いて江戸を出ることができるようになった。

その後、幕府は、隅田川に橋をかけようとはしなかった。軍事上の理由だとされているが、隅田川のような大きな川に橋をかけるのは多額の費用がかかり、川を渡るには渡し船を使うこ

▲両国橋。吉良邸討ち入りを終えた赤穂の浪士はここで休息した。

とが一般的だったから、それほどの必要性を感じていなかったのであろう。

ところが明暦の大火（一六五七）のとき、橋がないため十万人ともいわれる死傷者が出た。もし橋があれば、川を渡って逃げられたはずだった。

このため幕府は、万治二年（一六五九）、江戸町民の避難道を確保するため、渡船場のあった柳橋付近から本所へ両国橋をかけた。

もともとは「大橋」という名称だったが、武蔵国と下総国《しもふさのくに》の二つの国を結ぶことから俗に両国橋と呼ばれ、のち正式名称となった。

ちなみに橋の近くにある回向院《えこういん》は、明暦の大火の犠牲者を弔うために建てられたものである。回向院は、のち大相撲が興行された場所として

▲歌川広重「両国花火」（『江戸名所』）。橋のたもとに花火見学の舟が集まっている。

も有名である。また、刑死したため本来はないはずの鼠小僧《ねずみこぞう》次郎吉の墓が立つ。

新大橋と芭蕉庵史跡

元禄六年（一六九三）、両国橋の南方、浜町から深川元町に隅田川三番目の橋がかけられた。五代将軍綱吉《つなよし》の生母桂昌院が、江戸町民のために橋をかけることを勧めたと伝えられている。「大橋」と呼ばれた両国橋に続く橋なので、「新大橋」と名づけられた。

建設費は、三千二百三十両（約6億4600万円）ほどであった。

当時深川に住んでいた松尾芭蕉は、新大橋についてて次のように詠んでいる。

「ありがたや　いただいて踏む　はしの霜」

▲現在の新大橋。

芭蕉が住んでいた場所は、芭蕉庵史跡とされ、近くに芭蕉記念館がある。ただし、芭蕉が奥州へ旅立ったときは、新大橋を渡らず、船で隅田川をさかのぼり、千住で降りて日光街道に出ている。

『奥の細道』では、「千住といふ所にて船を上《あ》がれば、前途三千里の思ひ胸にふさがりて、幻の巷《ちまた》に離別の涙をそそぐ」と書き、「行く春や鳥啼《な》き　魚《うを》の目は涙」という感傷的な句を吟じている。千住大橋の南の素盞雄《すさのお》神社境内には、この句碑が建っている。素盞雄神社は千住大橋の南側にあるが、芭蕉が上陸したのは北岸で、すぐ千住宿の入り口がある。

本来の千住宿は千住大橋を渡ったところだが、のちに南側の地域も千住下宿として編入され、

▲隅田川沿いにある「芭蕉庵史跡」。

▼素盞雄神社の芭蕉の句碑。

▲現代の永代橋。少し河口寄りに移動している。

飯盛女《めしもりおんな》（給仕をする名目だが実質的な娼婦）を置く旅籠《はたご》が何軒もでき、江戸中期以降は江戸でも屈指の岡場所（半ば黙認された非公認の遊廓《ゆうかく》）となった。幕府は、下宿の飯盛旅籠を十五軒に限ると規制した。

◎綱吉の五十歳を祝した永代橋

続いて元禄十一年（一六九八）には、永代橋が架橋された。

綱吉の五十歳を祝したもので、上野寛永寺根本中堂造営の際の余材を使ったとされる。

橋は、隅田川の河口付近、深川の渡しがあったあたりにかけられた。現在の位置よりも百メートルほど上流にあった（西岸は現在の中央区日本橋箱崎町、東岸は現在の江東区佐賀一丁目付近)。

橋の上からは、西に富士、北に筑波山、南に箱根山、東に安房上総が見渡せる見晴らしのよい橋だった。

元禄十五年(一七〇二年)十二月、吉良上野介《きらこうずけのすけ》屋敷(所在地は現在の墨田区両国)へ討ち入った赤穂浪士《あこうろうし》四十六名は、上野介の首を掲げ、かけられたばかりの永代橋を渡って泉岳寺へ向かった。

◎綱吉の功績

幕府が架けたのは、この四橋である。そのうちの二橋までが綱吉の時代にかけられていることを思えば、やはり元禄時代は、江戸の発展の時代で、都市化した本所《ほんじょ》・深川地区が、江戸に組み込まれることになったのである。

しかし、そうはいってもこの時代、隅田川に橋をかけるのは、大変な技術力と経費が必要で、それをものともせず二橋をかけた綱吉は、庶民にとってはありがたい将軍だった。

こうした側面は、あらためて評価しなければならない。

通行料がかかっても貴重だった橋

この綱吉の「放漫財政」のあおりで、八代将軍吉宗は、緊縮財政政策をとらざるをえなくなる。この時期の幕府は、日常の維持管理費に加えて、しばしば破損、流出、焼失する橋の維持に音をあげ、永代橋、ついで新大橋の廃橋を決めた。しかし、どちらも町民が橋の存続を嘆願し、維持管理費をすべて町方で負担することを条件に存続が許された。

こうしてこれらの橋は通行料がかかったが、橋がないことの不便を思えばたいした出費ではなかった。また、橋詰では市場が開かれ、維持費の足しとした。ちなみに永代橋は、文化四年（一八〇七）八月十九日、深川富岡八幡宮の十二年ぶりの祭礼に詰めかけた群衆の重みによって落橋し、死者・行方不明者千四百人といわれる大事故となった。

最後の橋

隅田川にかけられた最後の橋は、安永三年（一七七四）、浅草寺の物揚場から本所中之郷にかけられた「大川橋」である。のち、吾妻橋と改称された。

この橋は、もともと浅草の町人らが嘆願して架橋を許されたもので、いわば民間の橋である。費用は二千両（約4億円）ほどと見積もられ、浅草寺門前町屋の町人たちの出資で

▲現在の吾妻橋。橋の下には水上バスの乗り場がある。

建設された。橋の維持費のため、武士以外の通行者から二文の渡り賃をとった。もともと盛り場である浅草寺付近で、川を渡れば裕福な武士・町人の別荘のある向島だったから、橋は重宝された。

天明六年（一七八六）七月十八日の洪水の際、永代橋、新大橋が流され、両国橋も大きな被害を受けたが、吾妻橋だけは無傷で残ったという。

現在、吾妻橋のたもとの停留所から浜離宮恩賜庭園、さらにお台場海浜公園にいたる水上バスが運航されている。

水上バスで、隅田川にかかるさまざまな形式の橋を見上げながら江戸湾に出る船旅は、ぜひ推奨したい歴史散歩コースのひとつである。

富岡八幡宮

安政大地震と本所・深川地域

多くの犠牲者を出した安政大地震。
燃え広がった火は富岡八幡社の門前で止まったという。

DATA

【富岡八幡宮】
江東区富岡1-20-3
TEL：03-3642-1315
アクセス 東京メトロ東西線門前仲町駅より徒歩３分、都営地下鉄大江戸線門前仲町駅より徒歩６分、JR越中島駅より徒歩15分

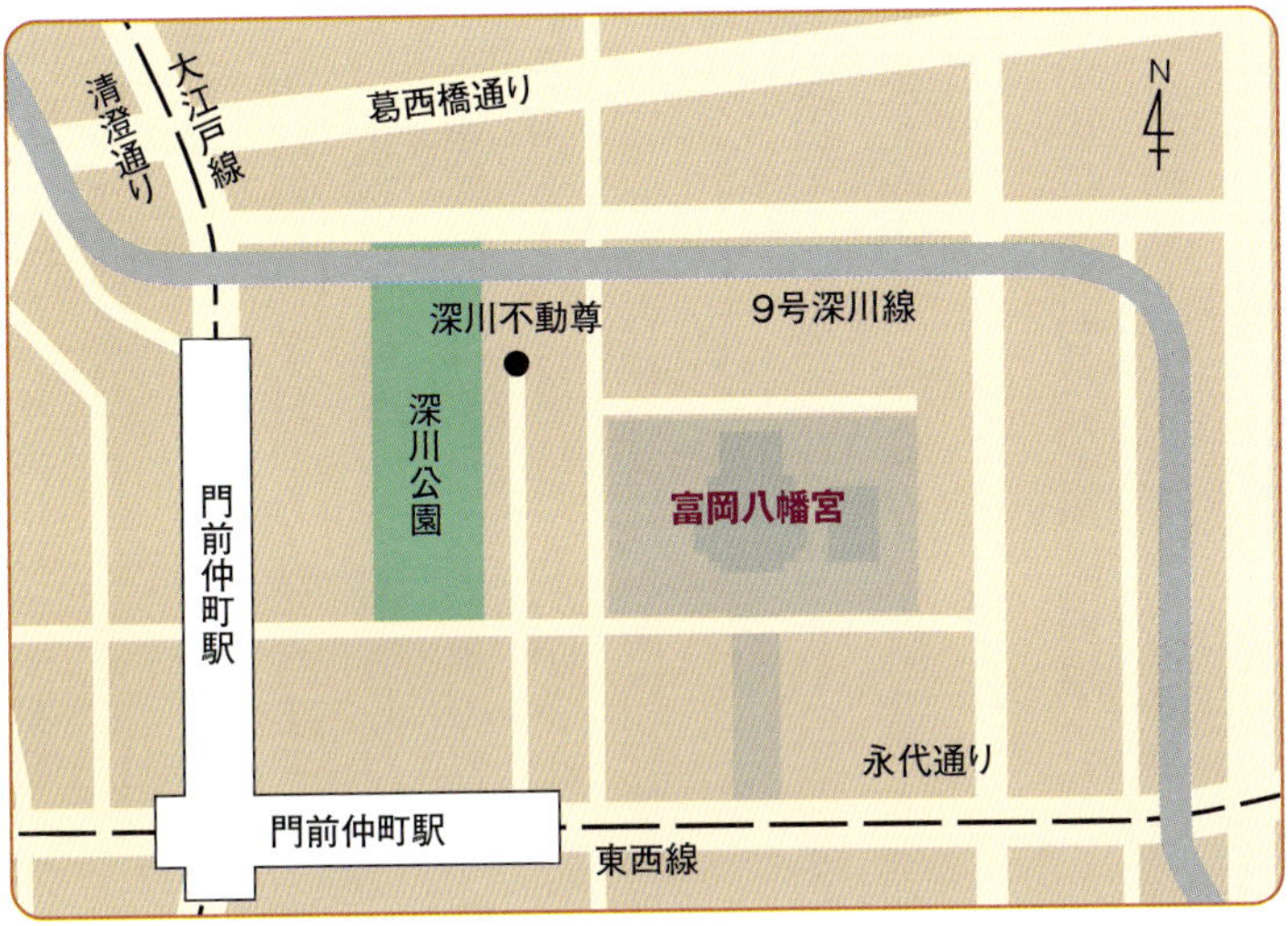

大きな被害をもたらした安政大地震

安政大地震（一八五五）の被害は、台地ではそれほどではなかったが、低地では大きかった。特に、本所《ほんじょ》（墨田区）、深川（江東区）、浅草（台東区）、下谷《したや》（台東区）、小石川（文京区）などがひどかった。

神田にあって江戸の情報を集めていた藤岡屋という者の日記によれば、両国橋から大川橋（現在の吾妻橋）までの隅田川沿いの被害は、次のようなものであった。

両国橋向かいの本所尾上町・元町・藤代町の家作や土蔵などは半壊、まれには大破した建家もあった。

藤堂和泉守《とうどういずみのかみ》下屋敷は過半が倒壊し、表長屋二棟ほどだけが残った。蔵は全壊、半壊などのありさまだった。松前伊豆守《まつまえいずのかみ》屋敷はいずれも大破損、長屋などもつぶれ、火事もあって焼失した。本所の幕府米蔵も大破損した。ほか、多くの大名屋敷が全壊、半壊などの被害にあった。

本所緑町二丁目から五丁目までは、家屋がつぶれたうえ、火事があってすべてが焼失した。花町二丁目も同様に焼失した。

両国回向院《えこういん》は、本堂は前年の火事で類焼していたためなかったが、鐘楼《しょうろう》がつぶれ、僧坊などが大破し、崩れたものが多かった。当然、墓石なども倒れた。

深川元町の銀座辻伝右衛門の地所は、間口二十間《けん》（約36・4メートル）、奥行十五間（27・3メートル）の町屋敷だったが、表店《おもてだな》（通りに面した長屋）の者二十五人、裏店《うらだな》（奥の長屋）七十三人、計九十八人が即死した。

永代寺門前、海側の松平阿波守下屋敷もつぶれ、十人が即死し、十人がけがを負った。

◎火災に見舞われた永代橋界隈

永代橋東方の御船蔵は無事だったが、御船手の組屋敷は大きく破損した。その南の相川町は木戸際の三軒を残して焼け、東方の佐賀町の真田家中屋敷のところまで焼失した。

▲歌川広重「深川八幡境内」（『江戸高名会亭尽』）。

南方は、熊井町二丁目の玄正寺が焼け、富吉町三町、蛤町三町と同所の西光寺が焼け、門前仲町通りの一の鳥居は焼け落ち、永代寺西門前町三町、山本町、西横町、永代寺東門前町二町が焼け、富岡八幡社（現在の富岡八幡宮）の門前で火は止まった。

　富岡八幡社は無事だったが、拝殿は破損、御《み》輿《こし》蔵は大破損、絵馬堂はつぶれた。大鳥居と灯籠は倒れ、神楽所などが大破損した。当時の瓦《かわら》版《ばん》（ニュースを伝える情報紙）を見ると、深川では、液状化の被害もあったことがわかる。また、悪党百人ほどが出現し、米百石《こく》ほども盗み取っていったという。

▲富岡八幡宮の鳥居。

◎地震対策になった箪笥

当時、地震では、まず家屋が倒壊したとき、梁などに打たれて即死する者が多く、さらに火が出ると建物の下敷きになって逃げられなかった者が焼死する。

現在では、建物の梁は金物で柱に固定されているので、そうそう梁は落ちてこないが、当時は梁が柱から抜け、凶器となったのである。

運のよい者は、梁が落ちてきても、箪笥《たんす》などに支えられて助かった。そのため箪笥を置くのがよいともいわれたが、現在では地震の揺れで大きな箪笥の下敷きになってけがをすることも多いに違いない。

◎甚大な被害を出した吉原

より大きな被害を出したのは、浅草の北にあった遊廓《ゆうかく》、新吉原である。新吉原から町奉行所《まちぶぎょうしょ》へ届けられた被害は、死者男百四人、女五百二十七人、計六百三十一人というものだが、実数ははるかに多かった。

藤岡屋が書き留めたところによると、遊女八百三十一人と、客やひやかし見物の者四百五十四人が即死し、そのほか茶屋に勤める男女や禿《かむろ》、若者、商人などの死者千四百十五人を加え、二千七百人もが死んだという。

ただ、この数字も控えめなもので、地震後の火事で焼死した者を入れると、死者は六千人とも七千人ともいわれる。

なかには、新吉原の江戸町二丁目三浦屋吉右衛門のように、地震のときは穴蔵に入るのがよいと思い、自分たち夫婦のほか、遊女五十人を穴蔵に避難させたところ、上に家屋が倒壊し、火事が起こったため、全員が蒸し焼きになるという悲劇もあった。

角町の津国屋《つのくにや》半三郎は、遊女三十余人を抱える遊女屋だったが、この日、客への愛想が悪い遊女を一人折檻《せっかん》し、裸にして柱に縛りつけていた。

そこに大地震がきて、火事になった。遊女は縄をほどいてほしいと懇願したが、半三郎はそれを無視して荷物を運び出そうとしたところ、梁が落ちてきて半三郎は即死、そのはずみで縄が切れ、その遊女は逃げることができたという。

牛門老人《ぎゅうもんろうじん》（牛込御門辺に住む老人の意）が書いた『安政乙卯地震紀聞《あんせいいつぼうじしんきぶん》』によると、身分の低い者の死人が多く、桶《おけ》も瓶《かめ》も間に合わず、町方では天水桶《てんすいおけ》（雨水をためる桶）や四斗《と》樽《だる》（四斗入る酒樽。現在のものより大きい）、子どもは醬油《しょうゆ》樽などに入れたり、むしろに包んで葬る者もいた。

お寺も忙しく、人手が足りないため、鍬《くわ》を持って寺に行き、自分で埋めて帰る者もいた。

◆下谷に残る話

こうした深刻な被害を出した大地震であったが、なかにはうそのような話も残されている。

下谷のあたりで、地震・火事のさなかに、火事場のほうにふらふらと歩いていく七、八歳ばかりの子どもがいた。その場に居合わせた鳶《とび》（とび職）の者が、子どもを引きとめ、「そっちに行くと火事場だから危ない。どこの子でどこに行くのか」とたずねたが、何とも答えず、ただうろうろするばかりだった。鳶は、哀れに思い、背

▲江戸大地震之図（東京大学史料編纂所蔵、国宝）。

中におぶって自分の家に連れて帰り、女房に「まず飯を食わせよ」と命じた。

女房は、あり合わせのさんまの干物を出したが、かぶりを振って食べようとしない。何ぞほかのものをと、味噌などを焼いて勧めたが、これも食べない。

そこで、眠いのだろうと寝かせたところ、ぐっすりと眠った。

翌朝、鳶は、その子に向かい、こう言った。

「うちには子どもがいない。今日からうちの子にならないいか」

しかし、その子はかぶりを振って答えない。

「おとっさんの名前は何と言う」

と重ねてたずねたところ、なんとその子はこう答えた。

「藤堂和泉守」

藤堂和泉守とは、伊勢国津藩主で、二十四万石の大名である。下谷に上屋敷、本所に下屋敷があり、大きな被害を受けていた。

意外な答えにその鳶は、開いた口がふさがらず、女房も驚いてものも言えない。

鳶は、急に頭を低くして、

「それでは、御屋敷にお供いたしましょう」

とその子をまた背負って藤堂家上屋敷に行った。

屋敷では、若君が見当たらないということで、夜中捜し歩き、諸方に人を出したりと困惑していた。そこへ鳶が若君を負ってきたので、みな大喜びした。

藤堂家の重役は、鳶を褒賞し、その場で五十

▲江戸大地震之図（東京大学史料編纂所蔵、国宝）。

両（約1000万円）を与え、生涯五人扶持《ぶち》（手当の米。五人扶持だと一日二十五合）を給したという。

牛門老人の記録からわかるその当時の工法

牛門老人の書いていることで、注目すべきことがある。当時の家屋の造り方である。彼が言うには、昔は、家の隅柱の上のほうに火打ちといって三角の木を入れて固めとし、床の下には柱ごとに足固めという技法があった。そのため、いかに地震が強くても、揺れてもつぶれなかった。しかし、安政の頃は略製となっていたため、たちまちつぶれたという。

家は、よい大工を頼み、費用を惜しまず古法のごとく造りたいものだ、というのが彼の感慨

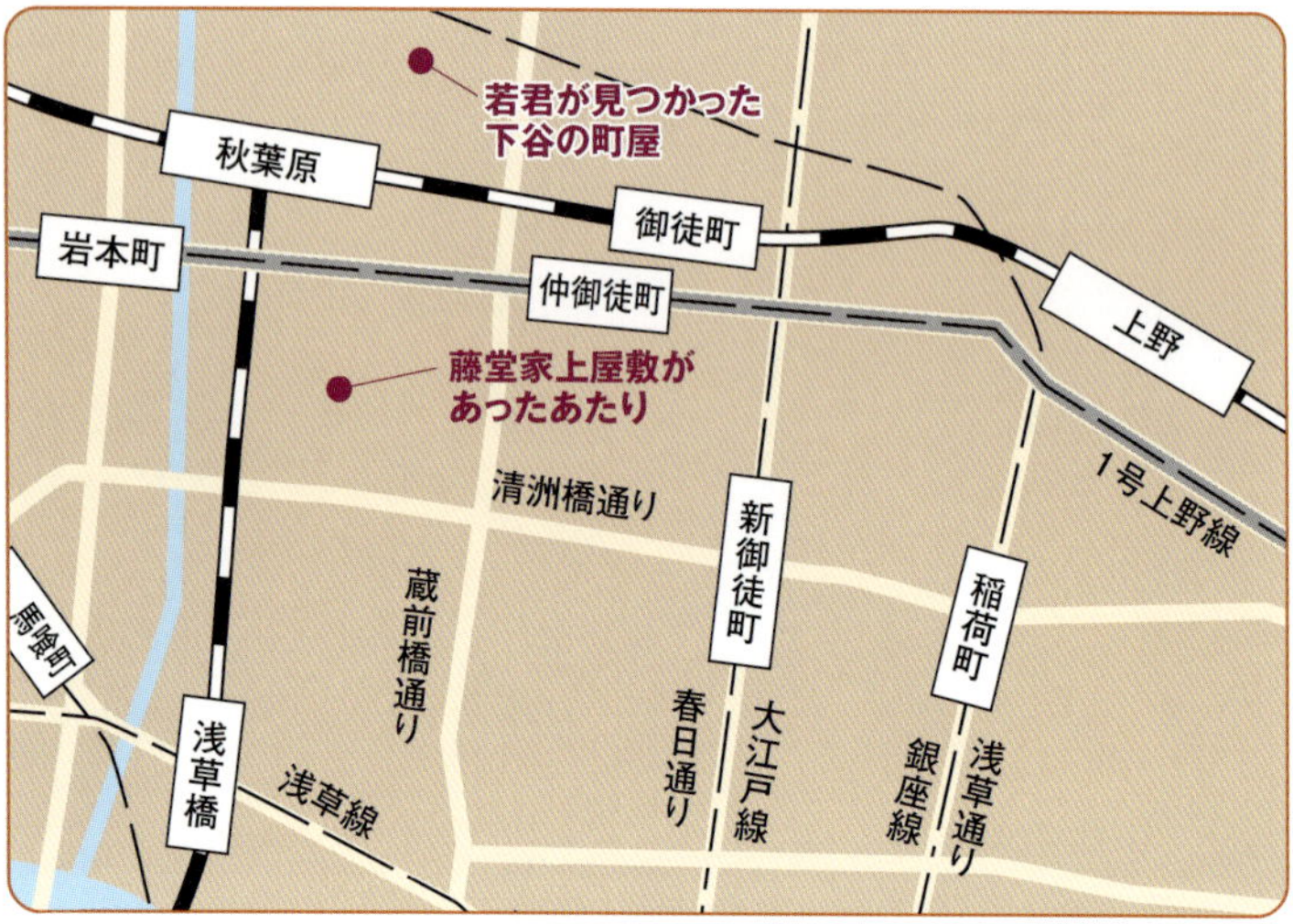

である。昔の家屋だから地震で多く倒壊したのではなく、安政の頃の建て方に問題があったのである。また、幕府が、火事に備えて屋根を瓦で葺《ふ》くように奨励していたことも仇《あだ》になった。簡易な造りの家屋が瓦の重みに耐えきれず、倒壊した。

なお、牛門老人とは、膨大な風聞集『視聴《みきき》草《ぐさ》』を編纂した幕臣・宮崎成身《せいしん》だといわれる。成身は、当時、神楽坂の下東角に住んでいた。

新宿区・渋谷区・目黒区・中野区

千駄ヶ谷鮫ヶ橋 四ツ谷絵図

戸松昌訓訂正
嘉永三戌年新鐫
麹町六丁目
金鱗堂 尾張屋清七板
尾張殿
松平摂津守
田安殿
御先手組
大御番組
尾張殿

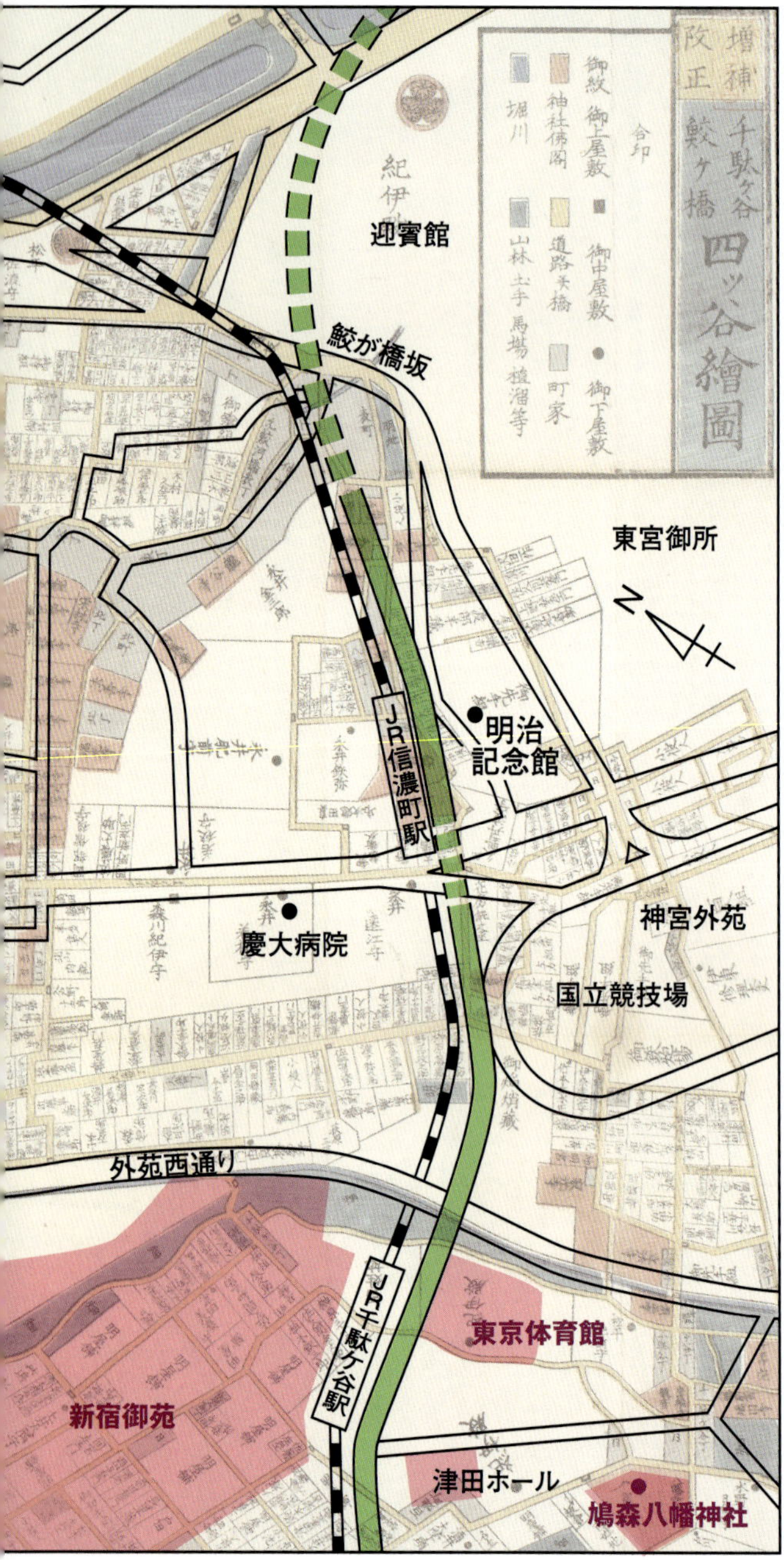
増補改正
千駄ケ谷
鮫ケ橋
四ッ谷繪圖
合印
御紋
御上屋敷
御中屋敷
御下屋敷
神社佛閣
道路并橋
町家
堀川
山林 土手 馬場 植溜等
迎賓館
鮫が橋坂
東宮御所
明治記念館
JR信濃町駅
慶大病院
神宮外苑
国立競技場
外苑西通り
JR千駄ケ谷駅
東京体育館
新宿御苑
津田ホール
鳩森八幡神社

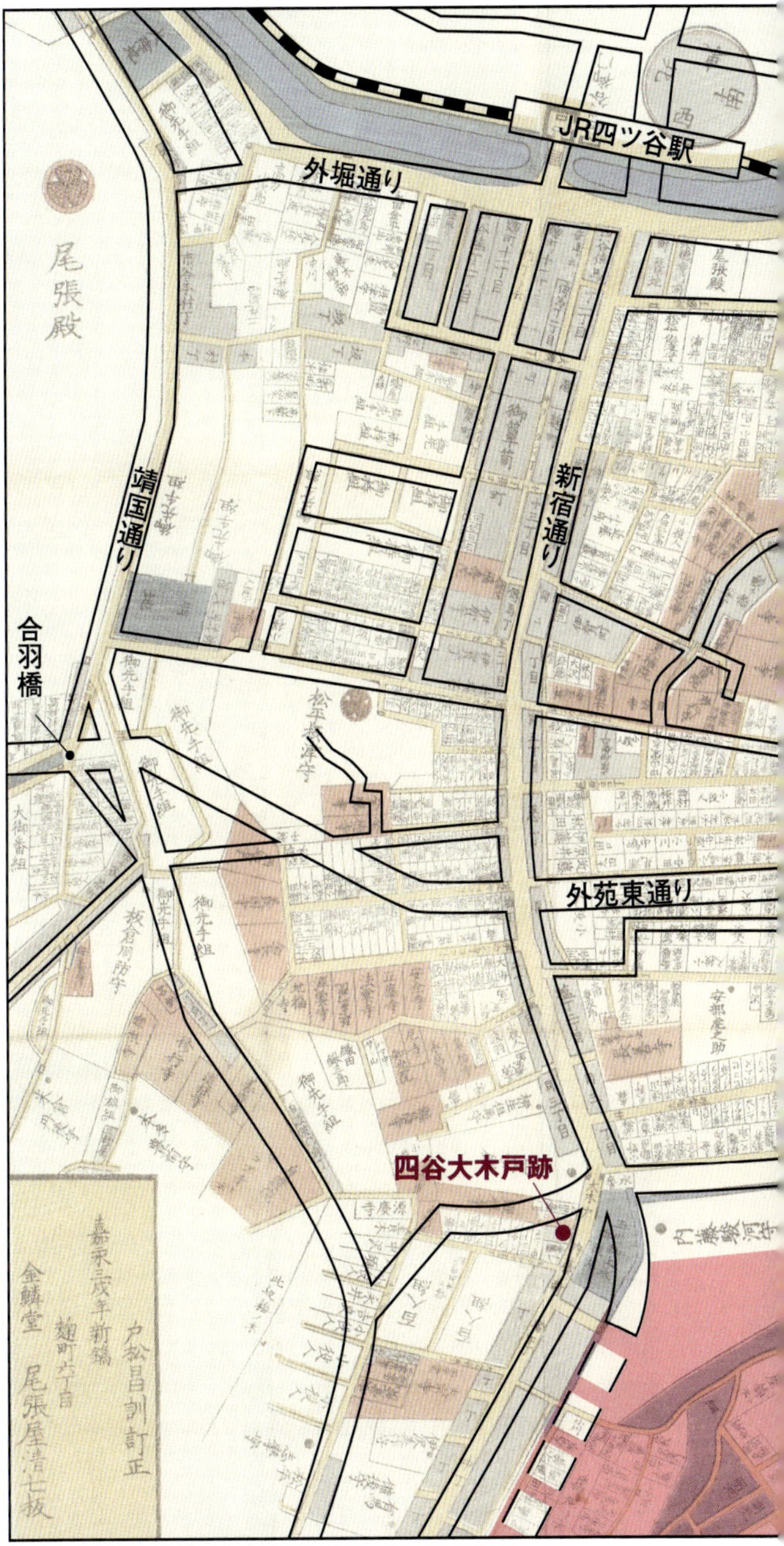
JR四ツ谷駅
外堀通り
尾張殿
新宿通り
靖国通り
合羽橋
外苑東通り
四谷大木戸跡
嘉永三戌年新鐫
戸松昌訓訂正
麹町六丁目
金鱗堂　尾張屋清七板

新宿御苑大木戸門

浅草商人が開いた新宿

**内藤家下屋敷の敷地に造られた新宿。
新宿御苑には、当時の庭園の一部「玉藻池」が今も残る。**

DATA

【新宿御苑】
新宿区内藤町11
TEL：03-3341-1461
アクセス 東京メトロ副都心線新宿三丁目駅より徒歩5分、都営地下鉄新宿線新宿三丁目駅より徒歩5分、東京メトロ丸ノ内線新宿御苑前駅より徒歩5分、JR・京王・小田急線新宿駅より徒歩10分

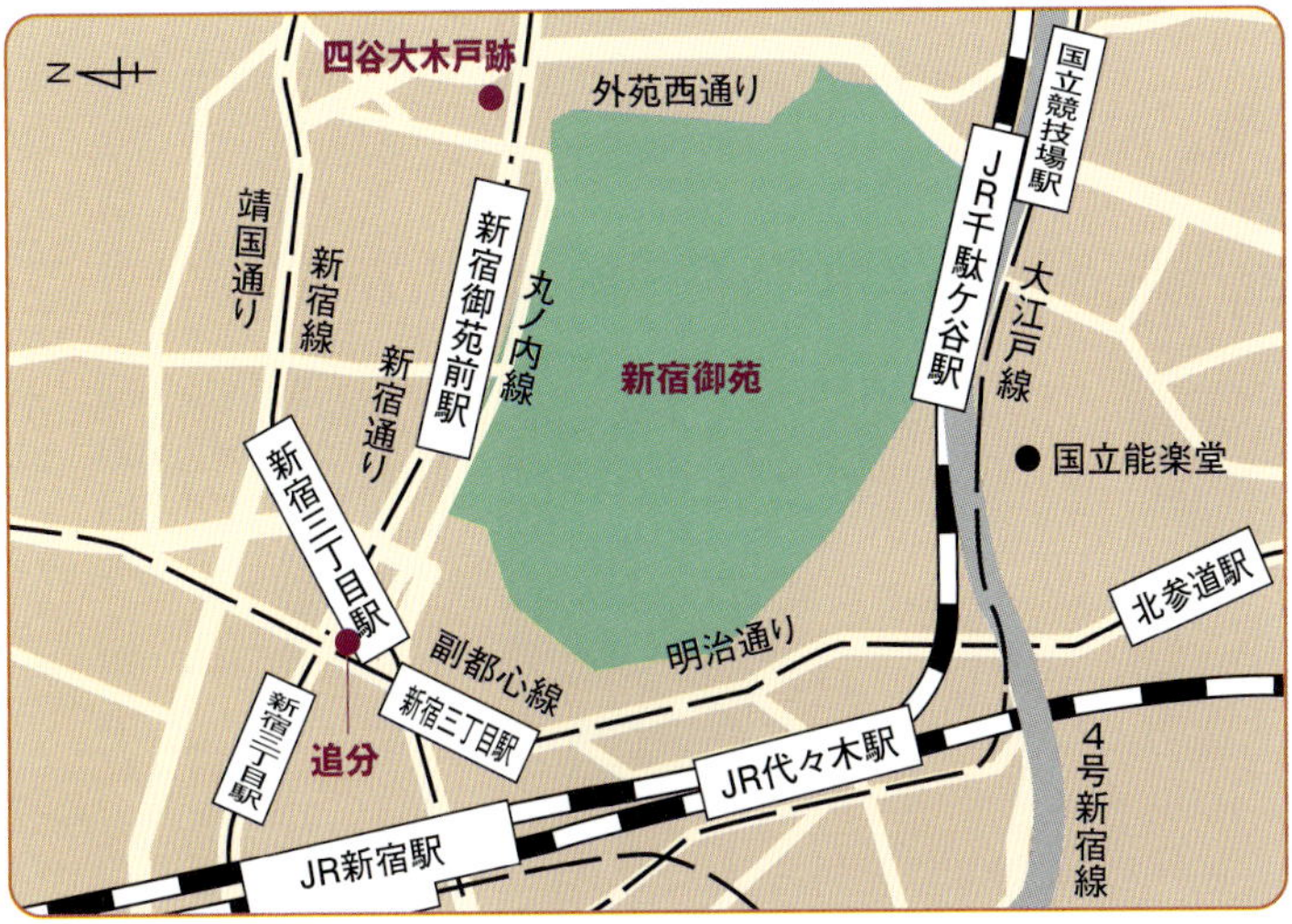

新しい宿場・新宿

新宿は、甲州街道の新しい宿場で、信州高遠藩内藤家下屋敷の一部に設けられたので「内藤新宿」と呼ばれていた。

追分団子で有名な「追分」の地名は、そこが甲州街道と青梅街道の分岐点であったからついた名前である。

現在の新宿は、伊勢丹などのデパートや歓楽街である歌舞伎町で有名で、歴史的な遺跡は新宿御苑を除けばほとんど忘れ去られているように見える。

新宿は駅を中心に広がっているように見えるが、もともと宿場が置かれたのは新宿一丁目から三丁目あたりである。

現在、新宿三丁目の端にある追分で甲州街道と青梅街道が分かれるのだから、その頃、新宿駅や歌舞伎町のあたりは農村地帯だった。

青梅街道は、城の白壁に塗る白土の原料となる石灰の特産地である青梅地域と江戸を結ぶ道路である。時代が下れば、青梅縞《おうめしま》などの織物も特産品となった。

甲州街道は、幕府の直轄地だった甲府に行く街道である。道筋の八王子には、甲州武田氏の旧家臣を「千人同心《せんにんどうしん》」として土着させていた。

▲新宿三丁目の交差点。

多摩地域は、幕末に活躍する新撰組の近藤勇《こんどういさみ》や土方歳三《ひじかたとしぞう》の出身地として有名である。

◎新宿宿場の開設

新宿が宿場として開設されたのは、浅草の商人の出願による。

表向きは、甲州街道最初の宿場である高井戸宿が江戸から遠すぎて、伝馬役《てんまやく》（宿場に課せられた公

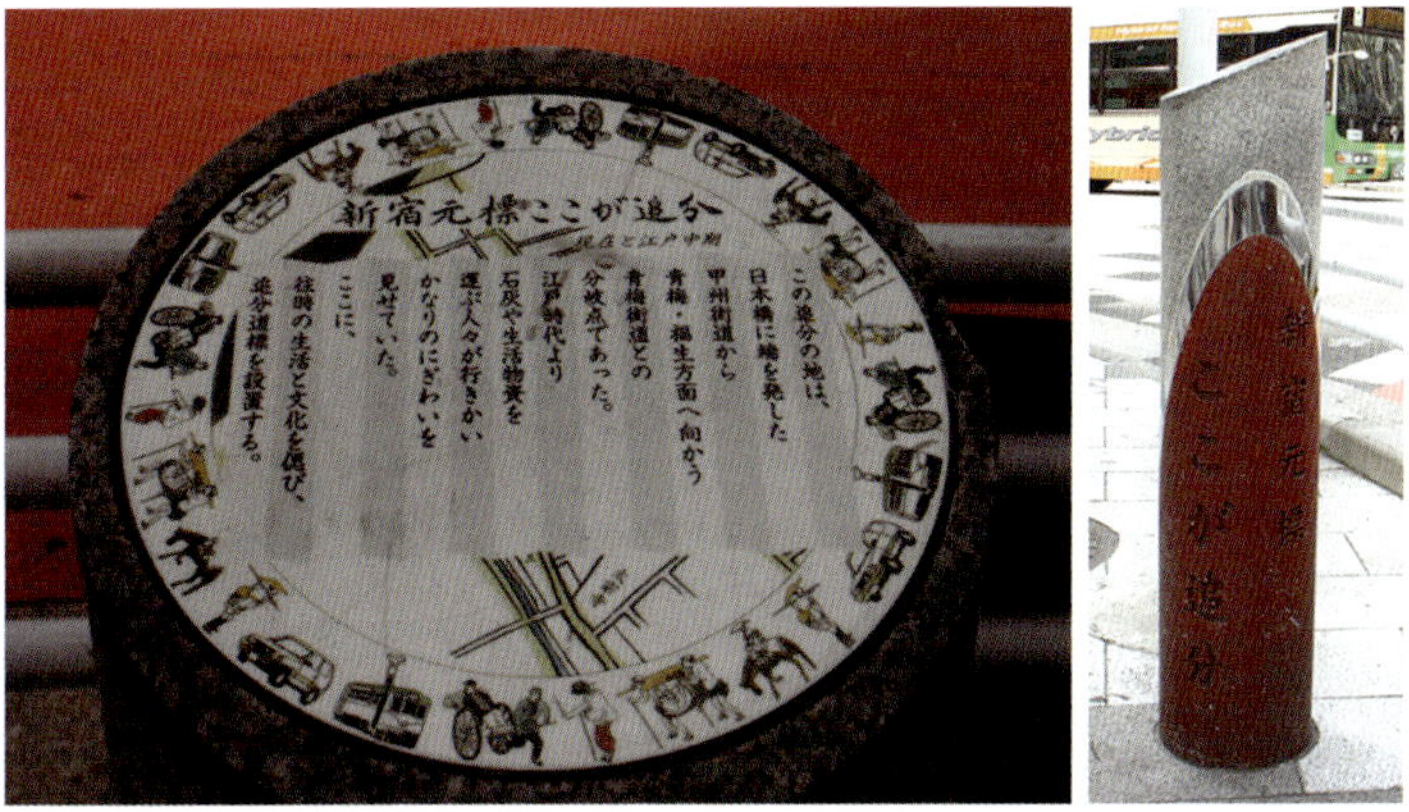

▲新宿三丁目の交差点にある新宿追分の碑「新宿元標　ここが追分」。

用の人馬提供の義務）の負担に難儀するという理由であった。

しかし宿場新設の条件として金五千六百両（約11億2000万円）もの上納金を支払っており、浅草商人の目論見は別のところにあった。

江戸の入り口にあたる品川宿（東海道）や板橋宿（中山道《なかせんどう》）は、宿泊客はあまりいないものの、江戸に近いということで行楽客や寺社への参詣客が多く、盛り場となっていた。

江戸の代表的な盛り場で、かつ商業の中心地でもあった浅草の商人は、限界に達した浅草のほかに、投資すべき対象を求めていた。

そこで計画されたのが新宿の開発だった、と見られるのである。

宿場の開設は、元禄十一年（一六九八）、浅草の商人十人が元締めとなり、屋敷地を区割りし、希望者に売却していった。購入したのは、江戸の商人のほか、高井戸村など近隣の農民もいた。江戸近郊の裕福な農民も、有利な投資先を求めていた。

メインストリートに設けられたのは、旅籠《はたご》や茶屋である。宿場町だから当然のことだが、これらの業種は、通常の宿泊客をあてこんだものではなかった。

当時、旅籠は、「飯盛女《めしもりおんな》（食売女）」と呼ばれる女性を抱えていた。客の給仕をするという名目であったが、実際は遊女同然の者たちであった。茶屋にも似たような存在である茶屋女がいた。

幕府は、一軒につき二人までは飯盛女を抱えることを認めていた。これは、そうしないと宿場がさびれてしまうからである。宿場の運営にあたる問屋場《といやば》の経費は、そうした旅籠からの上納金で支えられていた。

◎急成長と規制

江戸から目と鼻の先である新宿に多くの旅籠や茶屋ができ、飯盛女や茶屋女を抱えているということになると、人の動きは活発となる。新宿は、わずか十年ほどの間に急成長を遂げた。

幕府から唯一公認された遊廓《ゆうかく》である吉原は、飯盛女の取り締まりをしばしば町奉行所《まちぶぎょうしょ》に訴えた。

享保三年（一七一八）十月、幕府は、突然、新宿に宿場の廃止を申し渡した。そしてほかの宿場に対しても、一軒につき飯盛女二人という規制を守るようにとの法令が出された。

当時、将軍は八代吉宗、南町奉行は有名な大岡忠相《おおおかただすけ》である。こうした人たちが、歓楽街として野方図な発展をしている新宿を嫌ったのであろう。

宿場を廃止された新宿の旅籠は、転業を余儀なくされ、廃業に追い込まれた者も多かった。

◎家治の時代に認められた再興

廃止から五十年ほどがたち、将軍も十代家治《いえはる》になる頃には、幕府の風俗規制がゆるみ始めた。新宿の町人は、宿場再興運動を展開し、明和九年（一七七二）二月二十日、ようやく再興が認められた。

条件は、新宿は年貢のほか、毎年冥加金《みょうがきん》（商売に対する税金の一種）百五十五両（約3

100万円）を納めることで、飯盛女を百五十人まで置くことが許された。

こうして新宿は、再び盛り場として繁栄していくことになる。

ただ、新宿の顔は、盛り場としてのものだけではない。青梅街道や甲州街道沿いの農村からは、江戸に農産物や特産品を売りにくる者が多かった。

しかし、江戸市中まで売りに行くのはたいへんなので、新宿周辺にあった店に販売を委託するようになった。こうした農民たちのための問屋が増えていった。また、品物を持ち寄る農民のための店も増えた。地元では手に入らないものが、新宿では買うことができた。

多摩地方の裕福な農民の子女は、幕府の大奥や大名家の奥に奉公することが多い。彼女らの親は、商売でつきあいのある新宿の店を介して娘からの手紙を受け取ったり、差し入れをしたりした。新宿は、江戸の後背地として発展した多摩地方と江戸を結ぶ中継点としても発達したのである。

江戸の境界・四谷大木戸

現在の新宿の姿ができるのは、昭和に入ってからである。

中央線が山手線と結ばれ新宿がターミナル駅となると、駅周辺から新宿三丁目交差点までの地域にデパートや映画館が立ち並んでいった。

従来の四谷大木戸（江戸の境界にある木戸）から西に向かう動線が、駅から東に向かう動線に変化していったのである。今ではかつて宿場のあった地域がオフィス街のような印象がある。

一大歓楽街である歌舞伎町の成立はもっと遅く、戦後の話である。もとは歌舞伎劇場を造る計画から始まった街の建設は、映画館や喫茶店などを中心に発達していき、次第に風俗街の様相を呈していったのである。

▲四谷大木戸跡の碑。

内藤家下屋敷であった新宿御苑も、大正の頃は、皇室のゴルフ場として使われていた。現在でも当時クラブハウス的に使われていた洋館が残っており、第二、第四土曜日には公開されている。

〔参考文献〕安宅峯子『江戸の宿場町新宿』同成社、二〇〇四年

▲もと皇室ゴルフ場のクラブハウスだった旧洋館御休所。

▼新宿御苑のイギリス風景式庭園。

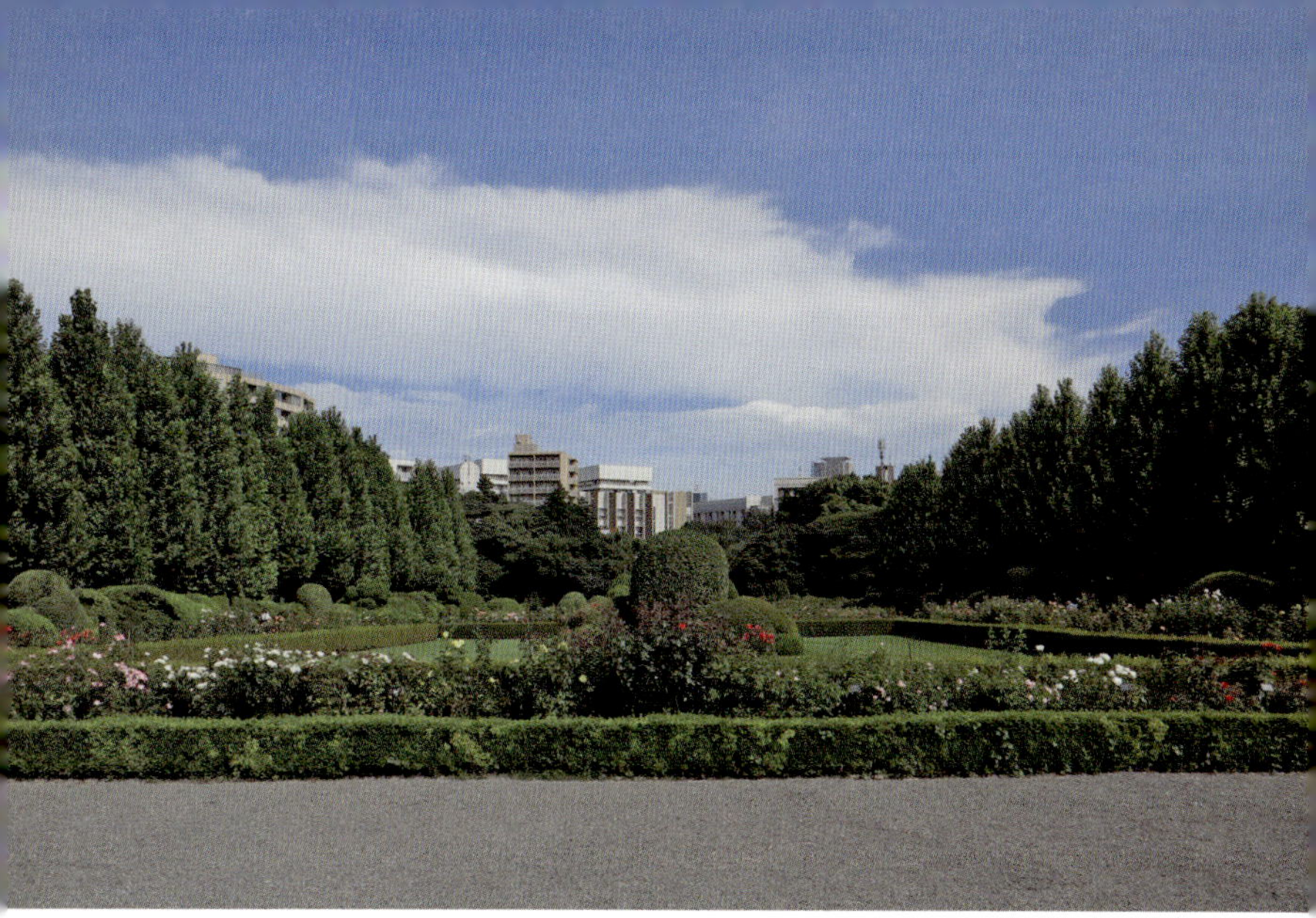

▲新宿御苑のフランス式整形庭園。

▼内藤家の回遊式日本庭園「玉川園」の一部が「玉藻池」として今も残る。

東京体育館

徳川公爵邸跡と大名たちの敷地跡

**広大な土地を有していた徳川家や大名たち。
現在でもその姿をかいま見ることができる。**

DATA

【東京体育館】
渋谷区千駄ヶ谷1-17-1
アクセス 都営地下鉄大江戸線国立競技場駅・JR千駄ケ谷駅より徒歩1分

【博物館　明治村】
愛知県犬山市内山1番地
TEL：0568-67-0314
アクセス 名鉄犬山駅から明治村行バスで約20分

【旧前田侯爵邸】
目黒区駒場4-3-55　駒場公園内
アクセス 京王井の頭線駒場東大前駅より徒歩8分、小田急小田原線東北沢駅より徒歩13分

◎広大な徳川公爵邸

ＪＲ千駄ケ谷駅を出ると、東京体育館など大きな施設が立っている。

このあたり一帯は、もと徳川公爵家の屋敷があったところである。

江戸城を明け渡したあと、徳川宗家は、御《ご》三《さん》卿《きょう》田安慶頼《よしより》の子・亀之助が継いで徳川家達《いえさと》と名乗り、駿府《すんぷ》に移った。

天璋院《てんしょういん》（篤姫《あつひめ》）は、一橋家に移り、その後、築地の一橋家下屋敷、青山の紀州屋敷、尾張藩下屋敷だった戸山邸と転々とし、赤坂溜池に近い福吉町の旧相良越前守邸に落ち着いた。

赤坂氷川神社近くに住んでいた勝海舟がよく訪れたのは、この屋敷だっただろう。静岡藩知事を辞めた家達が東京に戻ったときに入ったのもここであった。

明治十年（一八七七）、徳川家は、現在のＪＲ千駄ケ谷駅南側一帯の十万坪ほどの地所（元紀州徳川家下屋敷と百姓地）を求め、ここに屋敷を新築した。千駄ケ谷駅前から鳩森八幡神社あたりまでの田畑や百姓家を含む広大な敷地である。

◎東照宮も建設された新邸

徳川家達は、明治十七年（一八八四）に制定された華族令により公爵となり、明治三十六年（一九〇三）には貴族院議長となって、昭和八年（一九三三）まで長く務めた。

このため、公爵家にふさわしい屋敷が必要となり、大正三年（一九一四）に新築工事に入り、同六年（一九一七）末、現在の東京体育館の場所に新邸が完成した。

新邸は、一万三、四千坪ほどを石塀で囲んで敷地とした建坪九百坪ほどの豪邸である。そのほか、付属の家屋や東照宮も建設した。東照宮には、江戸城紅葉山《もみじやま》にあった東照宮の家康の木像が安置された。

家達の孫にあたる保科順子《ゆきこ》氏の『花葵　徳川邸おもいで話』（毎日新聞社、一九九八年）には、千駄ケ谷邸での公爵家の暮らしがこまごまとつづられている。

最初は、天璋院のほか、十四代将軍家茂《いえもち》生母の実成院《じつじょういん》なども一緒に暮らし、もと天璋院付き御中臈《おちゅうろう》（将軍や御台様《みだいさま》の世話役）だった女中頭《じょちゅうがしら》の「さか」が怖かったことなど、たいへん興味深い読み物となっている。

この本に掲載された徳川邸の敷地を現在の地図に落としてみると、渋谷区千駄ヶ谷一丁目十八番から三十番までの地域である。敷地内には、茶畑や畑、百姓家などが含み込まれ、その一部に石塀で囲まれ広い庭のある公爵邸があった。

◎大名たちの上屋敷跡

明治維新後、江戸城周辺の大名家上屋敷は新政府に接収され、政府機関や軍の施設などが建設された。大名たちは、江戸郊外に移り、広大な屋敷を建設した。そのため、現在の東京にも、細分化されない大きな敷地が残り、華族の庭園跡もまた残されているのである。

桜田門外にあった彦根藩井伊家の上屋敷は国会議事堂となり、桜田門の向かいにあった上杉家上屋敷は警視庁となっている。霞が関の官庁街は、もと大名屋敷街を転用したものだったから、広大な敷地が確保できたのである。

現在の日比谷公園は、長州藩毛利家、仙台藩伊達家、佐賀藩鍋島家などの上屋敷があっ

▲「博物館　明治村」に移築された、フランク・ロイド・ライト設計の旧帝国ホテル玄関。

たところで、伊達家屋敷は江戸中期に幕府に返上され、桜田御用屋敷となった。御用屋敷は、引退した大奥女中の宿舎などとして使われた。

明治維新後、この地は、兵部省の管轄となり、陸軍操練所（のち日比谷練兵場）となった。

明治二十年（一八八七）、青山練兵場（現在の明治神宮外苑）ができたので、日比谷練兵場の機能は青山に移り、跡地は東京市に払い下げられ、公園となることになった。

こうしてできた日比谷公園は、日露戦争祝賀会や国葬などの開催場所として活用された一方、民衆による社会運動の拠点ともなり、ポーツマス条約に対する日比谷焼打事件なども起こった。

薩摩藩上屋敷跡に建つ帝国ホテル

現在、日比谷公園わきに面して立つ帝国ホテルは、もと薩摩藩上屋敷跡である。

ここには、明治十六年（一八八三）、文明開化を象徴する社交クラブである鹿鳴館《ろくめいかん》が建設された。鹿鳴館が閉鎖されたあと、明治二十三年（一八九〇）、帝国ホテルが建設された。最初の建物はのちに焼失し、大正十二年（一九二三）、アメリカ人建築家フランク・ロイド・ライトによって新しい建物が建設された。

この建物は東京の名建築として名高いものだったが、昭和四十二年（一九六七）十二月から、取り壊しが行われ、現在は新しい建物が立っている。

旧帝国ホテルは、正面玄関の一部が、愛知県犬山市の「博物館　明治村」に移設されている。

三島由紀夫『春の雪』の舞台

平成十七年（二〇〇五）に映画化された三島由紀夫原作『春の雪』（新潮社）は、侯爵家の令息松枝清顕《まつがえきよあき》と伯爵家令嬢綾倉聡子の純愛物語である。映画では、清顕を妻夫木聡、聡子を竹内結子が演じた。

▲「博物館　明治村」に移築された西郷従道邸。

家柄、年齢ともに似合いのカップルでありながら、何不自由なく成長した清顕は、聡子を意識しながらも聡子への思慕の念が高まらなかったが、聡子が洞院宮《とういんのみや》家との縁談が決まってから情熱的な行動を取り始める。

こうした心理模様と緻密《ちみつ》に張り巡らされた伏線、悲劇的な結末など、息をつかず読ませる三島晩年の傑作である。

◎松枝侯爵のモデルとなった人物

この小説を理解するには、第二次世界大戦前の華族の生活をある程度知っていないとむずかしい。

たとえば、松枝侯爵家の広大な屋敷は、渋谷郊外の十四万坪の地所に壮麗な洋館と、母屋で

▲西郷従道邸の書斎。

ある日本家屋があったとされる。現在の日本でこうした規模の屋敷を持つ人はほとんどいないから、想像することも困難である。

松枝侯爵のモデルは、西郷隆盛の弟・西郷従《つぐ》道《みち》で、西郷家は渋谷郊外に広大な屋敷を所有していた。現在、おしゃれな街として人気のある代官山に、「西郷山」という地名があるのが、その名残である。

西郷従道邸も、「博物館　明治村」に移築されている。

◎当時の面影を今に残す旧前田家本邸

代官山には、華族の屋敷の面影すらないが、そうした華族の屋敷を見たければ、目黒区駒場公園の旧前田家本邸を訪れてみればよい。

▲華族の暮らしを今に伝える目黒区駒場公園の旧前田家本邸洋館。

もと加賀百万石の殿様であった前田侯爵の屋敷跡は公園になっていて、立派な洋館が立っている。毎週水曜日から日曜日に公開されており、隣の日本家屋・和館は火曜日から日曜日の公開となっている。

公園として残っている庭園は、前田家の庭であった。

現在の前田家御当主は、戦前には侯爵家の若君であり、そうした生活を知っている数少ない方である。冬の寒い日には、凍った庭の池でスケートなどを楽しまれたらしい。周囲に立ち並ぶ一般家屋は、もと前田家の屋敷の敷地内にあり、第二次世界大戦後、退職金代わりに使用人に分け与えたという。現在では、所有者も多くは代わり、高級住宅街となっている。

▲庭から見た旧前田家本邸和館。

▼イギリス・チューダー式を取り入れた旧前田家本邸洋館の正面。

▲テラスの照明。

▲洋館の玄関から見た車回し。

◀洋館外壁の照明。

筆者は以前、前田家の御当主と赤坂プリンスホテル（当時）で行われたあるシンポジウムで同席したことがある。

赤坂プリンスホテルの旧館を指して、あそこは朝鮮の李王家の邸宅で、幼い頃に招待されて行ったことがある、とおっしゃっていた。当時は、レストランとなっており、結婚式も行われていた。赤坂プリンスホテル（グランドプリンスホテル赤坂）は、2011年3月に営業を終了したが、旧館は、赤坂プリンスクラシックスハウスとして営業を再開している。

農場だった高級住宅地・松濤

高級住宅地として有名な渋谷区松濤《しょうとう》の地は、もと鍋島伯爵家の農場「松濤園」があったとこ

▲旧前田家本邸和館の庭。

ろである。

大正期には、東京への人口集中により住宅難が加速され、社会問題となっていた。

鍋島家は、住宅難の声に押され、永田町にあった地所四千坪を住宅地として開発し、松濤園の敷地六十一ヘクタールも、一部に邸宅を新築したほかは、宅地分譲した。これは、「義挙」の美談として大いに宣伝された(『家主と地主』五号)。

この地は、持ち主を変えながら、今も豪壮な屋敷が並んでいる。政治家や歌手など、ここに住んでいる有名人も多い。

〔参考文献〕前島康彦『日比谷公園』郷学舎、一九八〇年、保科順子『花葵　徳川邸おもいで話』毎日新聞社、一九九八年

中野区役所の犬の像

徳川綱吉の犬小屋と桃園

江戸の町にあふれていた野犬。
生類憐みの令で有名な綱吉が建てた
広大な犬小屋は吉宗の時代に桃園に。

DATA

【中野区役所】
中野区中野4-8-1
TEL：03-3389-1111（代表）
アクセス JR・東京メトロ東西線中野駅より徒歩3分

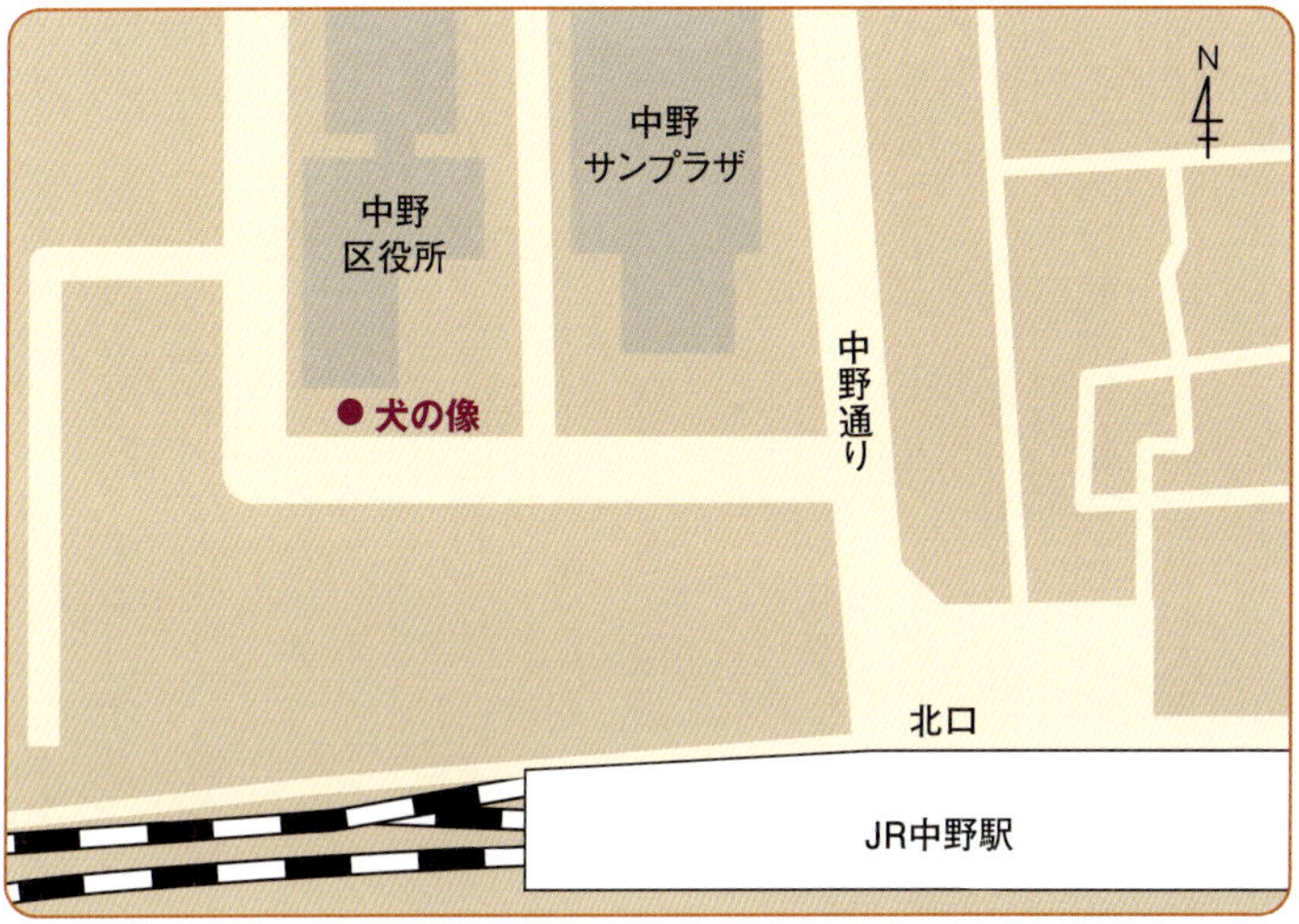

綱吉の犬小屋

中野は東京二十三区内だが、江戸時代は純粋な農村地帯だった。このため、中野は切絵図に入っていない。

高校の教科書レベルの史実としてこの村の名前が登場するのは、五代将軍綱吉《つなよし》が建設した犬小屋の場所としてであろう。

綱吉は、生類憐《しょうるいあわれ》みの令という極端な動物愛護令を出したことで有名である。

戌《いぬ》年だった綱吉は、とりわけ犬を大事にした。

動物愛護の精神は、悪いことではない。

しかし、傷ついた犬や病気の犬は医者に診せなくてはならず、捨て犬がいればその犬を養う義務が生じ、捨てた者は罰せられるということになると、さまざまな弊害が出る。

犬を飼うだけで大きな金銭的負担がともない、そのうえいつなんどき災難に巻き込まれないともかぎらない。犬をけがさせたりすると、厳しい取り調べがあったからである。そういう目にあわないためには、犬を飼わないのが一番確実である。このため、人々はこっそり犬を捨てるようになった。

◈犬が多かった江戸の町

江戸は、もともと犬が多い町だったという。

その江戸で、野犬でさえ保護されているところに、新規参入の捨て犬が加わり、野犬だらけの町になった。

幕府は、江戸近郊に大規模な犬小屋を建設し、野犬を収容することにした。

元禄五年（一六九二）、幕府は、喜多見（現在の世田谷区）に、同八年（一六九五）には四谷・大久保に犬小屋を設置した。

これらは敷地面積二、三万坪という大がかりなものだったが、それでも収容しきれず、同年八月には中野にさらに大きな犬小屋を建設することにした。現在の中野駅北口、中野区役所を中心とする地域である。区役所の敷地には、犬の像が置かれている。

▲中野区役所の犬小屋跡にある母犬と子犬の像。

◎広大な犬小屋が建設された中野

中野の犬小屋は、敷地面積が十六万坪に及び、犬小屋は二十五坪のものが二百九十棟、七坪半ずつの日除け場が二百九十五棟、子犬養育所が四百九十五カ所で、総工費銀二千三百十四貫目余と米五千五百余石がかかった。

これは、金に換算すると四万五千両ほどで、現在の貨幣価値にすると、90億円にもなる。

当初、この犬小屋には四万二千匹の犬が収容されたが、その犬の待遇は人間以上ともいうべきものだった。

犬一匹につき一日白米二合と銀二分が計上された。「お犬様」は、働きもしないのに、白米のほか、味噌や干鰯《ほしいわし》などが餌に出されたのである。

元禄八年（一六九五）の勘定書によると、犬一日の食料費は米三百三十石、味噌十樽、干鰯十俵、薪五十束と膨大なものになったという。

この経費は、幕府領の村から犬の養育費として高百石につき一石、江戸町民からは間口一間につき金三分（約15万円）を献納させた。そのほか、豆・藁《わら》・菰《こも》（むしろ）なども供出させた。

この中野の犬小屋はさらに拡張され、最終的には敷地二十九万坪、約十万匹の犬が収容される大施設となった。ただ、それでも野犬の増加に追いつけず、近郊の村に一匹につき年間で金二分（約10万円）を与えて飼育させたりもした。

しかし、綱吉の死去とともに生類憐みの令は撤回され、江戸の犬小屋もすべて廃止となった。犬小屋が廃された跡地は、もとの所有者に返還された。

犬小屋跡に吉宗が造った桃園

それから三十年ほどがたった頃、時の将軍徳川吉宗が、中野村あたりに鷹狩りに出たとき、田の間のここかしこに植えてある桃の花を見て、興をそそられ、側近の者に付近の農民に命じて桃をたくさん植えさせ、人々が集まるようにせよと命じた。

そこで、地所を選んで「御立場《おたてば》（桃を見る場所）」とし、そのほとりの畑のあぜへ、紅桃五十株を植えつけさせた。

同年、さらに白桃を植え添え、翌元文元年（一七三六）には畑一畝二十歩《せぶ》（五十坪）の場所を召し上げ、「御立場」を築き、そこに松を植えた。さらに、「御立場」に至る道を築き、その場所の年貢を免除した。

元文三年（一七三八）には、その周辺六万七千十四坪の場所へ、緋桃百五十株を植えた。そのため、春になると、紅白の桃の花が咲き乱れ、絶景の場所となった。

『有徳院殿御実紀《ゆうとくいんでんごじつき》』（幕府が編纂した吉宗の伝記）によれば、「延享のころにいたりては、春時の美観いふばかりなく、ここも又遊楽の境となり」と顕彰している。

こうして江戸の庶民は、この場所を桃の名所として盛んに行くようになった。また、吉宗は、「御立場」のうしろに山丘を築き、諸大名が桃を見て楽しむ場所としたため、大名もまたこの地を訪れるようになったし、吉宗もここを訪れ、桃花の陰で供奉の人々に宴を賜ったという。

ただ、あまり花見客であふれると、地元の農民の農業の妨げともなる。そこで吉宗は、ある花見のとき、十一軒の茶屋を建てることを許した。地元の者は、その茶屋で花見客に

▲現在の飛鳥山（公園）の桜（北区）。

茶菓子を売り、生活の助けとするようになった。

江戸近郊農村のよいところは、大都市江戸向けの蔬菜《そさい》（野菜）栽培などで収入を得やすいことに加えて、こうした現金収入の場が比較的容易に開けたことである。

こうして、中野の桃園は、吉宗が開いた飛鳥山の桜とともに、当時、江戸近郊の名所のひとつとなった。

しかし、もとは雑木林だったこの地は土地が痩せており、新たに開いた場所にはなかなか樹木が根づかず、また以前に植えた桃の木も弱ってきた。

そのため、いつしかこの地の桃の木もまばらになり、忘れられていったようである。

しかし、現在、ＪＲ中野駅を降り、南口に出ると、「桃園」という地名が残っている。これが、吉宗が開いた桃園の名残である。現在は桃丘小学校などが立ち、周辺には桃園川緑道が走っている。

◎吉宗が開いた公園、飛鳥山

飛鳥山は、吉宗が開いた公園である。吉宗は、鷹狩りによく訪れていた飛鳥山に、享保五年（一七二〇）から翌年にかけ、一二七〇本の山桜の苗木を植えた。

元文二年（一七三七）にはこの地を王子権現社に寄進し、別当の金輪寺《きんりんじ》に管理を任せた。金輪寺は、飛鳥山を庶民に開放し、花見の季節には行楽客で賑わった。いわば幕府が作った最初の公園である。『徳川実紀』の編纂にあたった幕府儒者成島道筑《なるしまどうちく》は、吉宗の業績を称え、飛鳥山の由来を記した「飛鳥山碑《あすかやまのひ》」を建てた。東京都教育委員会の説明板によると、「飛鳥山　何と読んだか　拝むなり」と川柳に詠まれるほど、難解な碑文として有名だったという。

▲飛鳥山碑。

〔参考文献〕児玉幸多『日本の歴史16元禄時代』中公文庫、一九七四年

おわりに
〜高幡不動尊

◆御三卿・清水家広敷番が残した旅日記

勤めていると、時間の自由がない。現代のサラリーマンでもそうだが、江戸時代の武士は、参勤交代のお供や公務の出張のほかは、旅行はほとんどできなかった。

幕臣も、勤務はそれほどきつくはないが、勝手に自宅を空けたりしてはいけなかった。公務出張や知行所《ちぎょうしょ》（領地）へ行くことはあったが、自由な旅行などはない。

ところが、御三卿《ごさんきょう》清水家の広敷番《ひろしきばん》（奥女中の警備係）を務めた村尾正靖《まさやす》という武士は、勤務明けの日などを利用して、江戸近郊に日帰り旅行を楽しんでいた。

目的地は神社仏閣などだが、行く道々でスケッチをし、細かな旅日記を残している。

平凡社東洋文庫の彼の日記（村尾嘉陵『江戸近郊道しるべ』平凡社〈東洋文庫〉）を読むと、

▲高幡山明王院金剛寺の仁王門。

江戸時代の「週末」の過ごし方がしのばれる。

村尾正靖の「高幡不動尊」詣で

天保四年（一八三三）十月のある日、正靖は、高幡不動尊へ詣でることを思い立った。

正靖は宝暦十年（一七六〇）生まれだから、数えで七十四歳である。

高幡山明王院金剛寺は、慈覚大師円仁が山中に不動堂を建立し、不動明王を安置したのに始まる。

関東三不動のひとつで、高幡不動尊として知られる。

現在の不動堂は、康永元年（一三四二）、麓に移して建て直したもので、続いて建てられた仁王門とともに重要文化財に指定されている。

▲高幡山明王院金剛寺の不動堂。

正靖は、同行者一人とともに、夜明け前に家を出た。市谷でねぐらを出るカラスの声を聞き、幡ヶ谷のあたりで夜が明けた。

途中、まだ行ったことのない深大寺に詣で、昼時には府中宿に着いた。

ここである家に休息し、あるじの老婆から、大根・人参・焼き豆腐などを合わせ煮たものと麦のひきわり飯をご馳走になった。このあたりには、料理屋などはなかったようだが、旅人に食事を出す家はあったようである。

正靖は、「むまき事いふべきもなし。八珍の膳にもまさる心ちす」と書いている。朝食が早かったので、粗末なごった煮が、空腹の身にはよほどおいしかったのだろう。

まだ目的地までは遠い。中河原の渡しを渡り、百草《もぐさ》八幡宮を過ぎ、ようやく日暮れ前に高幡不動尊に着いた。

正靖は、

「高畠《原文ママ》山不動のこなたは、荊棘《けいきょく》（荒れ果てた土地）の中、山の麓を行《い》かば、道の左に不動尊の寺門あり。その西に大門、建武に建立すと云《いふ》」

と記している。

高幡不動尊の隠居僧は、清水家に仕える奥女中の伯父で、彼女からの手紙を届けると、大喜びで招き入れてくれた。このあたりの女子は、大奥や御三卿の奥に勤める者が多かったのである。

まず日が暮れぬうちにと不動尊を拝観し、案内の僧に導かれて寺内の諸所、山まで見て回った。寺に帰ったときにはもう火が灯っていた。

晩飯をご馳走になり、酒を飲み、風呂に入った。

近所に住む長谷川周助夫婦がやってきて、自分の息子は鉄炮同心《てつぽうどうしん》であるという。これは、裕福な農家の者で、息子に同心株を買ってやり、武士身分にしたのであろう。そこで、また話がはずむ。

このように、幕臣には行動に制約があったが、たまの休日には、寺社参詣を名目に、小旅行を楽しむことがあったのである。そこでは、江戸とは違う景色があり、見たことがない神社仏閣や仏像があり、まだ見ぬ知人があった。

なお、高幡不動尊で一泊しているところを見ると、正靖はもう隠居していたのかもしれないが、中年の頃からの歩き好きであるから、きわめて健脚であった。

現在なら、京王線で行けばそれほど時間はかからない。

幕末、京都で名をあげた新撰組の近藤勇《こんどういさみ》や土方歳三《ひじかたとしぞう》は、多摩地方の出身で、高幡不動尊には両名の事跡を顕彰する碑や土方歳三の立像がある。

本書は、現代に残る江戸の名所や、あまり知られていないが江戸時代では有名で重要な場所を、切絵図と現代の地図で紹介し、その歴史を解説してきた。現在の様子を知っていただくため、筆者が撮影した写真を掲載した。

いつでも行けると思うから、逆に行ったことのない隠れた名所というのは多いものである。

▲土方歳三の立像。

本書の写真に興味を覚えたら、ぜひ現地に行ってみていただきたい。ビルが建ち並ぶ中にもなお残っている江戸の史跡を感じ、江戸時代に思いをはせていただければうれしい。

本書もまた、前著『東京今昔江戸散歩』と同じく、ＫＡＤＯＫＡＷＡの天野智子さんに編集していただいた。切絵図のスキャン、切絵図に合わせた現代の地図の作成、写真の割り付けなどたいへんな作業だったと思われるが、無事、出版にまで漕ぎ着けたのはひとえに彼女のおかげです。ここに深く感謝いたします。

平成二十八年九月吉日

山本　博文

本書は２０１１年12月に中経出版から刊行された『東京今昔江戸散歩』（中経の文庫）を基にし、新たに「麴町永田町　外桜田絵図」「小石川谷中　本郷絵図」の切絵図と「桜田門外の変の舞台　～桜田門」「加賀藩上屋敷の赤門　～東京大学赤門」「江戸幕府の最高学府　～湯島聖堂」「甲府宰相綱豊の屋敷　～根津神社本殿」の四項目を加え、大幅に加筆・修正のうえ、改題して単行本化したものです。

本書で扱う江戸切絵図の地名・文字表記には、今日の人権意識に照らすと到底受け入れがたい表現が含まれております。本書では、「非人」など部落差別を助長しかねない表記については一部改変をさせていただきました。著者ならびに編集部は、いかなる不当な差別にも反対であり、これを容認するものではありません。

山本博文（やまもと　ひろふみ）
1957年、岡山県津山市生まれ。東京大学文学部国史学科卒業。現在、東京大学史料編纂所教授。文学博士。1992年、『江戸お留守居役の日記』（講談社学術文庫）で第40回日本エッセイスト・クラブ賞を受賞。著書に、『流れをつかむ日本の歴史』『武士の評判記』（以上、KADOKAWA）、『日本史の一級史料』（光文社新書）、『現代語訳　武士道』（ちくま新書）、『歴史をつかむ技法』『格差と序列の日本史』（以上、新潮新書）など多数。角川まんが学習シリーズ『日本の歴史』の全巻監修。また、NHK BS時代劇「一路」「雲霧仁左衛門」などの時代考証も手掛けるほか、NHK Eテレ「知恵泉」などテレビやラジオなどにも数多く出演。

決定版《けつていばん》　江戸散歩《えどさんぽ》

2016年10月27日　初版発行

著者／山本博文《やまもとひろふみ》

発行者／郡司 聡

発行／株式会社KADOKAWA
東京都千代田区富士見2-13-3　〒102-8177
電話　0570-002-301（カスタマーサポート・ナビダイヤル）
受付時間　9:00〜17:00（土日 祝日 年末年始を除く）
http://www.kadokawa.co.jp/

印刷所／株式会社リーブルテック

製本所／株式会社リーブルテック

ISBN 978-4-04-400182-7　C0021